国际中文教育理论与实践研究

韩林耕 ◎ 著

吉林出版集团股份有限公司

图书在版编目（CIP）数据

国际中文教育理论与实践研究 / 韩林耕著. — 长春：
吉林出版集团股份有限公司，2023.9

ISBN 978-7-5731-4334-1

Ⅰ．①国… Ⅱ．①韩… Ⅲ．①汉语－对外汉语教学－
教学研究 Ⅳ．①H195.3

中国国家版本馆 CIP 数据核字（2023）第 181944 号

国际中文教育理论与实践研究

GUOJI ZHONGWEN JIAOYU LILUN YU SHIJIAN YANJIU

著　　者	韩林耕
责任编辑	曲珊珊
封面设计	林　吉
开　　本	787mm×1092mm　　1/16
字　　数	205 千
印　　张	13
版　　次	2023 年 9 月第 1 版
印　　次	2023 年 9 月第 1 次印刷

出版发行　吉林出版集团股份有限公司

电　　话　总编办：010-63109269

　　　　　发行部：010-63109269

印　　刷　廊坊市广阳区九洲印刷厂

ISBN 978-7-5731-4334-1　　　　　　　　　　定价：78.00 元

前　言

近年来，国际中文教育在世界范围内快速稳定发展，逐渐形成全球最大、最多样化的国际语言教育体系之一，在中文教学和中华文化传播方面发挥着不可替代的独特作用。习近平主席高度重视国际中文教育和中外语言交流合作，多次寄语海外中文学习者和汉学家。2023年1月，习近平主席复信匈牙利匈中双语学校学生时强调，希望越来越多的匈牙利青少年喜欢上中文、学习中文，有机会到中国走一走、看一看，更多地了解当今中国和中国的历史文化，努力做传承发展中匈友好事业的使者。7月3日，习近平主席向第三届文明交流互鉴对话会暨首届世界汉学家大会致贺信时强调，希望各国汉学家作为融通中外文明的使者，为沟通中外文化、增进理解友谊合作做出更加积极的努力。

目前，在中外各方面的共同努力下，国际中文教育蓬勃发展，有力促进了中外人文交流、文明互鉴、民心相通，彰显了语言学习交流在推动构建人类命运共同体中的重要作用。世界汉语教学学会会长、天津师范大学校长钟英华表示，国际中文教育以文载道、以文传声、以文会友，通过语言交流，既向世界展示了中国的智慧和形象，也促进了世界多彩文明的交流互鉴，为人类命运共同体思想深入人心提供了有力的支撑。在教育部中外语言交流合作中心党委副书记宋永波看来，随着各国中文学习需求持续攀升，国际中文教育日益蓬勃发展，但同时也面临着各国各地区中文教学发展不平衡不充分、理论创新研究不足等问题，这些都对国际中文教育高质量发展提出了新的更高的要求。

谈及如何推动国际中文教育高质量创新发展，宋永波提出，健全完善国际中文教育标准体系，丰富国际中文教育办学形态，提高国际中文教师队伍素质，开发实用、适用的教学资源，聚焦理论前沿和教学实践，组织具有影响力和吸引力的品牌活动。北京语言大学副校长聂丹建议，首先，做好国际中文教育的顶层设计，兼顾学科与事业发展，构建好国际中文教育学科体系、学术体系、话语体系。其次，积极学习应用人工智能技术和新兴信息技术，推动国际中文教育现代化。再次，挖掘国际中文教育传播潜力，把国际中文教育从以教学功能为主，提升到教学功能与国际传播功能兼顾，讲好中国故事，传播好中国声音。最后，依托新文科建设，全面推动国际中文教育在人才培养、科学研究、学科专业建设、课程教材设置、师资队伍建设等方面的转型升级。

目　录

第一章　对外汉语教育理论研究

第一节　对外汉语教育改革研究

　　从 20 世纪 80 年代开始，对外汉语教育在整个世界飞速发展起来，许多高校都开始出现了对外汉语专业。近些年来多所高校开始招收以实践为主的汉语国际教育专业型硕士研究生。本节分析了对外汉语教育课程中存在的一些问题，结合自身教学实践探讨对外汉语教育课程的教学改革方向。

　　在中国对世界影响力越来越大的今天，全世界都掀起了一股学汉语的潮流，国内各大高校都开展了对外汉语专业，每年都在扩大招生规模。但是目前对外汉语的课程教学中，许多课程需要创新教学理念，除了要与中文系课程体系相结合，还要与中国传统文化相结合，全面树立汉语文化教学理念，引导学习者建立相关理论知识，这就对专业课程的教学改革提出了很高的要求。

一、对外汉语教育的现状

　　当前对外汉语教育已经成为一门独立的学科，也是应用语言学中一个重要的分支。对外汉语教育不仅具有一定理论深度，而且具有较强的应用性。目前很多高校的课程教学中，由于受诸多方面的制约，并不能使这门课程的教学质量达到最优化。对外汉语教育是一门应用性的学科，其理论性非常强。作为一门具有一定理论深度的课程，其本身具有无聊性和深奥性，单是一味地讲授教学会让学生产生学习疲劳，并出现一些抵触情绪。

二、对外汉语教育中存在的问题

（一）课堂教学乏味

语言类课程容易让人感到乏味无趣，在课堂上缺乏活跃性，教师的教学方式和技巧正面临着莫大的挑战。由于文化差异，师生间的互动交流并不多，课堂上缺乏笑料，使这门课程教学变得枯燥乏味。学生们也缺少探索性精神，对汉语学习的动力和追求并不高，仅仅是配合教师完成知识点的复习，重复揣摩，并不能感受到汉语言的博大精深和乐趣。

（二）教师数量和质量的制约

目前国外汉语教学飞速发展，学习汉语言的人也越来越多，许多地方的汉语言教师严重缺乏，师生比例严重失调，教师人数不容乐观。对外汉语教师的队伍需要得到扩充，这也是目前汉语言教学发展中的一大瓶颈。加之教师水平也是参差不齐，直接影响了汉语言教学的质量，对外汉语教师的质量不高在对外汉语教育中也有着很大的制约。

（三）国内外的学校对对外汉语教育认知不足

就目前对外汉语教育的发展情况来看，许多学校并没有将这门课程重视起来，仅仅是把这门课程当成一门增加本校经济利益的工具，对于这门课程的重要程度没有足够的认识，支持力度不大。大多数的学校里，对外汉语教育工作的领导和教师，不注重学科理论建设，在基础设施和师资力量建设方面走进了一个误区。

三、对外汉语教育的改革措施

（一）营造更好的课堂氛围

教师应当多运用自己的教学技巧，在上课时引入一些幽默风趣的话题，让学生能更好地投入学习中来。而学生也应当充分利用上课的机会与老师沟通交流，及时发现错误并改正，课下多练习。老师和学生都要全心全意地投入课程学习中去，有问必答，营造良好的语言学习氛围。

（二）加强教师队伍的建设

重视对外汉语教育的师资力量培养。在数量上，一方面要加大国内高校对此专业的招生人数，制定吸引学生的教育政策，让更多的优秀毕业生参与进来，另一方面需要加强后备人才的培养，培养适应时代发展、切合国际需求的优秀教学人才。在质量上，当前的形势下要对教师的教学方式进行训练，加强对教师知识和能力的培训，提高教学质量，改进课堂教学模式。

（三）加强对外汉语教育的认识

汉语言作为本国的母语，在外交和文化交流方面有着重要的作用。开展对外汉语教育，提高对这门学科的认识，加强推广工作，国家需要出台相关政策，对其大力支持。学校也应该对本校的这门学科给予重视，认识到对外汉语教育的意义，不仅能为学校带来经济效益，更重要的是社会效益，展现民族文化，走向国际化、多元化。

随着我国不断发展，走向世界，汉语也在国际化。对外汉语教育不仅是简单的一门学科，它能提高汉语学习者的水平，对推广我国的国际影响力有重要的作用，对对外汉语教育进行改革刻不容缓。

第二节 会话含意与对外汉语教育

会话含意广泛存在于人类的日常生活中。对于汉语学习者而言，跨文化交际中的会话含意既是他们学习的重点又是学习的难点。本节简要概述会话含意理论，并尝试分析在对外汉语教育中会话含意推导的作用以及重要性，希望以此唤起广大对外汉语工作者对会话含意推导与对外汉语教育之间的关联性的充分重视与探索。

言语交际是一种基本的人与人之间的交际方式，它与人们的日常生活息息相关，大量的信息都是依赖着言语交际行为来传递的。但是在实际的交际中，具体的语言运用是非常复杂的，在很多时候真正想要传递的信息与意图并不能仅仅从字面或是言语本身获取，而是需要人们去推导这些言语的言外之意。这样的言语字面表达的是一种意思，而实际想要表达的又是另外一种意思，这种潜藏于言语之中又游离于字面之外的意思就是会话含意。对外汉语教育的终极目标是要让汉语学习者掌握使用汉语进行交际的能力，而真实的交际往往无法避免会话含意的产生，所以汉语学习者应该重视并且学习会话含意的推导，从而能够更准确而全面地掌握和使用汉语。本节简述会话含意理论内容，并试分析会话含意的推导在对外汉语教育中的重要性，希望引起对外汉语教师以及汉语学习者在教学和学习过程中对会话含意的充分重视。

一、会话含意理论简述

Grice 在《逻辑和会话》这篇论文里引入了"含意"的概念。含意是一个"说出"的暗示、提示或意会。Grice 区分了规约含意和非规约含意。规约含意是由话语的规约意义决定的，借助前提和逻辑知识就可以推导出。非规约含意是由语境知识包括说话人的身份、说话的时间、场合等几方面共同决定的。Grice 将非规约含意称为"会话含意"。

Grice 认为，言语交际的成功是谈话双方共同努力的结果。会话交流正常情况下都是由一串连贯的话语组成的，是每个参与者互相配合，具有共同的目标和愿望，或至少具有相互认可的谈话方向。这种目标或方向可能是在谈话一开始就被明确，或者是在交谈过程中逐渐产生的。总之，言语交际的成功在于交谈者遵照了一些规则，达成了某种默契。这些规则和这种默契被 Grice 称为"合作原则"。合作原则包括了四条具体准则：质准则、量准则、关系准则和方式准则。其中，前三条准则都是与交谈中"说什么"有关，而最后一条准则是与交谈中"如何说"有关。

但是，这些准则只是约定俗成的规约，并不是严格的语言规则，也不是完全不能违背的。事实上，在实际的交际中，人们正是因为某些原因而违反其准则，这样才产生了会话含意。Grice 总结过常见的违反准则的几种情况：①说话人可能暗中故意地违背了一个准则；②说话人可能对执行准则和合作原则表示放弃；③说话人可能面临着一种冲突；④说话人可能嘲弄一条准则。一般来说，第 4 种违反准则的情况会产生会话含意。会话含意的产生和推导依据下面的这些因素：①与话语有关的上下文背景；②合作原则及其准则；③语词的约定意义及其指称对象；④其他背景知识；⑤参与交谈者都具备上述四方面的知识。此外，Grice（1975）认为，依据这些因素可以推导出的会话含意具有五个特征：①可取消性；②不可分离性；③可推导性；④非规约性；⑤不确定性。

二、会话含意理论在对外汉语教育中的具体运用

会话含意理论从提出至今经历了多次的修补与完善，已成为具有广泛解释力的语用学理论，而会话含意理论也对语言学科的自身建设以及语言教学有着相当大的启发与指引的作用。对外汉语教育作为一门第二语言教学的分支学科可以并且应当合理运用会话含意理论，同时作为目的语的汉语又是一种极具内涵与底蕴

的语言，因此在对外汉语教育过程中必定要重视会话含意理论，而会话含意理论的运用也对对外汉语教育中的诸多教学内容有着重要作用。

（一）词语释义

汉语的词汇非常丰富，而经历了数千年的历史文化传承，大量的词语是难以单一、固定地释义，需要结合具体的语言环境来推导，词语的使用显得灵活而复杂。学习者能否准确获得词语的真正含义十分重要，因为词语是一种最基本的语言单位，如果学习者不能准确理解词语，就很容易对语句、段落乃至篇章产生误解。

1.词语的感情色彩

汉语的词汇从感情色彩的角度大致可以分为褒义词、贬义词和中性词三类，但是具体的每一个词语并不是全都能固定地划分到相对应的类属，很多词语的感情色彩需要结合具体的语境加以理解。例如，①自信，通常用作褒义，常用来描述和形容一个人的良好心理状态和精神面貌。但有的时候，也用"自信"一词来讽刺一些人的过度自信或是不认真的态度，如"期末考试你都不复习，你也太自信了吧。"在该语句中，"自信"一词实际上表达的是对受话者考试不复习的行为的嘲讽，这是贬义的；②骄傲，通常用作贬义，常用来批判和劝诫人们不谦虚或不踏实的行为。但有的时候，也用"骄傲"一词来表达人们的一种自豪感和荣誉感，如"作为一个中国人，我感到很骄傲。"在该语句中，"骄傲"一词实际上表达的是说话者对于自己中国人身份的强烈认同感和自豪感，这是褒义的；③东西，通常情况下是一个中性词，用来指代客观物体或是方向。但有的时候，也用"东西"一词来形容品行不端的人，如"你做了这么多伤天害理的事，真是个狗东西。"在该语句中，"狗东西"一词是对受话者的讽刺和谩骂，表达了说话者的愤怒与谴责。

2.词语的跨文化理解

有一部分词语在不同的文化背景之下有着不同的内涵和感情色彩，汉语中的一些词语所特有的含义与其他国家的不尽相同，汉语学习者需要加以区分。例如，①龙，在中国文化中是尊贵、吉祥、权力以及神圣的象征，很多带"龙"的词语都是褒义的、赞许的，如"人中之龙""龙腾虎跃""龙马精神"等。但是在西方，龙是邪恶与灾难的象征，会给人不好的联想。②狗，在传统的中国文化中是低贱的，很多带"狗"的词语都是贬义的，常常是用来骂人的，如"狗仗人势""狗急跳墙""猪狗不如"等。但是在西方，狗是友好的、忠诚的，是人类的好朋友，会带给人美好的想象。

3.汉语特有的谦辞与敬语

中华民族是一个含蓄而内敛的民族，为人谦逊和尊敬他人都是传统的美德，所以汉语中存在着一部分独特的谦辞和敬语。①谦辞，表示谦虚或谦恭的言辞，说话者以自己的谦恭来表达对受话者的尊重，如"鄙人""寒舍""贱内"等；②敬语，就是指对受话者表示尊敬的语言，如"您""劳驾""恭候"等。

因此，在对外汉语教育中合理运用会话含意理论，紧密结合语境进行推导，是汉语学习者准确理解词语的重要手段。

（二）文学作品阅读

中国文化博大精深、源远流长，无论是古代的诗词歌赋、传奇小说，还是现代的诗歌、散文、小说，无数的文人墨客都乐于在自己的作品中巧妙地营造出"言外之意"的艺术效果，而这种"言外之意"就需要结合具体语境去解读。汉语学习者为了更精深地学习汉语，或者是为了更全面地了解中国文化，少不了要阅读一些文学作品，而这些文学作品中的"言外之意"现象就需要汉语学习者去仔细推导和解读。例如，①唐代诗人杜牧在《泊秦淮》中写道："商女不知亡国恨，隔江犹唱后庭花。"诗句中的"后庭花"是一首歌曲名，相传是南朝陈后主所作的《玉树后庭花》，此曲被后世称为"亡国之音"。在这里诗人引用了这个典故，目的是借陈后主因荒淫享乐招致亡国大祸的历史来讽刺晚唐那些依旧醉生梦死的统治者。如果汉语学习者不了解晚唐时期的社会状况，不知道《后庭花》的典故，就很难能理解诗人引用《后庭花》的真实意图，也就感受不到诗人渴望抒发的强烈情感。②鲁迅在散文集《野草》中的《狗的驳诘》一文中写道："我"在巷子里走着，狗叫了起来。"我"叱咤道："呔，你这势利的狗！""嘻嘻！"他笑了，还接着说，"不敢，愧不如人呢。"这看起来是一个非常荒诞的故事，狗怎么会说话？狗为什么要说"愧不如人"？这些都很难让汉语学习者理解。实际上作者写狗反过来说自己的势利比不上人，其言外之意是要讽刺当时的社会黑暗以及人人皆势利的丑恶嘴脸。如果汉语学习者不了解当时中国的社会状况，对外汉语教师不给予学习者一定的引导与联想，学习者很难完全领会作者的思想与情感。

（三）日常交际

学习者学习汉语的目标是掌握用汉语进行交际的能力，而实际的日常交际比起文字作品来说更加依赖于语境，如果交际双方的身份、地位、情感、文化背景、交际目的等因素不尽相同，那么在交际过程中更容易产生会话含意，也就需要交际者对会话含意进行合理推导才能够理解对方的真实含义以使交际顺利进行。在对外汉语教育中通常会设置对汉语学习者进行口语训练的口语课，但是在现行的教学中大多对外汉语教师还是会依据某本教材为主要的训练内容，尽管口语教材在选取话题方面尽可能与现实生活接轨，力求呈现真实的语言素材，可是以书面语形式所呈现的语料比较严谨而正统，缺乏灵活生动的特性，难以产生会话含意，与真实的日常交际出入较大，不利于汉语学习者真正融入目的语。

因此，对外汉语教育中教师在使用教材的同时也应该将日常生活中的真实语料（报纸、杂志、新闻、广告等）引入课堂，让汉语学习者可以在课堂上接收到更丰富多样、灵活生动的目的语输入。同时，教师应该鼓励汉语学习者在日常生活中多与各式各样的中国人进行交际，对于一些产生会话含意的交际内容提供帮助与指导，让汉语学习者能够学习和掌握真实的汉语交际。

通过上文的论述，我们可以知道在日常生活中会话含意是广泛存在的，而对外汉语教育大多是在跨文化背景下进行的，汉语作品或是汉语交际中的会话含意对于汉语学习者来说既是重点也是难点。同时，会话含意理论作为一种具有广泛解释力的语用学理论，它可以给对外汉语教育带来诸多启示，合理运用会话含意理论于对外汉语教育中将会给对外汉语教育带来更蓬勃的生命力，这也是对外汉语教育相关工作者、教育者可以探索的一个新方向。

第三节　对比分析法与对外汉语教育

对比分析是为了预测学习者在第二语言习得中的难点，预防学习者的偏误，从而提高对外汉语教育的效率，对第二语言习得研究产生了重要影响。对比分析为对外汉语教育提供了新的教学思路和渠道，作为对外汉语研究中的很重要的一种研究方式和教学方法，有助于揭示对外汉语教育的特点和规律。对外汉语语音、词汇、语法等方面教学中，采用对比分析的方法，有助于汉语作为第二语言教学和解决学生交际中出现的不得体问题。

"对比分析是将两种语言的系统进行共时比较，以揭示其相同点和不同点的一种语言分析方法，自从有了不同的语言接触，可以说就有了语言对比。语言对比最早是用来进行语言的研究的"。"要认识汉语的特点就要跟非汉语比较。无论语音、词汇、语法，都可以通过比较来研究"。对外汉语教育中使用对比分析，可以将对比分析的研究方法和成果直接或间接地应用于教学实践，理论实践相结合，可以更好地促进对外汉语教育。

一、通过对比分析认识对外汉语教育

"对外汉语教育是对外国人进行的汉语作为第二语言的教学，它首先是一种语言教学，其根本任务就是教好语言；其次，对外汉语教育是第二语言教学，这就必须与第一语言教学区别开来。对外汉语教育既有与其他语言教学共同的特点，又有其独特的规律和特点。"将汉语与第二语言学习者的母语或第一语言进行比较，找出它们的相似点和差异，预测第二语言习得的难点和易产生的错误，以便在教学中采用强化手段突出这些难点和重点，克服母语的干扰以更好地学习第二语言；同时也明确汉语作为第二语言教学的特点。

（一）第一语言教学与第二语言教学对比

1. 教学目的

语言是一种交际工具，是用来传递信息，交流思想和表达感情的，无论是第一语言教学还是作为第二语言教学的对外汉语教育，其目的都是培养学习者掌握汉语的基础知识和基本技能，掌握运用语言进行交际的能力和基本的汉文化知识。

2. 教学内容

语言教学的目的是为了培养学习者的语言交际能力，这一教学目的决定了教学内容。第一语言教学和第二与语言教学都涉及语音、词汇、语法等要素和听说读写的言语技能，语用规则、话语规则和交际策略的言语交际技能以及相关的文化知识。

对外汉语教育还需要根据学习者的水平、学习特征和学习需求来安排教授的语言功能、语言形式、教学方式和教学内容。此外，对外汉语教育还要考虑到学习者母语的负迁移，通过对比两种语言结构的异同来预测语言习得的难点和易产生的错误，以便在教学中采用强化手段突出这些难点和重点，逐渐克服和消除母语的干扰，以更好地学习汉语。

3. 教学原则方法

根据瑞士语言学家索绪尔对语言和言语的区分这一语言学理论，在对外汉语教育中，应当注意言语和语言的关系、言语层次教学和语言层次的教学的统一，还要正确处理语言与文化的关系。在教学方法上，要着重引导学生掌握并灵活运用语言规则。"应根据精讲多练，深入浅出，由浅入深出分散难点的原则，来安排教学内容；根据不同的言语技能要求采用不同的训练方法，以技能训练为中心，将语言知识转化为技能，操练模仿是要帮助学习者归纳、掌握语言的生成规则，达到能在各种情况下运用自如的目的"。

4. 教学效果

"相对于语言习得，语言学习用时较少，效果也不确定，学习者可能掌握了一定的语言能力，但不一定能获得语言交际能力，能达到说母语者水平的为数更少。"相对于第一语言教学，汉语作为第二语言教学也给对外汉语老师以更大的挑战和考验，语言教学要注重语言的运用和在情境中教学，让学习者真正地去感受语言的使用，以期达到更好的学习效果。

（二）汉语作为第二语言教学的特点

汉语是世界上最古老、最发达的语言之一，具有自身独特的魅力。汉语自身的特点在对外汉语教育中也产生了重要的影响。对于学习者来说，真确认识汉语的特点，对增强学习的动力和信心非常重要，这有利于对外汉语教育顺利地开展。

1. 对外汉语教育不同于第一语言教学

"汉语最大的特点是没有严格意义上的形态变化，在很多情况下，汉语只要把词按照一定的顺序排列就行，无须添加任何成分，这是汉语教学和学习的有利条件"。但是，汉语是有声调的语言，靠语序和虚词来表达语法关系，词类具有多功能性；"把"字句、"被"字句等特殊句式等，都是很多语言中没有的，这些是学习的难点，也是对外汉语教育的重点。

2. 对外汉语教育遵循听说读写全面要求，分阶段侧重原则

初级阶段突出听说或者适当的听说领先，特别是强调听力理解；对于大多数使用拼音文字的学习者来说，汉字是一套完全陌生的书写符号系统，难认、难记、难写。基于汉字认写这一特殊问题，汉语教学从一开始就不能放松；中级阶段听说读写并重；高级阶段侧重读写，但听说训练仍不要放松。在学习、接触、练习中学习并掌握汉字，由字组词，词与词组成段落，循序渐进，理解并掌握汉语。

3. 对外汉语教育中要把语言知识的讲解与语意和语用教学相结合

语言交际一般都是以话语形式进行的，这需要掌握一定的话语规则。第二语言教学的目的是让学习者掌握语言并进行交际，这就需要对外汉语老师在教学过程中进行正确的指导，语言知识的讲解还要体现它所承载的文化知识，让学习者掌握交际技能和交际策略，学好知识也要掌握技能。

二、运用对比分析进行对外汉语课堂因素教学

第一语言教学和对外汉语教育活动主要是在课堂上进行的，通过对比学习者的母语和汉语的异同来预测第二语言学习的重点和难点，以便对外汉语教师在课堂教学中采用强化手段突出重点和难点，克服母语的干扰以更好地掌握汉语。

（一）语音方面

对外汉语教育中，学习者最先接触并学习的是目的语的语音知识，如国际音

标和音位。汉语语音系统中，元音音位和辅音音位都有其独特的特点，以汉语和英语对比为例，汉语的塞音和塞擦音有送气和不送气之分，没有清浊的对立；而英语中塞音和塞擦音有清浊的对立，没有送气和不送气之分。这就要求对外汉语教师通过母语与目的语的对比来分析教学的难点和重点，如"以日语为母语的学习者经常把舌尖后音 zh、ch、sh、r 发成舌面音 j、q、x，对外汉语教师可运用对比听辩和带音法来讲授"。舌尖后音在母语为非汉语学习者的母语中是没有的，在英语中有 sure 这一类发 shi 音的单词，教师可采用带音法来讲授，先教 shi，再教 chi，最后教 zhi 和 r，也可采用辅音的舌位图来表示舌位的位置辅助教学。除此之外，运用对比分析法，结合声韵母拼合规律来辅助教学。

（二）词汇方面

汉语词汇的结构方式以词根复合法为主，由大多数本身就能够独立成词的单音节语素结合而成，词义与语素义有关，也便于记忆。在对外汉语教育中对比分析学习者的母语与目的语在词的构词法和词所承载的文化意义方面，以及词的用法和汉外语词汇对译等方面的差异，词汇教学也可以结合句子教学，把词放在句子中能更好地理解词的语境义和引申义，以便教师在教学中采用积极而有效的教学策略，辅助教学以帮助学习者更好地学习和掌握汉语。

（三）汉语交际方面

语言是用来交际的工具和思维的工具，是用来传递信息、表达感情和交流思想的。语言对比不仅有形式上的对比，还要有语言功能上的对比，对比分析也可应用于语言功能教学实践中。言语技能和言语交际技能作为对外汉语教育的内容，要求学习者掌握适当得体的语言进行交际，在不同的交际场合，针对不同的交际对象，根据不同的交际目的对语言的内容、形式和应对方式进行准确的选择，让学习者学会"会说话""到什么山唱什么歌"。

三、对比分析存在的局限性与对外汉语教育对策

拉多（Lado）提出的对比研究为对外汉语教育提供了新的教学思路和方法，以促进更好的目的语的学习和掌握。但是，对比分析也存在着一定的局限性，忽略了两种语言不同语言系统的不同语言范畴的比较，忽略了学习者的主动意识和自主能动性。对比分析强调母语在第二语言学习中的影响，尤其是母语的负迁移的影响，认为母语的负迁移是造成第二语言习得产生偏误的主要原因，经过理论的不断完善与发展，造成学习者第二语言词语的偏误主要有母语的负迁移，目的

与知识的负迁移，文化因素的负迁移，学习策略和交际策略的影响和学习环境的影响等。

在汉语作为第二语言教学的对外汉语教育中，教师可以适当地采用对比分析来预测在教学过程可能会出现的教学难点和重点，但对外汉语教师更要因地制宜，根据教学大纲的要求，学生的学习需求，学习特征和学习动机来安排教学内容，实际教学和授课效果，学习者反馈的情况来进行教学，突出教学重点，分散难点，以期达到预设的教学效果，学习者掌握并能够准确运用汉语进行交际。

本节主要是从运用对比分析认识对外汉语教育并对第一语言教学和汉语作为第二语言教学进行了对比，运用对比分析进行对外汉语课堂教学实践，对比分析的局限性及对外汉语教育采用对策等三方面来说明对比分析与对外汉语教育，在对外汉语教育中采用对比分析有助于教学，但要根据具体情况而且有所侧重地进行对比，以期达到更好的学习效果，帮助第二语言学习理解并掌握汉语，学会汉语基础知识，准确而恰当地运用汉语进行交际。

第四节　对外汉语教育中的文化意识

随着经济全球化的深入，各种国际交流活动越来越频繁，高校作为文化交往的前沿阵地在对外交流中发挥着重要的作用。对外汉语教育在当前已经变成了高校教学中的重要内容，我们必须结合最新发展趋势不断提升对外汉语教育水平。结合当前高校对外汉语教育的现状，在考虑对外汉语教育意义的基础上提出了几点有效策略。

高校是我们文化建设的主战场，在高校的教学中，对外汉语教育是一个重要的组成部分，对外汉语教育不仅是一门语言的艺术还包括很多深层次的文化层面的要求，关注对外汉语教育就要注重对学生文化意识的培养，帮助学生树立一个正确的文化态度和文化价值观念，为学生更好地步入社会做好充分的准备。

一、对外汉语教育中文化意识缺失问题

随着国际形势的发展，各个高校越来越注重对外汉语教育，当前高校的对外汉语教育中文化意识确实主要表现在以下几点：第一，学习的内容与实际使用的能力脱节，当前高校的对外汉语教育主要面对的是留学生，很多留学生反映所学习的知识并不能很好地应用于实际生活中，存在理论与实际不挂钩的问题。第二，

对于文化意识的传播缺乏相应的重视。当前高校的对外汉语教育主要的精力还是放在对汉语言文字的学习上，对于深层次的文化内涵的东西并没有引起足够的重视。我们进行对外汉语教育应该是一个系统全面的体系，除了汉语言文字还要对学生进行文化意识的灌输。第三，对外汉语的教学手段相对比较单一。对外汉语教育形式应该更加丰富，当前高校的对外汉语教育主要还是教师讲解学生学习的方式，缺乏有效的沟通以及实际锻炼应用的机会，学生的学习容易画地为牢。高校对外汉语教育中存在的这些问题，我们要高度重视并且积极采取措施应对。

二、对外汉语教育中文化意识培养的意义

在高校的对外汉语教育中我们培养学生的文化意识具有重大的意义。首先，文化意识的培养有助于学生更好地理解中国的文化，从而加强对汉语语言文字的应用能力。很多留学生在学习汉语言的过程中，如果不能做到对我们的文化有一定的了解那么是很难学习好汉语的，文化意识是我们打开学习汉语言之门的钥匙。其次，文化意识的培养可以丰富我们对外汉语教育的内容，我们进行对外汉语教育除了要传递汉语言文字的艺术与魅力以外，中国文化本身也是重要的传播内容，文化与语言是有着千丝万缕联系的两方面，我们不能人为割裂开来。教师必须处理好这二者之间的关系。最后，文化意识的培养有利于提升我们对外汉语的教学水平。对外汉语教育本身就是一个与社会变迁发展、与文化发展进步紧密相连的学科，我们在对外汉语的教学中有意识地融入文化意识的教学，可以为学生的学习营造良好的氛围，让学生各方面的理解更加深刻到位，让学生更多地感受到汉语言以及中国文化的魅力，从而有效地提升对外汉语教育的水平。

三、对外汉语教育中文化意识提升策略

（一）加强高校对外汉语教师文化意识的培养

在高校的对外汉语教育中，我们首先需要做的就是要加强教师的文化意识，只有教师的文化意识提升了，在教学的过程中才可以把文化的理念与内涵融入平常的教学中来。具体来说，作为高校的对外汉语教师，我们除了要掌握扎实的汉语言基本功还要对于祖国的文化特别是优秀的传统文化做到心中有数，我们要不断学习和接触我们国家优秀的传统文化，在教学的过程中，把我们的优秀文化传播出去，让本国的学生感到骄傲自豪，让世界的学生更加深刻地了解中国，走近中国。我们在教学的过程中可以结合当前最新的形势政策巧妙地传播祖国的优秀

文化，如我们在普及汉语艺术的过程中可以结合"一带一路"的形势政策，为学生讲解中国自古以来的传统邦交关系，让学生对于中国热情好客，睦邻友好，团结共荣的文化意识有一个更加深刻的认识。教师必须不断地提升自己的文化素养才能成为传播中华文化的使者，我们要不断地加强学习，掌握最新的大政方针政策，在具备基本的汉语教学能力的同时还要成为中国的文化通，可以通过定期组织培训以及走进当地博物馆、文化馆、科技馆的实践形式来加强教师对于文化的感知，从而在教学的过程中更好地传播中国文化。

（二）注重提升高校学生跨国文化素养

在高校对外汉语教育中我们要提升学生的文化意识还要从学生的跨国文化素养入手。当前，越来越密切的国际交往要求我们必须具备跨国文化素养，要懂得如何面对开放的文化格局。对外汉语教育具有自身学科的特性，我们面对的学生既要熟悉本国的语言文化还要懂得其他国家的语言文化，这样才可以成为双方沟通交流的桥梁，这就要求学生必须具备跨国文化素养。具体来说，我们要树立正确的文化观，我们热爱自己国家的语言文化，但是同时也要尊重他国的语言文化，正是因为各国不同的语言文化才构成了丰富多彩的世界，我们要引导学生运用开放的眼光与格局来面对世界，高校学生是祖国的未来与希望，我们要注重培养学生正确的文化态度，既不能夜郎自大也不可妄自菲薄，在对外汉语的传播过程中我们要展现中华优秀文化的底蕴，这也是高校教学中培养学生文化意识的重要方面。

（三）丰富对外汉语教育方式的多样性

在高校的对外汉语教育中，我们要增强学生的文化意识就必须注重授课形式的丰富性。我们的教学要坚持传统与现代相结合的方式。具体来说，对于汉语言文字等一些基本知识的教学来说我们还是应该按照比较基本的教学方式也就是教师讲解的形式来进行，因为这样可以高效地保证学生消化吸收，但是对于更为深刻的文化内涵的培养，我们就必须丰富教学形式。对于大学生来说，他们已经具备了足够的理解能力，我们可以带领学生走进当地的博物馆来感受当地的文化底蕴，从而走进深邃的中华文明宝库。同时，我们为了增加学生的文化意识，还可以在授课的过程中给学生推荐一些优秀的文化类科普节目。比如，《博物馆奇妙夜》《我在故宫修文物》《国家宝藏》，等等。这些形式是大学生乐于接受的，在观看的过程中学生自然而然受到了文化的熏陶。在条件允许的情况下我们还可以创造机会，让学生可以实际体验中华文化，我们可以为学生申请成为一些对外活动的志愿者，让学生可以亲身地走进会场，向外国友人传播我们的中华文化，让更多的人了解中华文明，在讲解的过程中学生的文化意识自然而然会得到提升。这些丰富多样的教学形式，都可以成为我们对外汉语教育的手段。

在高校对外汉语教育的过程中，我们一定要高度重视对学生文化意识的培养，我们要结合当前教学现状，努力克服困难，有针对性地加强对学生文化意识的熏陶。在教学的过程中适当地融入传统文化的精髓，让学生通过学习，产生民族自豪感与文化认同感，作为文化的使者，把我们国家优秀的文化传播出去，让我们的文化在世界更加闪耀夺目。

第五节　对外汉语教育中的语法教学

近年来，随着经济全球化的进一步发展，我国与其他国家的文化交流以及经济交流日益频繁，孔子学院、对外汉语教育项目逐渐受到大家的关注和认可。"对外汉语教育"也成为宣传中国传统文化以及汉语的重要载体之一。在"对外汉语教育"过程中，因为汉语与其他国家的母语存在较大的差异，在教学过程中就可能面临着语法教学的困难。从 50 年代开始，就已经有学者对"对外汉语教育"的语法教学进行研究分析，随着时代的进步，"对外汉语教育"中的语法教学在教学过程中逐渐获得了新的突破和发展。文中将结合"对外汉语教育"过程中的语法教学困境，分析其解决策略，促进我国"对外汉语教育"的发展和进步。

汉语曾被认为是世界上最难学的语言之一，在"对外汉语教育"过程中，很多外国学生对此都颇为头疼。对外汉语教育包括语音教学、文字教学、词汇教学、语法教学以及文化教学，通过侧重点不同的汉语教学可以帮助外国学生了解中国文化，提高汉语交际能力。在这五类教学内容中，语法教学有着重要地位。文章中将结合对外汉语教育的重要性以及发展过程中的困境，探究提高"对外汉语教育"中语法教学效率的策略和方法。

一、语法教学在对外汉语教育中的重要地位

在我们英语学习过程中，通过语法的学习可以了解到句子的构成，通过对句子成分的划分，可以掌握句意，从而了解文章大意。对外汉语教育也是同样的道理，语法教学在其中占据着重要的地位，其对于汉语学习者理解汉语的意思具有重要影响。

在对外汉语教育中，不可忽视的是，对汉语学习者而言，汉语通常是第二甚

至是第三语言，其在学习汉语之前就已经形成了母语的语法思维，就像我们在学习英语之前脑海中是汉语的语法思维。汉语与汉语学习者母语之间的语法差异常常会导致汉语学习者在学习汉语过程中因为语序等问题导致语言无法准确表达内心想法的情况，严重影响了汉语学习者的表达能力。

　　通过对外汉语教育的语法教学，可以帮助汉语学习者通过系统的练习，体会汉语与其母语之间的语法差异，帮助其总结汉语表达习惯以及表达技巧，提高其汉语表达能力。例如，英语中，定语可以放在单词的前面也可以以定语从句的形式放在句子的后面。但是在汉语中，定语只能放在名词前面。语法教学在对外汉语教育中有着不可替代的重要地位。

二、对外汉语教育中语法教学的困境

（一）过分注重语法知识的学习，忽视了其实际应用的训练

　　在对外汉语教育过程中，普遍存在过分注重语法知识的学习，通过在课堂上一遍又一遍地讲授语法知识，例如，这是名词，名词要放在句子开头等。在对外汉语教育中只是一遍又一遍地强化练习诸如"我吃饭了""我在奶奶家吃饭了""我吃了红烧鱼"这一类的句式，却不懂得引导学生结合具体语境以及环境进行汉语练习。上述情况导致在对外汉语教育中，语法练习缺乏相应的实际应用的训练，极易造成"哑巴汉语"的情况。

（二）一味地强调汉语语法学习，忽视了与其母语的结合教学

　　在对外汉语教育过程中，以英语国家的汉语教学为例，汉语语法与英语语法有许多相通的地方，例如，"主谓宾"的句子结构。在语法教学过程中，教师忽视了这些相通的地方，只是一味地强调"这是主语，要放在谓语后面的"，下面学生可能就会思考"什么是主语"，忽视了对句子结构本身的关注。这种教学模式严重影响了语法教学的效率，使得对外汉语教育的教学效果大打折扣。

三、对外汉语教育中语法教学的改进策略

（一）坚持对外汉语教育中语法教学的几大原则

在对外汉语教育中，应该坚持以下几大语法教学原则：

1.实用性原则

在语法教学中，可以针对不同基础的学生设计不同的语法教学策略，提高汉

语教学的实用性，使得汉语学习者在日常生活中可以时常用到我们所教授的语法知识，提高汉语学习的学习兴趣。

2. 精简性原则

汉语语法有时是比较抽象的，在汉语语法教学中，就可以借助图表的方式或者多媒体信息技术，比较直观精简地开展教学，帮助汉语学习者学习汉语语法。以连动句的教学为例，我们可以解释为一个句子有两个动词，尽可能地精简教学方式。

3. 易学原则

易学原则是指在对外汉语语法教学过程中，首先应结合汉语学习者的母语，从汉语中与母语相近的内容入手，打消汉语学习者对汉语语法的"畏难"心理。其次，在语法课程进度安排上，应根据汉语学习者的学习能力做适当安排，放慢学习进度，避免学生因为跟不上课程进度而导致对汉语学习的信心下降。

（二）开展任务型教学，强调情境教学在对外汉语教育中语法教学的重要性

上文中提到，对外汉语教育中语法教学通常存在过分强调语法的使用方法的问题。为此，在语法教学过程中，应积极开展任务型教学，并在课程教学中创设相应的情境，提高汉语学习者的汉语实际应用能力。

在语法教学中，可以创设"商店购物"的情境，要求汉语学习者进行一对一的对话练习。

消费者：这支钢笔多少钱？

商家：10 元。

消费者：可以便宜点吗？

商家：不可以。

通过任务型教学与情境教学的结合，可以帮助汉语学习者加强汉语口语练习，在实际应用过程中，提高对汉语语法的理解以及应用能力。

（三）鼓励学生运用归纳法整理汉语学习过程中出现的语法错误

在对外汉语教育过程后，鼓励汉语学习者将自己的语法错误进行归纳整理。通过有针对性的汉语语法教学，可以有效改正其在汉语应用过程中的语法错误，提高其汉语交际能力，提高汉语学习者的语法应用能力。

第六节　对外汉语教育中的熟语教学

熟语是语言在长期发展过程中逐渐形成的、为人们所熟悉的、一般不能任意改变其结构的定型词组或句子，它包括成语、谚语、歇后语、惯用语等。由于语言是文化的载体，汉语中承载着大量的文化因素，因此在进行对外汉语教育时引入熟语的教学以提高外国留学生汉语交际能力是很有必要的。文章从对外汉语教育的角度重新审视熟语，分析了熟语教学在对外教学中的地位，并提出了对外汉语熟语教学的教学建议。

熟语在文学作品以及日常生活中的使用频率是很高的，它活泼、形象、有趣，富于表现力。各民族语言中都有丰富的熟语，从某种意义上说，熟语可谓是一种语言中最精髓、最生动，也是最具特色的部分。能够正确掌握和运用熟语才是真正学会了这门语言，因此，在对外汉语教育中引入熟语教学，对提高外国留学生汉语水平和汉语交际能力非常有必要。

一、熟语的定义

所谓熟语，就是指加工提取过了的语言形式，它们是固定的说法。它们虽然长短不一，内容不同，所适用的范围也不同，但是它们都是人们在长期惯用中渐渐固定下来的，每一个熟语都表达了一个特定的意思，往往不能望文生义。它们在结构上都有自己的特点，不能随意更改。武占坤先生说："熟语是言语经过艺术加工的预制的语言建筑材料，它不是寻常的砖瓦木，而是现成的画栋雕梁，金门玉户，恰当地运用它，会使语言流金溢彩，文章格外增光。"黄伯荣、廖旭东在《现代汉语》中指出"熟语是人们常用的定型化了的固定短语，是一种特殊的词汇单位"。由于熟语的性质和作用相当于词，人们如同运用词一样，把它算作一个语言单位来用，因而，它们是词汇研究的对象，属于一般词汇。学术界关于熟语的定义存在着不完全相同的认识，但基本上都大同小异。从以上概述笔者认为熟语就是汉语词汇中固定词组或短语的总称，是人们长期使用固化了的一种词汇。

二、熟语的特点

（一）结构上的稳定性

谚语，成语和熟语与习语具有相同的固定结构，不能随意改变。如"碰钉子"，不能说成"碰螺丝"，"明日黄花"不能改成"昨日黄花"；然而熟语的固定性却没有像成语那样稳固，在熟语上还可以自由地加减改动一些字或词，如"碰了一鼻子灰"也可以说成"蹭了一鼻子灰"。

（二）意义上的整体性

熟语本身的意义是特定的，因此，在学习的过程中绝不可以单单从表面的意思去理解，更加不能望文生义。如"吃不了兜着走"，我们在学习的时候就不能仅仅从字面解释为吃不完的东西可以兜起来带走回去吃。而是要把熟语本身所包含的内在含义理解到位。

（三）熟语比一般词语有更深刻的文化内涵

熟语是几千年来中国文化的积淀，蕴含着中华民族的智慧。一般来说，它的意义不仅仅是简单的字面意义，理解和使用与其深层文化因素的制约是分不开的。因此，对不同文化背景下长大的外国留学生来说，存在着比较大的困难。伍铁平先生说过："历史文化传统越久的语言，精通起来越困难，因为其中的成语、典故较之历史文化传统短浅的语言要丰富得多。"

三、熟语教学及对外汉语熟语教学

（一）熟语教学

熟语教学首先是以熟语为主要教学内容的教学，因此，在教的过程中笔者认为要注意几方面：首先，教师应注意并掌握熟语的语义内容；其次，教师应掌握熟语的语法结构，准确辨别成语的构成；最后，教师应该熟悉习语所使用的语用环境，并准确使用习语的语境。

（二）对外汉语熟语教学

汉语作为第二语言的教学不仅是一门语言教学，更是一种外语教学。对外汉语教育是一种以习语作为外国学生学习词汇的教学活动，目的也是让外国留学生能够正确掌握和运用汉语，提高汉语水平和汉语交际能力。因此，在教学中，我们不仅要关注习语的发音，语义和语用，还要学习教学实践。

四、对外汉语教育中成语教学的现状

外国人对中文发音，词汇，语法和汉字的理解是有限的，中文与他们的母语完全不同。这给留学生的学习带来了很大的困难，也给对外汉语教育带来了巨大的挑战。通常随着学习者学习的深入，接触到的词汇也在累积，相应地，接触到的熟语也会越来越多，越来越复杂。成语经常被编写和使用，其中大多数与中国历史文化密切相关；成语，歇后语和谚语更具口语，诙谐，生动和形象。这些可以激发外国学生的学习兴趣。在汉语水平和语法水平大纲中必须掌握的固定短语也包括习语。成语词汇也涉及当前的外国学生教科书，这就要求我们不得不重视在对外汉语教育中加强对熟语教学的必要性。

习语的教学在汉语作为外语教学中起着至关重要的作用。因为熟语含有不同的文化内涵，因此在教授熟语过程中也在不断地传授中国文化，同时也增强了跨文化交际能力的培养。

（一）有助于提高学生的理解和沟通技巧

外国学生是否具有较强的理解能力和沟通能力，主要取决于他们掌握的词汇。在第二语言习得过程中，如果语言词汇不能及时掌握，或者单词的意思不能正确理解，学生的沟通技巧和写作技巧将受到限制。尽管成语中的熟语在写作方面很强，但在生活中使用成语也是最受欢迎的。如果你能正确理解和使用成语，它将有助于丰富学生的汉语表达能力，提高他们的汉语表达能力。此外，成语，歇后语和谚语都非常口语化，如果能正确使用它们，可以使学生的理解能力得到很大的提高，从而提高学生的交际能力。

在交际过程中，由于不同文化背景的文化碰撞，再加上习语的特殊性，甚至可能存在沟通障碍，最终导致沟通失败。只有解决成语问题才能确保沟通正常化。熟语中蕴含了多方面、多层次的中华文化，不熟悉中国文化将直接影响到汉语的学习。所以，外国学生可以通过学习熟语来提高自己的交际能力。

（二）有助于提高学生学习汉语的兴趣，加深他们对中国文化的理解

成语虽然为书面语，但成语也包含许多历史典故，也可以从当地习俗中看出。惯用语、歇后语和谚语是口语化的生活语言。成语教学也有利于促进汉语作为外

语的词汇教学。语言和文化相辅相成。通过对文化的深入理解，也可以促进语言的使用。学习汉语将对汉语成语有更深入的了解，也将促进对汉文化的理解。作为词汇的一部分，成语带有文化，成语教学也是文化的教学，语言和文化是相互联系的，语言习得是加深文化理解的重要途径。因此，对外汉语教育中的习语可以提高学生学习汉语的兴趣，加深对中国文化的理解。习语的教学也成为传播中国文化的有力工具。

五、对外汉语熟语教学建议

（一）提高熟语教学意识，加强熟语教学

为了更好、更快地推动成语教学，中国教师必须提高对成语教学的理解。首先，汉语作为外语的教学应该加强习语的学习。其次，对外汉语教师应在自己的实际教学过程中注重习语的教学，积极寻找和探索有效的成语教学方法。最后，提醒外国学生注意习语的教学，不要刻意回避；使用某些学习策略方法来增加外国学生学习习语的兴趣，让他们积极学习。

（二）结合语境进行熟语教学

首先，充分发挥课堂教学的作用，在课堂上充分创造语境，让学生积极参与句子练习，并进行交际训练。其次，利用课外实践活动，将成语教学融入实践中，使学生在实践中进行成语交际训练。最后，充分利用社会语言环境，鼓励学生在社会中实际使用成语，增加学生自然获得的机会。

（三）对熟语进行分层分级，循序渐进教学

赵清永对成语教学的层次分层提出了一个非常科学的概念。他考虑了成语分割的四方面：①将其在日常生活中的使用情况进行分类，并根据使用频率进行分类。②成语的分级应考虑到所用词语的中文水平。③在各种习语中，由于年龄的不同，存在易于理解和难以理解的差异。当我们在课本中引入成语时，我们应该考虑学生理解的难易程度。④有些习语因其所借喻的东西历史悠久，或历史故事和名言含有丰富的文化因素和深刻的思想而容易在理解上造成障碍。我们必须根据它们的难度将它们分为 2 级，3 级和 4 级。这些考虑是非常必要的。最明显的，可以从字面上理解的习语，如"爱面子"就是要顾及面子，"帮倒忙"就是想要去帮忙，然而却增添了麻烦，这种习语留学生通常可以从字面上理解。

（四）文化渗透型的熟语教学

大多数汉语成语与中国历史和文学作品有关，与中国文化密切相关。例如，"拍马屁、随大溜、拖后腿"等词，如果不讲清楚内在的含义和结合语境进行解释时，留学生就很难理解整个词语的运用。在对外汉语教育中，必须注意文化的渗透，并向学生解释具有历史文化的习语。例如，在讲"悬梁刺股"时，单纯字面意思是无法解释清楚的，就把成语的来源讲给学生，成语"悬梁刺股"由两个故事组成，"悬梁"的故事发生在楚国一位名叫孙敬的贤士身上，他到洛阳求学，为了勤于学习，担心睡眠困扰，因而把头发绑住悬于梁上，如果读书困倦，眼睛一合上，头低下来，那悬在梁上的头发一拉，必定痛得醒过来，最后他苦读有成。"刺股"的故事发生在战国苏秦身上。他在鬼谷子那儿学合纵连横之术，学成之后到秦国游说，但却不被采用。旅费用完了只好回家，父母大骂了他一顿，妻子也不理他，他很羞愧难过，于是发愤苦读。读累了打瞌睡，就拿一把锥子在腿上戳，把睡意赶跑，又继续苦读。后来他终于成为一位大名鼎鼎的政治家。"悬梁刺股"意思是只要付出时间和精力，就会有收获。最后，还应该把成语的比喻义教授给学生，这样学生不仅了解到熟语的来源，还很好地理解了比喻义，就能更好地在实际生活交际中运用。

随着我国对外汉语教育事业的蓬勃发展，熟语教学也越来越受到重视，作为民族语言和文化的瑰宝，汉语成语是中国魅力的集中体现。熟语的学习有助于外国留学生汉语水平的提高，同时也能使他们对中国文化有更深入的理解。语言教学是传播文化和培养国际学生跨文化交际的重要手段。要充分认识对外汉语教育中成语教学的现状，积极开展汉语作为外语教学的研究。充分发挥理论的实践价值，将其应用于教学实践，提高对外汉语教育水平。总结教学方法，提高对外汉语教师水平，逐步提高学生的汉语和沟通能力。

第二章 对外汉语教育过程论

就教学过程来看，对外汉语教育是一个复杂的、多层次的过程，而不仅仅单指课堂教学活动。这个过程一般来说，除了对外汉语教育政策的制订外，还包括对外汉语教育的总体设计、对外汉语教材编写和选用、对外汉语课堂教学和测试评估等几方面。

第一节 对外汉语教育微课设计

一、对外汉语教育的总体设计

总体设计是对外汉语教育的四大环节中首先要遇到的问题。它是教材编写、课堂教学以及测试评估等各项教学活动的依据，是协调其他各个环节，使它们成为统一的、科学的、整体的重要步骤。确切地说，对外汉语教育的总体设计是"根据语言规律、语言学习规律和语言教学规律，在全面分析第二语言教学的各种主客观条件、综合考虑各种可能的教学措施的基础上选择最佳的教学方案，对教学对象、教学目标、教学内容、教学途径、教学原则以及教师的分工和教师的要求等做出明确的规定，以便指导教材编写（或选择）、课堂教学和成绩测试使各个教学环节成为一个互相衔接的、统一的整体，使全体教学人员根据不同的分工在教学上进行协调行动"。这是将对外汉语教育看作一项系统理论工程，并在应用中予以实践。

语言教学是一个非常复杂的系统工程，其中包含了许多教学环节和复杂的矛盾。首先表现在一种教学原则在某种情况下适用，而在另一种情况下就不一定适用。其次，各种教学类型具有不同的教学特点，比如，短期教学和长期教学、学历教学和非学历教学、基础教学和专业教学，它们各自具有带有自身特点的教学方案。怎么样能更好地协调各个环节、解决这些矛盾，就要根据具体情况综合分析各种不同的特点，找到符合语言学习规律和语言教学规律、符合教学要求的客观条件的最佳方案，并使之贯彻到教学的各个环节中去。

总体设计不仅能够帮助我们找到最佳的教学方案，还能帮助我们协调各个教学环节，使整个教学过程和全部教学活动成为一个统一的整体。可以说总体设计是从宏观上对教学全过程和全部教学活动的控制和把握。只有好的总体设计，才能有一个统一的测试评估标准。所以我们首先要进行总体设计，并把这一环节作为其他环节的前提和依据。只有这样才能从宏观上理顺教学内部各种因素和各个环节之间的关系。

二、对外汉语教育总体设计的方法和程序

对外汉语教育的总体设计主要由教学类型、教学对象、教学目标、教学原则、教学途径以及教师分工和对教师的要求等几个部分构成。进行对外汉语教育总体设计时，一般要按照下列程序和方法进行。

（一）明确教学类型

不同的教学类型适应不同的教学对象，决定不同的教学目标、教学内容、教学原则和教学方法。我们可以根据教育性质、教学任务、教学时限和教学组织形式等把教学分成多种类型。目前主要的教学类型是按照教学期限和学习目的分的，可分为本科专业、长期班（4年、2年、1年等）和短期班（半年、2个月、6周、4周等）；非学历教育的预备教育（解决进入专业学习的汉语水平问题）、特殊目的教育（学习旅游汉语、经贸汉语、中医汉语等）。不同类型的教学适应不同的教学对象，它们之间在教学目的、内容、方法方面有很大不同。总体设计的第一步就是首先要明确属于哪一种教学类型，然后根据这种教学类型确定相应的教学目标、教学内容、教学原则和教学方法。其中要特别注重基础阶段，特别是初、中级阶段的对外汉语教育。因为这一阶段学习者人数最多，也是研究成果最多、最集中的阶段，从一定意义上看，最能体现第二语言教学特点和规律。

（二）分析教学对象

分析教学对象是使教学具有针对性。教学对象的特征主要从自然特征、学习目的、学习起点和学习时限四方面来分析。

1. 自然特征

自然特征包括学习者的国别、年龄、文化程度、第一语言及文化背景，等等。这些自然特征对确定教学内容和教学原则有决定性的作用。自然特征关系到教学

原则的确定、教学内容和教学方法的选择。从年龄方面来看，孩子与成年人的第二语言学习在内容和方法上都应该有所不同；对于文化程度高低不同的人，也应该采取不同的教学对策；国别不同、第一语言文化与目的语文化之间的关系不同，教学原则和方法也是不同的，例如，教韩国、日本学生的中文和教欧美学生的中文就很不相同。

2.学习目的

学习目的大体上可以分为受教育目的、职业工具目的、职业目的、学术目的和临时目的五种。不同的学习目的决定了第二语言教学目标和内容的不同。对外汉语教育应当在了解学生的基础上，根据其学习目的来确定教学目标和内容，并制订相适应的教学方案。

3.学习起点（水平）

学习起点一般是根据学习者的目的语水平而定。可以是零起点，也可以把已有的目的语水平作为起点。不同学习起点的学生，对学习汉语的认识、兴趣、接受能力和理解水平都有差异。对外汉语教育的各个阶段要充分考虑学生的实际汉语水平来安排教学活动。

4.学习时限

学习时限依据学校的教学制度而定，包括本科（4年）或进修（1年、2年）的学习期限、总课时、周课时等。也有依照学习者的特殊要求而定，如短期进修、短期强化。学习时限也对教学目标和教学内容起限定作用。反过来说，教学目标和内容的确定除了要与学习目的、学习要求保持一致以外，也要考虑到学习时间的限定性因素。

（三）确定教学目的和目标

1.教学目的

教学活动是为了实现教育目的服务的，从根本上看，教学目的就是为了培养全面发展的人才。由于教学活动主要是从事科学文化知识和技能的传授和学习，因此不同的教学类型又存在着具体的教学目的。

对外汉语教育的教学目的应归纳为：掌握汉语基础知识和运用汉语进行听、说、读、写基本技能，培养运用汉语进行交际的能力；提高学习汉语的学习兴趣和方法、培养学习汉语自学能力；学习和了解中国文化、历史和中国社会。

2.教学目标

对外汉语教育要培养学生具备什么样的知识结构和能力结构，具备什么样的语言能力和语言交际能力，能够使用目的语从事什么样的工作，这就是教学目标。

教学目标包括使用目的语的范围和目的语水平的等级两方面。

第一，使用目的语范围。主要是指在什么领域和范围内使用目的语。有的是把目的语作为职业的条件，而有的是把目的语作为职业工具。例如，学习者学习目的语是因为都要在工作中运用目的语，但是他们职业各不相同：一部分学生是公司经理或者职员，他们学习目的是从事经济贸易活动；而一些学生可能从事旅游服务工作，他们的学习目的是为了做导游工作。目的语对于他们来说是一种职业工具，职业不同，教学内容也会有所差异的。所以，国家汉办最近几年开始启动了包括旅游 HSK、文秘 HSK、经贸 HSK 专项考试的研发工作。

第二，目的语水平等级。目的语水平具有等级差异，主要有初级、中级、高级的差别。教学目标包括培养学生达到目的语水平的哪一个等级。目前对外汉语教育大都考虑划分初、中、高三个等级。初级的要求是，掌握日常生活用语和比较容易的社交用语，学会最基本的语法项目，有一定的语用知识。中级的要求是，在日常生活和社会生活中能比较自由地进行口语表达，能看懂报纸新闻，担任初级翻译；具有自学能力；基本上掌握各个语法项目和一般的语用规则。高级的要求是，语言基本过关。具体是指，基本上能听懂一般的新闻广播，能够比较自由地进行口头表达，比较顺利地阅读内容不超过阅读者知识范围的书刊，能担任中级翻译；能自由进行口头表达。除了掌握语法和语用规则外，还具有一定的修辞知识。

（四）确定教学内容的范围

对外汉语教育的教学内容范围不仅仅指汉语的语音、词汇和语法各语言要素，因为第二语言教学的基本目的是培养学生运用目的语的语言能力和语言交际能力，要确定教学内容的范围，必须首先了解语言能力和语言交际能力的构成因素和形成过程。一般认为，人的语言能力和语言交际能力至少是由语言要素、语用规则、相关的文化背景知识、言语技能和言语交际技能这五方面的因素构成的，因而对外汉语教育应该从上述五方面确定教学内容的范围，为制定各项教学内容的大纲提供依据。

（五）确定教学原则

汉语作为第二语言的教学原则，不是凭空确定的，而是需要理论与实践相结合。教学原则是由一定的教学理论所决定的，而教学理论又是在语言学理论、心理学理论、语言学习理论、教育学理论、跨文化交际理论、哲学理论等理论的基础上，结合对汉语教学自身的规律进行研究而形成的理论体系。

总体设计主要规定教材编写、课堂教学和成绩测试中必须共同遵守的原则。

目的是使整个教学过程和全部教学活动保持一致。总体设计的教学原则主要包括以下几方面。

处理好言语要素、言语技能和语言交际技能之间的关系。不同的教学法在处理语言要素、言语技能和言语交际能力三者关系时，侧重点并不一样。这涉及怎样进行言语技能的训练、怎样进行交际技能训练、怎样处理言语要素和语言知识的关系以及怎样处理言语要素和相关文化知识的关系，等等。如：

第一，结构语言学的"听说法"，它是以语法结构作为大纲来编排教学顺序，以语言要素为中心来组织语言材料。

第二，"听说法"的改进，是以语法结构为纲编排教学顺序，以言语技能训练为中心组织语言材料。

第三，"功能法"的教学路子，是以功能项目为纲编排教学顺序，以言语交际技能训练为中心组织语言材料。

第四，"结构 功能"相结合法，是以语法结构为纲编排教学顺序，以功能项目和言语交际技能训练为中心组织语言材料。

不论是语法、翻译法还是直接法、听说法，都是以语言结构特别是形式结构为纲；而功能法则独树一帜，强调语言教学要以功能为纲。

选择好言语技能训练方式。主要包括综合训练、专项训练、综合训练和专项训练相结合的方式等几种。

选择好言语交际技能训练的方式。目前对外汉语教育中，关于言语交际技能训练的方式主要有如下几种：

第一，以结构为纲，兼顾功能。

第二，以功能为纲，兼顾结构。

第三，以话题为中心，注重结构和功能结合。

第四，以情境为中心，注重结构和功能的结构。

第五，纯功能的方式。

结构和功能相结合，是近年来我国学者们根据自己的经验总结出来的一条教学原则，其中语言结构是基础。国内外几十年的汉语教学经验证明，通过早期系统的语言要素的学习掌握语言的基础，是第二语言学习者较迅速地获得语言交际能力的关键。反之，初级阶段忽视结构教学或完全打乱结构教学的系统性，会给汉语学习带来极其不利的影响。当然，功能是语言教学的目的。学习语言结构是为了交际，因而语言要素是为功能服务的，语言要素的教学必须与功能教学紧密结合。要重视功能的教学，既要考虑到语言要素的系统性，也要注意功能的系统性。

处理好语言要素之间的关系。语言要素是指语音、语法、词汇三要素，对外汉语教育中还包括汉字。对不同语言要素的教学，可以在不同的阶段有所侧重，甚至采取语音教学阶段、语法教学阶段等分阶段教学的做法。但语言诸要素只有组成句子或话语时，才能较好地发挥交际工具的作用，所以目前的做法大多数是以句子和话语这两级语言单位为重点，进行语音、语法、词汇综合教学。句子是语言交际中表达完整意思的最基本的运用单位，是语音、语法、词汇的综合体，长期的教学实践也证明通过句型能较好地掌握语言的组装规则。因此从第二语言教学的角度考虑，句子仍应是教学的重点。随着话语语言学的兴起，人们对言语活动的研究更加深入，逐步认识到第二语言教学中除了传统的句子的操练外，还需要加强话语的训练。话语教学是一个新的研究领域，无论在我国还是在国外都还处于探索的阶段，尚未有重大的突破。

处理好语言和文字的关系。这方面的重点问题是解决教不教汉字、先语后文还是语文并进以及繁简汉字的教学等问题。另外，在汉字教学中还要重视语素教学，这有两方面的意义：一是有助于准确理解复合词的词义并有利于加快扩充词汇量，二是有助于记忆汉字。

处理好目的语和媒介语的关系。这方面主要的问题是：要不要用媒介语进行解释，要不要进行两种语言的对比和对译，在什么情况下用媒介语解释，在什么情况下进行两种语言的对比和对译。这条原则涉及目的语的教学与母语或媒介语的关系。以联结主义心理学为基础的直接法强调在第二语言教学中目的语与客观事物直接联系，无论是言语的理解或表达，都应避免依赖母语的翻译过程，实践证明这是正确的。但母语的存在是一个不可避免的事实，母语对目的语的迁移作用也是一个无法回避的事实。问题在于如何发挥母语的积极作用而消除其不利的影响。利用母语或媒介语，主要是指在教材的编写和教师的备课活动中进行语言对比分析，以确定教学重点；同时也是指在十分必要的情况下，教师在课堂上可以少量地用母语或媒介语进行难点讲解。但课堂上教师对母语或媒介语的使用必须很好地控制，基本原则是能不用就不用。大量地用母语来讲解语法，通过母语来学习汉语或中国文化，绝不是语言教学理想的做法，难以培养运用汉语进行思维和交际的能力。在课堂里应该尽量让学生尽可能多接触汉语，"沉浸"在汉语的氛围或环境中。

处理好语言要素和相关文化知识的关系。对外汉语教育还要考虑文化知识的教学与语言要素的教学以及言语技能和言语交际技能训练的结合问题。文化教学要为语言教学服务。文化教学是语言教学不可或缺的一部分，语义和语用的教学，作为语言交际能力一部分的社会语言学能力、话语能力和策略能力的培养，都离不开文化教学。但是文化教学要紧密结合语言教学，以语言教学为目的。高级阶段文化因素教学尤其是介绍目的语国家的文化背景知识的分量应该加大。

处理好语言和文学的关系。这方面主要是处理好文学作品在语言教学中的地位，特别是要处理好在高级阶段的阅读课教学中，文学作品的内容在教学中所占的比例问题。

充分利用现代化教学技术和手段。现代化的教学技术手段是第二语言教学的重要组成部分。目前，汉语教学的主要资源仍只局限于教科书，主要的教学手段是靠教师的讲和练；与主教材相配套的录音、录像、电脑、多媒体辅助教材很少。这种情况不利于汉语教学水平的提高。以汉字教学为例，通过多媒体或动画来帮助学习汉字的部件和笔顺，能取得其他手段所无法达到的效果。目前对外汉语教育非常需要研究如何从汉语的特点出发，充分利用现代化教学技术手段来提高教学效率的问题。

（六）规定教学途径

教学途径是将教学目标、教学内容和教学原则贯彻到教学过程中去。

教学途径包括教学阶段、课程设计以及周课时和总课时三项内容。

1. 教学阶段

划分教学阶段是为了突出不同阶段教学的特点和重点。目前主要采用把要到达的目的语水平等级作为划分教学阶段的依据，这种根据教学目标划分教学阶段的原则叫作"教学目标原则"。教学中区分出的目的语的水平等级一般为初级、中级和高级。还可以根据"教学目标原则"在每个大的教学阶段再划分出若干个小的阶段，划分小的教学阶段要解决的主要问题是如何对教学目标进行再分解和细化。

2. 课程设计

课程设计是总体设计的核心内容，也是联结总体设计和教材编写、课堂教学的中心环节。它是针对特定的教学类型和具体的教学对象、参考课程类型来制订课程设置计划。科学的课程设计应该是：所规定的课程能够使学生具备合理的知识结构和能力结构；能使全部教学内容合理地分布到有关的课程和课型中去，能够较好地体现既定的教学原则。课程设计在具体的教学单位要考虑各种主客观条件，例如，教学规模、教学条件等，要根据既定的教学对象所具备的知识结构和能力结构来决定开设何种课程和课型。总之，要根据各个教学单位特定的教学类型来进行课程设计。

3. 课时安排

总课时和周课时的安排要考虑到与教学目标和教学内容相一致，要适合学习者的特点。

（七）明确教师分工和对教师的要求

在第二语言教学中，教师有一定的分工，需要重视担任不同课型教学工作的教师之间的互相配合。具体地说就是：教师应该全面了解总体设计的内容和安排，掌握教学总体情况，明确自己在整个教学过程和全部教学活动中所承担的工作性质、特点，以及自己应该发挥的作用，明确自己所承担的教学工作和其他教学任务之间的关系，并配合好协调好相关的教学工作。

第二节　对外汉语教育的教材评估和选用原则

一、对外汉语教材的评估原则

对外汉语教材都有各自的特点，同时也具备一些共同性。教材的评估原则和编写原则基本是一致的，这些基本原则是对各类教材都普遍适用和应当遵循的。这些原则可以概括为：实用性、知识性、科学性和趣味性。

（一）实用性

与普通的语言学教材不同，第二语言教材主要用于培养语言能力。语言知识要通过教学转化为技能，最终培养学习者的语言能力。因此，教材的实用性十分重要，也只有实用的教材才能更好地激发学习者的学习积极性。教材的实用性包括教学内容的实用性、语言材料的真实性和教学方法的实用性。

教学内容的实用性是指教材中教学内容的选择和确定要从学习者的需要出发，是学习者生活、工作或学习中常用的，在交际中所必需的，在生活中能马上用得上的，是学习者最亟须掌握的。语言材料要尽可能选择现实生活中真实的语料，尽量避免使用无实际意义、无使用价值或者只是为了讲解语法点而需要的"教科书语言"。教学方法的实用性是指教材在提供必要的理论知识的同时，更要提供大量的练习。练习是获得技能和能力的主要途径之一，是教材中的重要部分，练习设计和编写要尽量做到生动有趣，在形式和层次上要多样化。

（二）知识性

所谓知识性是指教学内容中要包括一定量的新知识。除了在量上要有所保证以外，在质的方面还需要考虑新知识必须是学生感兴趣的。使学习者在学习语言的同时获得各种有用的知识和信息，这也是激发学生学习热情、增加学习积极性的一个重要方面。因此，在教材的内容方面要注重吸收社会政治、科技常识、文化风俗、历史地理等各方面的相关知识内容。

（三）科学性

1. 要教授规范、通用的汉语汉字

教材的科学性主要体现在语言的规范、知识的介绍和解释的科学性、内容组织符合教学规律并反映学科理论研究的新水平等几方面。教学的内容要尽可能参照已经公布的对外汉语教育等级标准和大纲。《中华人民共和国国家通用语言文字法》明确规定"对外汉语教育应当教授普通话和规范汉字"，普通话即现代汉民族共同语，规范汉字即我国正式公布的简化字，另外，通用的给汉字注音的拼音方案是《汉语拼音方案》。就是说对外汉语教育应该利用"汉语拼音方案"，使用规范的简化汉字，教授普通话。

2. 教学内容的组织要符合语言教学规律

教学内容的编排顺序要由易入难，由浅入深，循序渐进，要适合大多数学习者的接受程度；题材内容要从日常生活用语开始并逐渐涉及社会生活交际的各方面，进而逐步扩大到政治、经济和文化等方面。新词语和语法点分布要均匀、合理，适当分散难点，要特别注意重点词汇和句型的重现率，以有效地帮助学习者不断地循环复习，科学地记忆。

另外，对语言现象（语音、词汇、语法、语义、语用等）的解释要注意准确性和规范性，避免造成误导。教材内容要反映新的、成熟的学科理论研究水平，及时更换陈旧过时的内容。当然，在吸收新的研究成果时，也要注意采取谨慎的态度。

（四）趣味性

具有趣味性的教材才能吸引学习者，使之产生学习的兴趣和动力，使语言学习的过程变得更加轻松愉快，以更好地提高学习效率。教材的趣味性主要体现在教材内容的生动有趣和形式的活泼多样。教材内容的趣味性与教材的实用性、交际性密切相关。尤其在初级阶段，要紧密结合学习者的日常生活需要，课上学习的内容课后马上能够运用，就自然产生学习的兴趣和动力。随着学习水平的提高，教材内容需要逐步扩大，要加入文化内容，特别是中高级语言教材要反映现实生活，选择学习者所关注的话题或者含有丰富的文化内涵的话题，这对学习者就会有吸引力，就会引起他们的浓厚兴趣。除了题材的多样化以外，体裁、语言风格和练习形式的多样化也是兴趣性的重要体现。此外，教材的排版设计、字体大小、插图画面等也是影响教材趣味性所不可忽视的因素。

二、对外汉语教材的选用原则

选用教材的原则是以评估教材的原则为基础的。从实际运用的角度出发，选用教材的原则在评估原则的基础上还要增加交际性原则、针对性原则和系统性原则。

（一）交际性

交际性是指教学内容的选择、语言材料的组织要充分考虑到有利于学生语言交际能力的培养。具体而言，要选择有交际价值的教学内容。教材要有利于教学过程交际化，便于交际活动的开展。语言材料必须是来源于生活，来源于现实。从初级阶段就应该选用一些适用于交际的真实材料。要提供尽可能接近生活的便于交际的语言情景；另外，语言材料要体现生活的真实性，使学习者课下能很快地将教材中学到的内容直接或比较顺利地运用到现实生活之中。

（二）针对性

选用教材时要明确该教材适用于何种教学类型、课程类型和教学对象。教材必须有明确的针对性，要适合使用对象的特点。过去由于教材的种类比较少，存在着不同类型和不同需求的学习者都使用同样教材（特别是比较优秀的通用教材）的现象，这势必会影响到学习效果。实际上学习者的情况千差万别，教材要尽可能地适合学习者的特点。最基本的要求是，要根据不同母语、母语文化背景与目的语文化对比所确定的教学重点不同选用不同的教材。此外，还要考虑到学习者的年龄、民族、文化程度特点，考虑学习者学习目的不同，考虑学习者学习起点不同和学习时限不同。当然针对性并不是绝对的，只能针对主要的大的方面，逐步分别编写各类教材，并不断完善，给学习者更多的选择。在重视针对性的同时也不能忽视通用教材的作用。

（三）系统性

教材的系统性涉及很多方面。首先是指教材内容在基本知识介绍和技能训练方面，即语音、词汇、语法、汉字等语言要素和听、说、读、写言语技能的安排方面，要平衡协调。初、中、高级不同阶段教材要衔接；综合技能课与听、说、读、写专项技能课教材要配合。要充分考虑多媒体、图片、幻灯、声像等辅助手段，从而形成系列的、立体的教材体系。因此，教材的选用要考虑到横向和纵向的关系，要考虑该教材在整个教材体系中所处的位置和作用。如果说教材的针对性是具体的方面，那么系统性就是宏观上的考虑。

第三节　对外汉语课堂教学的特点和要求

一、课堂教学的特点

课堂教学是对外汉语教育的基本形式，它是指教师根据教学大纲规定的目的、任务和教材，运用恰当的教学方法，在规定的时间内对固定班级的学生进行某门课程教学的形式。

在第二语言教学中，课堂教学是帮助学生学习和掌握目的语的主要场所。这是因为第二语言学习主要通过课堂进行有组织的教学活动和展示有计划的教学内容。教学过程的感知、理解、巩固、运用阶段主要在课堂教学中完成。实施教学计划，贯彻教学原则，运用教学方法，完成课程教学并实现教学目标，主要都是依靠课堂教学。语言教学的根本目的是培养学生的语言能力和语言交际能力。因此，通过课堂教学这一基本形式来实现培养学生运用语言进行交际的能力是课堂教学的根本目的。

总体设计和教材编写必须考虑到课堂教学的特点和需要，并接受课堂教学的检验；成绩测试要从课堂教学的实际出发，并给课堂教学以反馈，所以说，在教学活动的四大环节中，课堂教学是中心环节。也就是说课堂教学是所有教学活动的中心，其他环节都要以课堂教学的需要为出发点，适应和满足课堂教学的要求。总体设计的制定、教学内容和方法的安排、教材的编写和选择等都要考虑到在课堂上是否可行，是否能够满足教学的需要，成绩测试的内容和方法要考虑到是否有利于改进课堂教学，测试的结果也要考虑到是否能促进和推动教学。

一般课堂教学要完成传授知识和培养能力两项任务。第二语言教学是以培养学习者的交际能力为目的，所以课堂教学除了体现一般课堂教学规律外，还有自身的特点。

（一）"以学生为中心"的课堂教学的原则

第二语言教学虽然也要教授语言知识，但与一般以理论知识传授为主的教学不同，它更强调把知识转化为技能，以培养技能和能力为最终目的，而技能和能力更需要靠学习者进行大量练习和实践才能获得。传统的教学法遵循的是"我教你学，我讲你记，我问你答"这种模式，学生总是处于被动的学习状态。这种没有变化的教学法很容易把语言教学搞得枯燥无味，很难调动学生学习的积极性，以致课堂上出现这种尴尬的局面：教师在讲台上滔滔不绝，学生瞪着两眼茫茫然，或者不停地翻词典，甚至打瞌睡。所以现代的第二语言课堂教学更多地提倡以学生为主体，充分发挥学生的主动性、积极性和创造性。近年来，"以学为中心""以学生为中心"是大家的共识，但并不是说，学生想学什么就是什么，想怎么学就怎么学，而是应该从学习者和学习过程的角度出发来考虑教学，教学对象是主动的，能改变教学的重点和内容。教师应该掌握学习和习得的规律，搞清楚学习主体以及环境等其他多种因素对学习过程的影响，然后以此为依据，再根据学习者的学习要求和目的更好地设计和组织教学，建立所谓的"最佳教学模式"。运用趣味教学法，将课堂讲练游戏化，让学生成为主角，教师大部分时间只充当导演，这样更能激发学生的表达欲望和创造性，收到很好的效果。当然，要真正做到"以学生为中心"并非容易的事情，需要对外汉语教师在理论和实践上的共同探索和努力。

（二）活跃的课堂教学的方式和气氛

第二语言教学更注重以学习者的活动为主，不是教师一人的"满堂灌"，而是进行多种形式和方法的语言操练和交际实践活动。特别强调和提倡教师与学生以及学生与学生之间的交流活动，要妥当使用各种教学技巧和艺术，充分利用接近实际生活的直观教具和现代化的教学手段。对外汉语课堂教学还要营造一种轻松愉快的气氛，以激发学生的学习兴趣，减少紧张和恐惧心理，只有这样才能收到预期的效果。

学习一种语言，历来被人们认为是枯燥的苦差事。如果教师没有很好地掌握和运用课堂教学技巧和艺术，就很容易造成压抑和紧张的课堂气氛。教师可以在开始上课的时候，与学生聊一些简单、轻松的话题，或者在讲课过程中穿插一些风趣幽默的话语、故事，适当开点玩笑，就会在一定程度上缓解学生的紧张情绪，形成活跃的课堂气氛。

此外，语言教师应该想尽各种办法，充分利用接近实际生活的直观教具和现代化的教学手段，利用实物、图片、教具、动作加上现代化的录音、录像、电脑软件、动画、多媒体等，活跃课堂教学的气氛，改进课堂教学的方式。

（三）交际性操练的方法

所谓交际性的操练是从"语言是交际工具"的本质出发的，在交际性原则的指导下，在课堂过程中实现交际化。交际性操练不同于机械性操练，它以机械性操练为基础，但又不拘泥于机械性操练。它是在特定的真实或模拟真实的语言环境中，创造性地使用语言，在进行真实或模拟真实的语言交际活动操练中可以根据不同的交际对象、交际目的和交际场合对语音形式、词语、句型和对话方式进行选择。交际性操练在语言使用的准确性、流利性的基础上，更强调语言使用的得体性。教师一步步地放松对学生的控制，发展到让学生能够根据实际需要自由地表达，创造性地使用学习过的语言形式。需要注意的是，课堂上的一切教学活动和现实生活中的交际是不同的，课堂上的一切教学活动都是有教学目的和教学计划的，是教师精心设计的教学步骤，现实生活中的交际目的只在于交际本身，而课堂上的交际，目的不在于交际本身，而在于通过这些交际活动学会如何进行交际。因此，在语言的使用上就相对强调规范性和准确性。

在培养语言交际能力方面，交际性的操练方法十分重要。但是，从目前整个对外汉语的教学现状来看，课堂操练的分量不够、课堂操练远离实际交际。课堂上教师反复地领读，让学生记忆、背诵，然后替换、扩展，机械性操练占去了大部分时间，虽然符合"精讲多练"的原则，但是由于操练内容过于注重形式，远离实际交际，致使学生学习热情下降，产生厌倦。那么，如何让学生获得语言的交际能力呢？

首先，要注意在情景中操练。交际离不开情景，以掌握语言交际能力为目的的交际性操练一定要在一个真实或模拟真实的语言情景中进行。课堂上教师最大的作用是为学生创造一个真实的或模拟真实的交际环境。模拟真实的环境就需要教师去精心设置，尽量设置出具有交际价值的情景，比如，设计出与学生日常学习、工作、生活密切相关的生活片段，在课堂上来引发学生进行交际练习。

其次，要注重从机械性操练到交际性操练的转变。多年来我们比较重视语言结构的系统性传授和语言技能的强化训练，在机械性操练方面总结出"重复—替换—扩展—完成句子—提问或回答"等有效的方法。交际性操练的类型还在探索之中，主要是要在特定的语言环境中进行，以口头会话交际能力的操练为主，目标是形成话语能力，强调语言的规范性和得体性。从机械性操练到交际性操练是从语言要素到语言技能，再到语言交际能力的形成过程，两种操练方法缺一不可。

二、课堂教学的要求

课堂教学是对外汉语教育的基本组织形式，对外汉语教育的不同课型，其教学的要求也不完全相同，但无论什么课型都特别强调教师与学生的共同作用。这种共同作用体现在教师完成教学任务和学生掌握教学内容的程度上。

（一）对教师的要求

从第二语言教学特点出发，教学过程分为四个基本阶段，即感知阶段、理解阶段、巩固阶段和运用阶段，课堂教学中对教师提出的要求都是贯穿在这四个阶段。

1. 展示教学内容

在感知阶段，教师要运用最好的教学方法来全面展示和传授计划内的教学内容，把它们全部教授给学生。

2. 使学生全面理解所学内容

学生不一定能完全理解教师所展示和传授的教学内容，教师一定要运用正确的教学方法和技巧，尽量采取有效的教学手段和措施，帮助学生理解所学习的内容。

3. 引导学生正确地模仿和重复

在第二语言学习中，模仿和重复虽然是一种初级的操练方法，但却是十分重要的，是学习语言必不可少的前提和过程，教师在其中应该给予正确的引导。

4. 帮助学生巩固记忆

学习一种语言，记忆是非常重要的，尽管记忆要靠学生自己来实现，但是教师的作用不可低估，通过深入浅出地讲解并运用复习检查等手段，都可以帮助和督促学生巩固所学的内容并且真正记住。

5. 创造条件让学生进行交际

让学生能够正确运用汉语进行交际是对外汉语教育的最终目标，老师在课程教学中要想方设法创造交际条件，尽可能让学生在真实的交际情景中进行语言练习，从而使学生能尽快将所学的内容在实际中运用。

（二）对学生的要求

课堂教学对学生的要求贯穿在语言学习的"理解—模仿—记忆—运用"这一过程当中。

1. 理解

理解是语言学习的第一步。学生通过视觉和听觉等多种途径接受语言材料，并且进一步了解言语的意义、结构和用法，对语言材料从感性认识发展到理性认识。从记忆的特点来看，一般被理解的知识内容才能进入长久记忆。因此，理解所学的内容是学生学习汉语的第一步，也是学生在课堂上要完成的首要任务。

2. 模仿

理解了的知识还需要通过"实践—模仿"才能得以掌握。学生在汉语模仿中要注意模仿的正确性。因为错误的模仿只能造成负面效应，形成错误的习惯以后纠正起来就困难了。而开始模仿的时候往往要经过多次反复，不断纠正偏差和错误，才能达到正确的运用，关键是学生要充分利用课堂教学的有利条件，及时纠正错误的模仿，尽可能多地进行正确的模仿训练。

3. 记忆

记忆是所有语言学习必须具备的基本功。汉语学习的记忆，不论是机械的还是理解基础上的都需要学生的主观努力。尽管大量的学习信息记忆需要学生课外进行，但是学生应该尽可能利用课堂教学的各种有利因素来帮助自己记忆，以达到事半功倍的效果。

4. 运用

正确运用所学的内容进行交际是语言教学的最高目标，也是对外汉语课堂教学的最高目标。学生在课堂中要积极主动地参与各项课堂训练和活动，这样可以打下良好的语言基础，很快地适应课外的语言交际活动。

第四节　对外汉语教育的测试和评估

一、测试的类别

第二语言教学的全过程和全部教学活动可以概括为总体设计、教材编写与选择、课堂教学、成绩测试四大环节。语言测试是语言教学的四大环节之一，是语言教学活动的一个组成部分。语言测试与语言教学密切相关。作为语言教师，都有可能从事试卷的设计和命题工作。有关语言测试的基本理论知识，是语言教师应该掌握的。语言测试有不同的目的，不同的目的决定了测试的要求、内容和方法的各异。按照不同的测试目的，可以将语言测试划分为水平测试、成绩测试、诊断测试和潜能测试四种不同的测试类别。

（一）水平测试

水平测试的目的是测量测试对象的第二语言水平。水平测试的内容和方法以能够有效地测量测试对象的实际语言水平为原则。一般而言，水平测试有专门的考试大纲、统一的试题和统一的评分标准。它以尽可能客观的标准来测量考生的目的语水平，能够证明达到同样分数线的考生具有基本相同的目的语水平。水平考试的这一特点决定了它不需要考虑测试对象的特点和他们的学习过程，所以同一种水平测试可以适用于不同的测试对象，水平测试的结果也可以作为新生入学编班的依据。

（二）成绩测试

成绩测试是一门课程或课型的测试，所以又叫课程测试。成绩测试是教学中最常用的一种测试，目的是测量学生在学习的一定阶段掌握所学课程的情况，测量他们的学习成绩，因此，成绩测试是教学中最常用的一种测试，一般是在教学过程的期中、期末以及教完一个或若干个教学单元之后举行。结业和毕业考试也属于成绩测试。这种测试的性质决定了它跟教学过程和教学对象有密切的关系，测试的内容和方法决定了它跟教学大纲规定的教学要求以及体现在课程的教材和课堂教学中的教学内容、教学方法相一致。

（三）诊断测试

诊断测试是检查学生对教学内容的掌握情况，目的是发现学生在学习某一具体内容或语言知识中的困难或不足之处，同时也检查教学效果是否达到教学大纲预期的要求，及时发现教和学双方存在的问题，以便及时采取措施，加以弥补和改进。与成绩测试相比，诊断测试不受教学进度的限制，随时可以进行，测验的内容更集中、更有针对性，可以观察课堂教学中随堂观察或成绩测试中不易发现的现象，并获得相应的数据。和水平测试一样，诊断测试也可以作为分班测试，还可以作为中介语调查的一种手段。

（四）潜能测试

潜能测试也叫学能测试或素质测试。潜能测试的目的在于检查测试对象学习第二语言的潜在能力。这些能力是学习第二语言的基本能力，包括模仿能力、记忆能力和理解能力，其中最重要的是语音的模仿能力、词汇的记忆能力和语言点的理解能力以及归纳类推能力等。潜能测试的内容一般根据测量这几方面的能力的需要来确定。测试用的语言必须是学生从来没有接触过的语言，并在教学之前进行测试，目的在于测试学生学习第二语言的适合程度。与其他测试不同，潜能测试既不能反映学生第二语言学习已经达到的水平，也不能反映学生学习中所存在的问题，而是具有检测学生是否具备第二语言学习能力的预测作用，因而也是一种不可缺少的测试类型。

二、语言测试的内容和类型

第二语言教学的目的是培养学生的语言能力和语言交际能力。第二语言的测试，除了潜能测试有特殊性以外，水平测试、成绩测试和诊断测试，都要和这一教学目的相一致，应该以测量测试对象的语言能力和语言交际能力为出发点。具体地说有以下内容和项目。

（一）语言测试的内容

作为第二语言教学的对外汉语教育的根本目的是培养运用语言进行交际的能力。对教学能起到积极的后效作用的语言测试，尤其是成绩测试和诊断测试应当与这一教学目的相一致。因此，语音、词汇、语法、汉字等语言要素，听、说、读、写等言语技能和在言语交际技能中涉及的语用规则、话语规则、交际策略，以及语言文化因素、基本国情和社会文化背景知识等，都是语言测试的内容。其中成绩测试和诊断测试应紧密配合教学计划和大纲，按所教的内容确定测试内容。水平测试则以考查受试者的整体语言运用能力为目的，目前主要仍是通过对语言要素知识、言语技能和言语交际能力以及相关文化知识等分项目测试来完成的。从理论上讲，应该考虑到如何更全面、综合地测量上述各项内容。对外汉语教育界于 1984 年开始研制汉语水平考试（HSK），于 1985 年完成第一套试题。经过二十多年的努力，HSK 已经发展成为世界上影响最大的汉语水平考试。由此看来水平考试越来越对教学产生重大影响，其后效作用尤其值得关注。

（二）语言测试的类型

第二语言教学所培养的语言能力和语言交际能力，具体地表现为对话语（口头的和书面的）的理解和表达能力，其中理解能力具体表现为听和读的能力，表达能力则表现为说和写的能力。据此将听、说、读、写当作第二语言测试的基本项目，这些基本项目是通过一定的题型实现测试目的的。题型就是指试题的类型。一份试卷采用何种题型及各种题型的比例，一定程度上反映了考试的目的和对语言水平的看法。比如，主要考阅读还是写作，是重视语法还是重视说话等。语言测试的题型多达近十种。下面重点介绍在对外汉语教育中常用的测试题型。

1. 多项选择题

一般是先有题干，然后给出四个答案备选择，让受试者选择其中的一个，另外三个就是干扰项，所以也有称之为四项选择。这是一般阅读考试和听力理解等语言技能考试的常用题型。它最大的优点是评分客观，所以信度大；可以直接考出编制者想考的问题，一般受试者不会回避，因而效度也大。由于答题迅速，题量可以大些。在命题中最重要的是注意设计干扰项，这也是多项选择题命题的最大难点。干扰项一定要起到似是而非的干扰作用，不能牵强附会地随意拼凑。某个干扰项，如果没有一个考生选择，就可以说明它没有干扰作用，应该换掉。而且四个备选项应该尽可能涉及同一类相关事物，要保持内容的相关性和词性的一致性，难度上也要大体相当，还要避免主干中已经出现的词语。

这类题型的缺点是命题时费时费力，并且据统计有 25% 的猜对概率。还有就是不能测试表达能力，所以不能过分依赖这种题型，更不能把它作为平时常用的练习形式，否则会导致学生书写能力下降，也会影响到口语表达能力和阅读能力的培养，使学习者总的语言运用能力和文化素养下降。

2. 综合填空题

综合填空题是完形填空的基本形式，是指在一篇短文里隔开一定的字数删掉一个词，让受试者补上。这种题型的设计是以格式塔完形心理学派理论为基础的。格式塔完形心理学派理论认为，人的心理基本特征之一就是在意识经验中能体现出结构性或整体性，如果一个结构整体缺了某一组成部分，人们就倾向于把缺口补上使其完善起来。这种题型既要求读懂全文、理解全文，能达到原来作者的表达水平，考查出综合运用语言的能力，又能保持客观性测试的优点，所以现在很多综合性测试都采用这类题型。编制这类题型要注意：汉语考试中的综合填空一般应该考虑以词为单位。虽然是不定距离留空，但间隔也要平衡，不能连续留两个空格。应该尽量选择原文作为题目，短文长度可在 200 ~ 300 字之间。留空所测之处的内容，应当是宏观和微观相结合。但更应该要求考生从宏观上把握文章内容，甚至要读到文章最后才能填出前边的空。这样才能测出受试者的综合语言能力。有些语法点或词在它所出现的句中就能解决，这类题目是属于微观的，不能太多。只有这样才能发挥这类题型的长处。

3. 口试

目前大多数语言水平考试都是测试听、读能力，最多加上写作能力，而测量说的能力，由于技术操作方面的困难，还很难大规模进行。这是因为采用面对面的人工考试方法过于费时费力，人数太多的考试难以操作。目前我国的 HSK（高等）采用了录音方式。这种方式不是很自然，对受试者的心理有影响，因此测量说的能力一直不被很多标准考试所采用。但是口语表达能力是最直接、最重要的语言交际能力，不包括口语的水平测试，很难算是完整的测试。小规模的口试，特别是课堂的口试，常常采用师生面对面的谈话方式，并参照作文评分的方法，将标准量化、细化，并由多人集体评分使之尽量客观化。

4. 写作

多项选择题和综合填空题都无法直接测量语言表达能力，因此，传统的写作仍然是一种重要的题型。写作能够全面反映受试者的语言水平，反映其语法、词汇、汉字以及成段文字表达的能力。但是，写作最大的弱点是评分的主观性，所以大规模标准化的测试都不采用这一题型。另一方面，人们为了解决这一问题已经做了不少研究，以尽可能使这种主观性题型的评分客观化。

（三）各种测试比较

上述的四种测试即水平测试、成绩测试、诊断测试和潜能测试在测试项目和测试内容方面各有其侧重点。

水平测试要全面测量受试者的语言能力和语言交际能力，要测试学生的整体语言运用能力，所以要全面、综合地测量语言知识、言语技能、言语交际技能以及相关的文化知识等各项内容。总之，理想的水平测试应当包括全部测试项目和测试内容。

成绩测试要参照教学大纲和教学计划，按照教学内容确定测试内容。第二语言教学有一定的阶段性，而教学阶段又分成初级、中级、高级三大阶段，每个阶段下面是学期，一个学期又可以分为期中和期末，再下一级的教学阶段是一个或若干个教学单元。一般说来每个教学阶段都要进行与这一阶段教学内容相一致的成绩测试。还需要说明的是，教学阶段的划分和各阶段教学内容的划分都是相对的，教学阶段和各阶段的教学内容都有一定的延续性和连贯性。之所以说测试的项目和内容要跟教学阶段的教学内容相一致，实际上就是说每一个阶段的测试内容都要包括以前各阶段的相关的教学内容。语言规律尤其是语言学习规律决定了在语言学习和习得过程中，知识的积累和技能的发展不能脱离原有的基础，语言测试要反映语言学习和习得这一规律，即所谓的"温故知新"的道理。

诊断测试要根据改进教学的需要来决定。在对外汉语教育中，有不少教学内容和方法要通过这种测试来获取数据从而加以调整和改进。

三、试卷设计

试卷设计主要包括卷面构成和试题类别两个部分。

（一）卷面构成

卷面是指一次考试中的一种完整的试卷。比如说用两种试卷分别测试听力和阅读，这两种试卷就是两个卷面。

卷面构成是指测试的项目和内容分布在几个卷面中，一个卷面包括哪些测试项目和测试内容。卷面构成可以根据试卷所包括的项目多少，分为单项卷面、双项卷面和多项卷面。只测试一个项目的叫单项卷面，一般是听力、说话（口语）、阅读、写作（写话）；也可以根据需要进行选择双项或多项卷面，测试两个项目的叫双项卷面，比如听和说、听和读、读和说、说和写、读和写；测试三个或四个项目的叫多项卷面，比如可以是听、说、写的多项组合。无论是哪种卷面，每个项目既可以包括该项目的全部测试内容，也可以只包括该项目的部分内容。

不同类型的测试对卷面构成的要求不完全相同，同一种类型的测试也可以有不同的卷面构成。卷面构成往往要由两方面的因素来决定，一是测试目的以及由此决定的测试项目和测试内容，二是测试的时间长短。一般情况下，测试一个项目，则采用单项卷面；如果测试两个或两个以上项目，要考虑到测试内容多寡和题数的多少。任何考试都要受到一定的时间限制，所以卷面的题量应该合适，卷面的内容不宜过多，要让多数受试者能在规定的时间内完成。

不同的测试类型决定不同卷面的构成，下面介绍几个不同测试类型的卷面构成。

1. 水平测试

水平测试是全面测量测试对象的语言能力和语言交际能力。因此，理想的水平测试应当包括全部测试项目和测试内容，最好采用单项卷面，也可以一部分采用单项卷面，一部分采用双项卷面。

2. 成绩测试

成绩测试的卷面构成必须跟课型的教学任务相一致。对外汉语教育的课型既有综合课，又有专项技能课，每一种课型都要有自己的成绩测试。专项技能课一般只训练一两种言语技能和相应的言语交际技能，所以测试项目比较单一。例如，听力课的测试只需要测验听力，说话课的测试只需测验会话能力，测试项目单一就可以使用单项卷面。综合课则要进行各项言语技能和相应的言语交际技能的全面训练，需要测试的项目比较多。如果各个项目要同时测试，每个项目的测试内容和题量比较多，一般要采用双项或多项卷面。一般情况下，初级阶段适宜采用双项或者多项卷面，中高级阶段的期末考试以及结业（或者毕业）考试最好采用单项测试。

3. 诊断测试

因为诊断测试侧重于测验教师在课堂上不易观察的以及在成绩测试和水平测试中不容易发现的情况，而且可以获得在课堂教学和成绩测试中难以得到的数据，因此，测试的项目要抓住重点，测试的内容要集中而又有针对性，一次测试的项目和内容不要过多，最好测验一两项内容，采用单项卷面，每次测验一两项内容。

（二）试题类别

每一种类型的试题都可以包括具有不同特点、不同类型的试题，所以试题的特点跟测试的类型是不同的命题，应当把它们区别开来。试题本身的特点也有不同的层次，即题类和题型。题类是试题总体性质的类别，题型是具体题目的类型。语言测试题可以从以下不同的角度进行分类。

1. 标准化试题和非标准化试题

从测试制作的要求即从命题过程和试题的可靠性程度要求的角度，可以将语言测试题分成标准化试题和非标准化试题。标准化试题一般是根据现代教育测量学的理论，从设计、命题到评分、分析等对考试的全过程实施标准化操作，严格控制误差，具有较高的可靠性和相对稳定性，因此，能比较准确地测试出受试者的水平。反之，非标准化测试是由任课教师根据教学需要而自行设计、命题、实施测试并且进行评分的测试。这类测试大都没有统一的标准，而且在小范围内进行的。成绩测试和诊断测试往往属于非标准化测试。

2. 主观性试题和客观性试题

这是从阅卷评分的角度划分出来的类型。评卷时需要阅卷人做出主观判断的叫主观性试题。主观性试题能比较全面地考查受试者的综合语言能力，命题相对简单些，但是阅卷评分比较难，往往会因为阅卷者的个人主观认识来左右测试结果，大规模的测试还要耗费大量的人力和经费。客观性试题阅卷评分比较简单、方便，可以运用机器进行科学的阅卷，试题的覆盖面也能有相对保证。但是，客观性试题的命题难度要相对大些，在考查受试者的语言表达能力和综合能力方面有一定的局限。当前的汉语水平考试（HSK 初、中等）的题型都是客观性试题。实际上，要想全面考查受试者的各项言语技能和言语交际技能，比较科学的方法是主观性试题和客观性试题相结合。汉语水平考试（HSK 高等）的题型就采用了这两种命题方法，其中的口试和作文部分的考试就是主观性试题。

3. 分立式试题和综合性试题

这是从试题的题型（测试内容的特点）角度进行分类的。分立式试题是对受试者所掌握的语言知识和语言技能进行分项测试，目的是考查受试者的单项语言能力，多项选择、综合填空、改错等题型都属于分立式试题。综合性试题是对有关的言语技能和相应的言语交际技能进行综合测验，听力理解、说话、阅读理解以及写作等方面的试题都属于综合性试题。以上两种试题各有利弊。分立式试题比较容易体现客观性，也比较容易实现标准化，但是不容易全面测量测试受试者的言语技能和相应的言语交际技能。而综合性试题中的说话和写作测试比较难以体现客观性，尤其是阅卷评分标准主观性强，标准不容易准确把握。因此，如何使分立试题能够全面测量测试受试者的言语技能，同时如何使得综合性试题更加客观标准，是语言测试研究的一个重要目标。问题解决的关键是依赖对语言本体的深入研究，在找出各层次语言点的基础上，研究与之相应的言语技能和言语交际技能之间的对应关系。

4. 测试的质量保证

试题的效度、信度、区分度和反馈作用是反映语言测试的质量的四个重要方面，理想的语言测试应当在这四方面都达到较高的质量水平。

（1）效度。效度也就是有效性，指测试的有效程度，也就是测试的内容和方法是否达到了测试的目的。要保证效度，关键是测试的项目和内容要与测试目的相一致。这种一致性具体表现在这几方面：第一，有的放矢，该测的就要测，不该测的不涉及。第二，该测量的部分还要注意是否有缺漏或出现偏题、怪题。第三，要注意试题所包含内容的代表性、准确度和覆盖面如何。例如，测量阅读理解的能力，就必须设计含有相关的汉字、词汇、语法、社会文化等方面知识的综合性阅读试题，而不是只设计某一两方面知识的分立式试题。另外阅读理解必须有一定的速度，因此，卷面的长度要与测试的时间一致，这就要求有一定的卷面长度，如果卷面太短，那么阅读速度就测量不出。再如，成绩测试要以主要的教学内容为主，如果试题内容超过了一定的教学范围，那么试题有效性就会受到影响，自然也无法实现测试的目的。具体地说，要保证试题的效度要注意以下几点：首先，明确测试目的。例如，测试听力理解，如用篇幅过长的文本，就难以确定受试者的听力理解水平和记忆力两者之间究竟是哪一个起的作用。其次，命题要遵循原则。试题的语言表达必须清楚，要求必须明了。试题不宜过多或过少，过难或过易，否则就很难真实、全面地反映受试者的水平。最后，要避免试题之间相互暗示或在编排顺序方面可能暗示某些试题的答案。另外，必须严格考试的组织管理。测试指导语应该规范、明确，考试环境和设备要达到相应标准，考场组织纪律必须严格，监考人员在收发试卷时行为要符合规范等。

（2）信度。信度是指测试的可靠性，指测试结果的可靠程度和稳定性。换言之，就是同一个卷面和难易程度相同的试题用于水平基本相同的受试者，测试结果是否基本相同，是否反映了受试者的实际水平。语言测试是测量受试者语言水平的工具，工具本身必须可靠。同一试卷测量同一受试者，在其语言知识水平和能力水平没有变化的情况下，如果几次测量的结果都不同，则说明测量工具有问题。测试的成绩越接近受试者的真实水平，则测试的信度也就越高。要保证试卷的稳定性，必须讲究测试的信度。而试卷的稳定性对水平测试而言，可以保证达到同一分数线的受试者具有基本相同的水平；对成绩测试而言，除了保证达到同一分数线的受试者具有基本相同水平外，还能较为客观地反映教学质量和教学情况。决定卷面信度的主要因素有：

第一，卷面构成。其基本要求是，测试项目要合理安排，测试内容必须有一定的代表性和覆盖面。

第二，试题的数量。难易相当的同类题型的数量越多则信度越高；题量少，偶然性就比较大，则信度相应的就低。

第三，评分标准和办法。评分标准客观、评分办法科学则信度高。一般来说，主观性试题的信度比较低，客观性试题的信度较高。解决的办法是对于主观性试题的评分要尽量客观化。

第四，受试者水平。受试者水平有差异，测试的可靠性就高。验证和提高卷面信度的主要办法是进行测试对比，经过多次测试对比和筛选，可以保证卷面的信度。此外跟踪调查测试对象的学习情况也可以作为衡量信度的一个标准。如果受试者在学习中反映出来的语言水平跟得分情况基本相符，就说明卷面的信度符合要求。

（3）区分度。区分度指测试区分受试者的水平差异的性能。如果受试者的水平有很大的差异，而测试结果却很接近，则说明该测试的区分性差。测试的区分度可以从试题的难易度和试题的区分度这两方面进行考察。试题的难易度是指试题的难易程度的比例应该适当。难度太高，能答对的人极少；难度太低，受试者都能答对，这两种情况不能反映受试者的真实水平。为了区分受试者的水平差异，试题的难度要保证一定的比例和跨度，可以把试题按难易程度分为若干等次，从而拉开受试者的距离。试题的区分度指试题能区分受试者水平差异的程度。试题的区分度与试题的难易度密切相关。如果将受试者分为若干组，某一道试题如果高分组答对，低分组答错了，那么这道题就有较好的区分度。

（4）反馈作用。反馈作用是指测试对教学所产生的影响。任何测试都会对教学带来反馈作用，反馈作用有积极和消极之分。能很好地引导教学，促进学生的学习是积极的反馈；反之如果误导教学方向，甚至出现教学为考试服务的情况是消极的反馈。要使测试本身起到积极的反馈作用要注意以下两方面：一是测试项目、内容和试题题型的选择与确定要有利于指导课堂教学，二是测试标准和试题难易深浅都要适度，这样才能有利于教学水平的提高。

第五节　对外汉语教育的师资培养和评估

一、对外汉语教师的基本素质

如果说外语教学是一门学科，那么对外汉语也是作为一门外语来教的，自然也是一门学科。尽管目前的状况比起前些年要好多了，过去那种"教外国人学汉语并不难""只要会说汉语就能教老外汉语"的思想逐步为人们所抛弃。但是，"对外汉语教师应当具备什么样的业务素质"这一问题并没有得到全面而深入的研究和探讨。另外，对外汉语教师的业务素质还应该随着时代的发展而不断提高，新的形势对对外汉语教育提出了更高的要求。我国的对外汉语教育正处于新世纪的大发展时期，国内和国外的汉语教学规模都在迅速扩大，教学要求也越来越高。因此，一方面要不断地补充新教师，另一方面又要尽快提高整个对外汉语教师队伍的素质。为了更好地履行对外汉语教育的职责，对外汉语教师必须具备相当高的思想品德、相当好的业务知识、比较全面的教学工作能力等方面的素质。

（一）思想品德素质

对外汉语教师首先应当热爱教育事业，有献身精神。有志于通过汉语教育传播中华民族优秀的传统文化，有志于通过汉语这个桥梁，加强和各国的友好往来，提高中国在国际舞台上的地位。具体地说，对外汉语教师应该以身作则，为人师表，身教重于言教，以自己的爱国主义情操、高尚的道德品质、认真严谨的工作态度和敬业精神，感染和打动外国学生，成为学生的表率。对外汉语教师还应该善于接近学生，有较强的亲和力和人格魅力，既做学生的良师，也是学生的益友，通过与学生的交流树立美好的中国教师形象。

（二）业务素质

具备什么样的条件才能胜任课堂教学工作呢？语言教学既是一门科学，又是一门艺术；教学方法只有通过大量的实践才能不断完善。王还教授曾经指出："作为一个教员则没有理论知识，仅仅能说地道的汉语是不够的。学生犯的错误是各种各样的，仅仅指出错误并加以纠正而说不出原因，统统归之于'不合习惯'是在学生面前树立不起威信来的。"由此可见，对外汉语教育确是一项科学性、艺术性和知识性很强的工作。作为一名对外汉语教师要胜任课堂教学，就应该具备比较广博的专业知识和文化知识，这些知识主要包括语言学知识，心理学、教育学和语言教学法知识，文学以及其他文化知识。

1. 语言学知识

任何语言都是一种系统，人们学习一种语言，就是要掌握这种语言系统。成年人学习第二语言跟幼儿学习第一语言不同，他们对学习的内容首先要理解，然后才能掌握。因此，教师只有对所教语言的系统有了较为深刻全面的认识，才能有效地进行这种语言的教学。对外汉语教师要教好汉语的语音，首先要对汉语的语音系统有较为深刻的理性认识；要教好汉字，教师就必须掌握汉字的结构特点。

同样，要教好汉语的语法和词汇，也必须对汉语的语法系统和词汇系统有较为深刻的理性认识。虽然不必把所有的理论知识都教给学生，但教师必须心中有数，否则就不能有效地组织教学。语言教学也是有系统的，这个系统就是根据语言规律、语言学习规律和语言教学规律组成的一种语言教学系统。如果语言教师对语言系统本身没有较为深刻的理性认识，就不可能认识这种语言的教学系统，甚至在一个语段中找不到语言点，更分不清什么语言点已经学过，什么语言点还没有学过，也不会明白什么语言点应该先学，什么语言点应该后学，更不会知道哪些语言点是重点和难点。如果这样，这个教师在教学中就不可能有的放矢。成年人学习第二语言要在理解的基础上才能掌握，因此，教师不但要预见学生在哪些地方会遇到理解上的困难，而且要预见到学生有可能在哪些地方会出错，以便有针对性地进行有效的讲解和组织练习。学生在学习过程中出现错误是难以避免的，对于那些带普遍性的经常出现的错误，教师不仅要指出错在哪里，而且要说明为什么只能这样说，而不能那样说，更不能说"这是中国人的习惯"。例如，学习动词"见面"，几乎90%的韩国学生都犯过同样的错误，造句出现类似"我要见面我的朋友"的错误，所以教师在教授时对这类常见错误应该有预见性，告诉学生"见面"是不能带宾语的动词，要说"和（跟、与）……见面"。

外国学生中也有些人学过语言学或者对语言学有兴趣，有的学习汉语就是要研究汉语或准备从事汉语教学的，他们学习汉语不但要掌握用汉语进行交际的技能，而且也希望掌握汉语理论，遇到教师没有解释清楚或者他们还不大理解的地方，就会提出问题。如"他能说汉语"和"他会说汉语"有什么不同？为什么只能说"我们谈了一会儿话"，而不能说"我们谈话了一会儿"？还有什么时候用"了"，什么时候不用"了"？如此等等。对学生提出的问题，教师应该尽量给以合理圆满的回答。而要准确、简明、快捷地回答出这些问题，是非常不容易的，必须具备相当深厚的汉语语言学知识。

2. 心理学、教育学和语言教学法知识

从事语言教学必须掌握各种常见的语言教学法。对一个任课教师来说，首先要掌握体现在教材中的教学法。比如，有的教材是按照语言结构的难易程度来编排教学内容，对语言点的解释侧重于说明语言的结构特征，练习也是为了让学生熟练地掌握句子的结构形式，这样的教学法叫作结构法。有的教材是以所谓功能、意念项目为纲来编排教学内容，侧重于从语用的角度解释言语现象，练习方式的设计也是从语用出发，这样的教学法叫作功能法。还有的教材一方面按照语言结构的难易程度编排教学内容；另一方面又以功能、意念项目为中心组织语言材料，对语言现象的解释和练习方式的设计也兼顾结构和功能两方面，这样的教学法叫作结构功能法或功能结构法。这些常用的教学法各有自己的长处和适用的对象，用不同的方法编写的教材往往都要使用。任课教师只有对语言教学法有了全面深刻的了解，才能理解教材中的教学法意图，才能正确地使用教材，同时还可以根据教学对象的实际情况弥补教材中的不足。

除了正确贯彻和灵活运用教材中体现的教学法以外，组织课堂教学还需要一套具体的教学方法和教学技巧，贯彻一定的教学原则。怎样把言语要素转化为学生的言语技能，怎样调动全班每一个学生的积极性，怎样把课上得生动活泼，从而激发学生的学习兴趣，如何消除学生的紧张心理，以及板书、怎样提问等，都不能带有主观随意性。语言课上"精讲多练"是一个重要的原则，但实际上有个别教师只讲不练或讲得多练得少，还有的教师过多地使用学生的第一语言，或者只对学习好的学生感兴趣而冷落学习成绩落后的学生，以及特殊的穿着打扮和大量琐屑动作使学生分散注意力等，都是课堂教学的大忌，都不符合语言教学法的要求。

教学法与教学效果有直接的关系，如果不掌握教学法，就是学问再大，也不能取得好的教学效果。有些教师上课不受学生欢迎，不一定是因为学问不够，而往往是由于不懂教学法，没有很好地掌握课堂教学的要领。要真正懂得教学法，除了学习教学法本身以外，还要学习语言学、心理学和教育学。因为所谓语言教学法，实际上就是把语言规律、语言学习规律和语言教学规律统一起来的一种方法，是根据语言规律、语言学习规律和语言教学规律组成语言教学系统的一根纽带。如果不懂得语言学、心理学和教育学，就不知道怎样把三大规律统一起来，就不知道如何根据三大规律组成语言教学系统，在课堂教学中也就不知道如何贯彻教学原则和运用具体的教学方法。所谓"教学方法必须建立在正确的理论基础之上"，这里的"理论基础"就包括语言学、心理学和教育学。由此可见，语言学、心理学、教育学和语言教学法等方面的知识，都是对外汉语教师所必须掌握的专业知识。

3. 文学以及其他文化知识

语言和文学是分不开的，文学语言是语体的一种，文学作品是语言研究的原材料之一；人们学习语言，到一定阶段也需要通过文学作品来学习，所以文学作品也是语言材料的一部分。作为一个对外汉语教师来说，应该具备一定的文学知识和文学修养。不但要了解中国古代、现代和当代文学的发展线索和轮廓，对各个时期有代表性的作家、作品要有所了解，对名家、名著要熟悉。此外，对世界第一流的作家和作品以及主要教学对象国家的文学概况也应该有所了解。

另外，我们的教学对象都是成年人，他们中不少人都有较为丰富的文化知识和较高的文化素养。无论是在课堂上还是在课后，教师都应该显示出具备丰富的知识。对外汉语教师在一定程度上代表着我国高等教育水平，如果知识贫乏，不仅影响个人威信，还会损害我国高等教育的声誉。所以，对外汉语教师除了必须掌握专业知识以外，还应当掌握有关的文化知识。例如，要熟悉中国的历史和地理，要了解主要的名胜古迹，要有一定的社会和民俗知识，要了解当前的社会经济、国家重要的方针政策等。此外，还要具有一般的世界历史、世界地理知识，了解当前国际政治、国际经济形势，熟知主要教学对象国的风土人情、社会习俗、尤其是文化禁忌等。

二、对外汉语教师的工作能力

对外汉语教师除了具备相当高的思想品德、相当好的业务知识外，还必须具有比较全面的实际教学工作和其他工作能力。

（一）具有一定的教学能力

对外汉语教师的工作能力是非常重要的。因为他们不但要从事教学工作，而且要开展或参与跟教学有关的各种课外活动。无论是在课堂教学中，还是在课外活动中，都要起组织和主导作用。如果没有一定的工作能力，就是知识再丰富，也难以胜任教学工作。一个能胜任教学工作的对外汉语教师的工作能力主要表现在语言文字能力、课堂教学能力、交际和组织能力等方面。在语言文字能力方面的主要要求是：具有扎实的汉语听、说、读、写的基本功。具体地说，就是能讲标准的普通话，口齿清楚；具有较强的口头和笔头表达能力；汉字书写正确、工整，最好再有一定的书法修养；有较高的外语水平，应该具备至少一种第二语言的熟练运用能力，本身有第二语言学习的经验和体会。

要做一名称职的对外汉语教师应该具有教学能力，包括能担任多种汉语课型教学的能力；能有效地组织课堂教学，能贯彻和灵活运用教学的原则和方法，使用各种不同的教学手段，能应变并及时调整教学方法，能发现并且及时纠正学生的错误，正确掌握各种教学技巧等。作为教师还应该有对教材、教学大纲进行设计、编制和评估的能力，有对学生的学习能力、水平、效果进行分析、判断、评估和解释的能力。如今现代化的教学手段越来越多地运用到汉语教学中，要求教师能熟练地使用跟现代教育技术有关的硬件设备和软件技术。

在交际和组织能力方面的主要要求是：在正式场合举止得当，言语得体；在自己组织的集体活动中能调节气氛，左右局势；在尴尬的场合下沉着自如；遇到紧急事件镇定冷静，急中生智。另外，如果教师具有特殊的文艺才能，例如，在创作、导演、音乐、舞蹈、绘画等方面有一项或多项才能，能够组织、引导学生把所学的内容生动形象地表达出来，就能更好地吸引学生，教学效果也会大大提高。

（二）掌握一定的教学艺术

"语言教学既是一门科学，又是一门艺术"。掌握一定的教学艺术，是语言教师在对外汉语教育中所要追求的目标。科学往往比较枯燥，艺术却可以使人愉悦，激发人的学习兴趣。第二语言学习是枯燥的，而且容易使人产生紧张畏难情绪。教师有责任使枯燥的语言学习变得生动有趣，尽最大可能消除学生的畏难情绪，激发他们学习汉语的兴趣和热情。对外汉语教师的任务之一就是在提高对外汉语教育科学性的同时不断提高它的艺术性。掌握教学艺术是对外汉语教师必须具备的条件之一，也是对外汉语教师的特殊才能之一。掌握了教学艺术能使教学产生一种艺术感染力，并由此获得的圆满的教学效果，只有教学艺术高超的教师才有可能达到这样的境界。具体地说要做到以下几点。

1. 充分了解自己的教学对象

现代教育理论强调以学生为中心。所谓以学生为中心，就是教学要求、教学内容和教学方法都要从学生的需要和特点出发，有针对性地进行教学，以充分调动学生的积极性。这是取得好的教学效果的前提条件。凡是艺术高超的教师，对本班每个学生的上述情况都了如指掌。

2. 从全局出发以小见大

语言教学是一个过程，这个过程由若干个教学阶段组成。每一个教学阶段都要开设一定的课程或者课型。每个教学阶段、每门课程或课型，都要确定一定的教学目标、教学要求和教学内容，并且把教学任务落实到任课教师。每位任课教师都必须在了解总的教学任务的基础上，了解自己所承担的是什么样的任务，这一任务和合作者所承担的任务有什么联系和区别，以便更好地跟合作者进行有效的配合，通过完成自己的这一部分任务来为完成总的教学任务服务。

3. 精通课堂教学方法

对外汉语教师的课堂教学，在教学方法上要注意以下问题。

第一，教学环节上要层次清楚，环环相扣，重点突出，解析难点。

第二，处理好讲和练的关系，该讲则讲，该练才练，有的放矢，使学生容易掌握。

第三，在处理全班同学和个别同学关系上，须照顾大多数同学，关注每个学生，平等对待成绩好和成绩差的学生。

第四，课堂用语使用上要精益求精，语音语调清楚，语速快慢得当，声音高低适度。尽量做到"四不"，即不讲学生听不懂的话，不讲废话，不讲句子不完整的话，不轻易使用媒介语。

第五，板书方面，要精心设计，使用规范的字体，设计能显示好的教学效果的板书。

第六，教学手段方面，要做到正确使用视听设备和辅助手段，并善于学习新的教学手段，在课前要检查设备的运行情况。

第七，教态方面，讲究仪容，衣着大方、整洁，教态自然。

总之，教学艺术是理论、知识、经验和艺术的有机结合，是一种很高的教学境界。

（三）具备较强的科研能力

对外汉语教师还需要能解决学科建设中的重大理论问题和实际问题，在学术上不断有所创新。除了能胜任教学工作外，还要能进行科学研究。

对外汉语教师在科研能力上应该具备的主要条件有：

（1）对语言学领域有较为全面的了解和体会。

（2）对国内外语言教学研究的历史和现状有较为全面的了解，并能把握今后发展的趋向。

（3）对本学科各个研究领域以及它们之间的互相关系有全面而深刻的了解。

（4）能在本学科范围内的某一领域进行创造性的研究，而且有能力在其他领域进行深入的研究。

（5）思维敏捷，有很强的观察能力和综合分析能力。

在某些国家，语言学家或理论家和语言教师在一定程度上是分离的，我们不应当走这样的道路，而应当鼓励语言教师努力成长为理论家，成了理论家之后继续以一名语言教师的身份从事语言教学工作。有了一大批称得上理论家的对外汉语教师，对外汉语教育这个学科的地位才会大大提高，我国的对外汉语教育才会有自己的特色。

三、提高对外汉语教师业务素质的策略

提高对外汉语教师队伍的素质是一项长期的任务，当前首先要使有关人员，特别是各级领导，对这项工作的重要性有足够的认识，在此基础上，坚定不移地采取下列策略措施：

（一）根据国内外教学和科研工作的需要培养各种类型和各个层次的教师

所谓各种类型和各个层次的教师指的是：

（1）能够胜任某种／些课型的课堂教学工作的教师，这是最基本的要求。

（2）"教学型"的教师。又分两个层次：能够胜任多种教学任务的教师；教学艺术高超的教师。后者是高层次的教师。

（3）"科研型"的教师。也可分为两个层次：既能胜任教学工作，又能进行科学研究的教师；能够胜任教学工作，科研能力又特别强的教师。后者也是高层次的教师。

（4）"管理型"的教师。也可再分为两个层次：既能胜任教学、科研工作，又能担任教学、科研管理工作的教师；既能胜任教学、科研工作，管理工作能力又特别强的教师。

以上各种类型和各个层次上的教师都是对外汉语教育工作所需要的，只有做到培养各类教师，各尽其能，才能满足国内外汉语教学和科研工作的需要，也才能充分发挥人才的整体效益。因此，当前不但要尽快地使所有的教师都成为能够胜任课堂教学工作的教师，而且要从能够胜任课堂教学工作的教师中分别培养出教学型、科研型和管理型的教师。要特别重视培养能胜任教学、科研和管理等多项工作的教师，即努力培养出一批有志于对外汉语教育事业、教学艺术高超、科研能力特别强、具有一定管理工作能力的多面型、复合型教师。当然，培养多面型、复合型教师，不是说每个教师在多方面都平均用力，合理的做法是每个教师根据自身的特点，突出重点，兼顾其他。新形势下的对外汉语教师一定要做到教学与科研并重，把教学与科研有机结合起来，以科研促教学，根据教学需要进行科研，解决教学实践中存在的问题，并用教学实践来检验研究成果。

（二）通过多种形式对现有的对外汉语教师进行在职培训

近十几年来，对外汉语本科专业已经成为高等学校热门的本科专业之一，越来越多的国内大学都开设了这个本科专业，以培养对外汉语教师的基础人才；同时，不少院校招收对外汉语教育方向及相关研究方向的硕士研究生、博士研究生，为对外汉语学界输送了各个层次的专业教师，在很大程度上改变了对外汉语教师的构成结构，对外汉语教师在年龄、学历、学位、专业、职称等方面的结构都发生了巨大变化。目前对外汉语教育学科正在向专业化、高学历方向发展，出现了从未有过的好势头。但由于历史原因，目前对外汉语教师中仍有相当一部分教师还存在学历低、没有受过专业训练、不重视自我进修等问题。当前对外汉语教师队伍建设的任务之一，就是对知识结构和能力教学、科研结构欠缺的教师进行补课性的培训，使他们达到对外汉语教师的资格要求。培训的方式可以是举办时间长短不等的各种培训班，也可以举办专家的专题讲座，或指定书目由教师自学。不论通过什么形式进行培训，都要进行严格的考试或考查。与此同时，要通过多种形式，包括举办专题研讨班、安排在国内外脱产进修、在职攻读硕士博士学位、指定承担重要的科学研究项目等，努力培养更多高层次的教学与科研人员。

（三）引入竞争机制，采取鼓励措施

为了充分发挥人才的作用，鼓励上进，在人才的培养和使用上，都要引进竞争机制。为了推动各教学单位重视教师队伍建设，应建立教师队伍评估制度，通过评估，从数量和质量两方面来检查各单位教师队伍的状况。对各方面表现优秀的教师，要给予奖励，国家汉办在过去已经评选过全国对外汉语优秀教师。对教学和科研力量都比较强的教学单位，应该给予政策上的优惠。目前，通过对申报院校在教学、师资、科研、教材、师资培训、对外交流、管理体制和基础设备条件等方面的考察，教育部已经在 2003 年和 2004 年先后批准了 8 个对外汉语教育基地。这是国家对对外汉语教育基础建设的一个重要举措。事实证明，只要有关人员，特别是各级领导，对加强对外汉语教师队伍建设的重要性有了足够的认识，并且采取各种切实可行的措施来提高教师素质，我国整个对外汉语教育面貌就会更上一层楼。

（四）实行对外汉语教师资格考试和汉语作为外语教学能力认定办法

什么是对外汉语教师资格考试？它是国家教育部举行的认定具有从事对外国人进行汉语教学资格的国家级考试。只有具备对外汉语教师资格，才能优选在国内和国外从事对外汉语教育。这项考试是根据 1990 年原国家教育委员会颁布的《对外汉语教师资格审定办法》设立的国家级考试，其目的是对对外汉语教师应掌握的知识结构和技能进行检测。自 1991 年以来，全国已有几千人通过该考试并获得对外汉语教师资格证书。改革开放以来，随着我国综合国力的大幅度提高，国际地位不断提升，汉语在国际交往中的作用日显重要，对外汉语教育事业得到了前所未有的发展，事业的发展要求有更多合格的对外汉语教师从事对外汉语教育工作。近年来，参加对外汉语教师资格考试的人数逐年增多。目前，全球有 3000 多万外国人学汉语，有 8 万多名留学生来华学汉语。但我国只有 2000 多人取得了对外汉语教师资格证书，远远满足不了汉语教学的需要。在国外，由于很多大学和中学都开设了中文课，也出现了汉语教师奇缺的现象。2003 年，国家教育部为扩大对外汉语教师队伍，增加汉语师资储备，满足国内外对外汉语教育的需求，放宽了报考对外汉语教师资格的条件，这意味着更多的人可以从事对外汉语教育工作。在 2003 年 5 月的报名条件中，教育部取消了报考对外汉语教师资格必须具有 320 个课时的对外汉语教育经验的限制，只要是具有本科以上学历，普通话等级达到二级甲等以上都可以报名参加考试。考试科目包括对外汉语教育理论和语言学、汉语、中国文学和中国文化知识、外语（考试语种包括英语、日语、法语、德语、俄语、朝鲜语、西班牙语、意大利语、阿拉伯语，任选一种）。对外汉语教师资格考试没有划定分数线，四门考试科目只要是 60 分以上就算合格，并且不需要一次通过，单科合格，成绩三年有效。通过所有科目的考试以后，还需要接受国家汉办组织的资格审查，接受审查者需要提供由本省（包括直辖市、自治区）语委颁发的二级甲等以上的普通话证书复印件及学历证书的复印件，并填写相关表格。审查合格以后就可以获得对外汉语教师资格证书。2004 年教育部又发布了《汉语作为外语教学能力认定办法》，并于 10 月 1 日实施。本《办法》改《对外汉语教师资格证书》为《汉语作为外语教学能力证书》，扩大了认定范围，不论中国公民和外国公民，凡符合条件者均可以获得这项证书。

第三章　对外汉语教育的现状

第一节　对外汉语教育的性质和特点

作为世界上最为古老的语言之一,汉语作为第二语言教学也有着悠久的历史。早在两千多年前的汉代就有一些国家派遣留学人员来我国学习汉语和文化。唐代是我国古代接受外国留学生最多的时期,其后的宋、元、明、清各代都有来自我国周边国家的外国留学生前来学习汉语和中国文化。但是,对外汉语教育作为一门学科和一种事业,其真正的发展则是 20 世纪 50 年代以后的事,而对外汉语教育作为一门学科被世人或学术界认可,更是在 20 世纪 80 年代以后。

1978 年吕必松在中国社会科学院召开的"北京地区语言学科规划座谈会"上首次提出应当把对外国人的汉语教学作为一个学科来建设。1983 年中国教育学会对外汉语教育研究会("中国对外汉语教育学会"的前身)成立,1984 年王力在为《语言教学与研究》创刊五周年题词时指出"对外汉语教育是一门学科",同年时任教育部部长的何东昌在我国留学生工作会议的报告中明确指出:"多年的事实证明,对外汉语教育已发展成为一门新的学科。"这是我国政府首次确认对外汉语教育是一门学科。国家教委(后改为"教育部")在其后颁布的我国学科专业目录中列入了"对外汉语"这门新学科。国务院于 1987 年 7 月批准成立了由 7 个部委参加的"国家对外汉语教育领导小组",这是主管全国对外汉语教育工作的政府机构。1989 年国家教委在相关文件中明确指出"发展对外汉语教育事业是一项国家和民族的事业"。1993 年由中共中央和国务院颁布的由国家教委制定的《中国教育改革和发展纲要》中明确提出要"大力加强对外汉语教育工作",这是第一次把对外汉语教育工作写入国家教育法规。总之,20 世纪 80 年代以后"对外汉语教育"(或"对外汉语")便作为学科或专业名称出现在我国正式的文献中,包括出现在学科专业目录、组织机构、研究课题和研究成果中。

可见,作为一门学科的"对外汉语教育"是一门年轻的学科。由于是一门新兴的学科，因此在其迅速发展的同时，社会上、学术界乃至本学科内部对本学科的名称、性质、任务等基本问题尚有不同的看法，甚至存在一些争论。

一、学科的名称

在"对外汉语教育"学科发展过程中，学术界对这个学科的名称提出了一些不同看法，这些不同看法也反映了人们对这个学科的认识。

（一）语言教学中有关语言的几个基本概念

在讨论学科名称之前，首先要弄清楚几个与语言教学有关的语言的基本概念。

1. 第一语言和第二语言

第一语言和第二语言，是按照人们获得语言的先后顺序来区分的两个概念，也是语言教学理论中用得最多的一对术语。第一语言是指一个人出生以后首先接触并获得的语言，第二语言则指人们在获得第一语言以后再学习和使用的另一种语言。当然有的人还会学习和使用第三、第四、第五种乃至更多种语言，但由于学习更多种语言的规律跟学习第二语言有很多共同之处，所以一般不再细分，而统称为第二语言（但也必须看到，第三、第四语言的学习和第二语言的学习者之间是存在一定差异的，比如，学习目的语时所产生的正负迁移等方面会有差异）。同时也有这样的情况：有的幼儿同时习得两种或多种第一语言，达到同等熟练的程度，这就是所谓双语或多语现象。第一语言、第二语言完全是从学习者学习语言的时间的先后来区分的，这与一些多语言的国家由法律规定的第一语文或官方语言不是一回事。

2. 母语和外语

母语和外语是按照国家的界限来区分的。母语指的是本国的或本民族的语言，外语指的是外国的语言。一般情况下母语是人们的第一语言，但对一些移居国外的人的子女来说，他们出生以后首先接触并获得的语言有可能不是母语而是居住国的语言。因此，不能把第一语言和母语这两个概念完全等同起来。反之，第二语言也不一定就是外语，可能是一个国家别的民族的语言，或一个国家的另一种官方语言。

3. 本族语和非本族语

本族语与非本族语是按照言语社团来区分的，通常是按民族的界限来区分的。本族语就是本民族的语言。因此这一术语与"母语"可以通用。非本族语是指本民族以外的语言，可能是外语，也可能是指本国其他民族的语言。比如，对于我国的各个民族来说，其他民族的语言是非本族语，但不能称作外语。从语言掌握的程度及运用情况来看，母语、本族语、第一语言通常是一个人的"主要语言"，但在某些情况下，也可能成为"次要语言"；外语、非本族语、第二语言一般是一个人的"次要语言"，但也可能成为"主要语言"。如在海外工作或居住的汉族人，其母语、本族语、第一语言是汉语，但他在海外工作或居住时，往往使用居住国或工作所在地国家的语言，这样汉语就成了他的次要语言，外语、非本族语、第二语言倒成了他的主要语言。主要语言和次要语言是从被使用的程度上来划分的。

4. 目的语

目的语是指正在学习并希望掌握的语言。不论是外语或非本族语，甚至是非第一语言的母语，只要成为一个人学习并争取掌握的目标，都可以称为目的语。

以上概念是从不同的角度提出的，它们之间在内涵上存在着交叉或模糊现象。比如，"第二语言"与"外语"这两个概念的区分就是一个比较复杂的问题。一般说来，第二语言是指母语（或第一语言）以外的、本国通用语或本国其他民族的语言，而外语则是指别的国家的语言。但是近年来出现一种用"第二语言"代替"外语"的趋势。广义地说，第二语言和外语的关系是包含与被包含的关系。

西方学者还从有无语言学习环境的角度对"第二语言"和"外语"这两个概念作了分工：凡是在该语言使用环境中学习的目的语称为第二语言，而不在使用环境中学习的目的语则称为外语。显然，从这个角度来区分第二语言和外语是有一定道理的，而且这种区分强调了有无语言环境对教学原则和教学方法等方面所产生的巨大影响，这也是很有意义的。

总之，"第二语言"有广义狭义之分。广义的"第二语言"是指任何一种在获得第一语言之后学习和使用的语言，包括外语；狭义的"第二语言"有两种情况：一种是指第一语言以外的本国通用语或本国其他民族的语言，不包括外语；另一种是指在该语言使用的环境中学习的目的语，包括一部分外语。对外汉语教育中所谓汉语作为第二语言教学的第二语言应该是广义的"第二语言"。

（二）学科的名称

一个学科的名称是该学科的内容和学科本质特点的反映。由于对某一学科本质的认识的不同，在学科名称上就会有不同的看法。目前在国内，教授外国人学习汉语的学科一般称为"对外汉语教育"。但也有一些不同的名称和看法。

1. 对外汉语教育

这一名称基本上能体现教授外国人学习汉语这个学科的特点和内涵，在国内外也产生了广泛的影响，而且简洁上口，符合汉语表达习惯，因此从 1983 年提出一直使用至今。中央文件、国家机构（如国家对外汉语教育领导小组）、学术团体（如中国对外汉语教育学会）等都正式采用这一名称。但是，20多年的使用也发现这一名称有一定的局限性。即对外汉语教育这一名称只突出了主要的教学对象——教授外国人学习汉语，但未能全面、准确地反映学科的性质——第二语言教学。不过由于该名称已被约定俗成地广泛使用，所以今后仍将是本学科用得最为广泛的名称。

2. 汉语教学

"对外汉语教育"本来是针对国内教外国人学汉语这一事业所起的名称，明显地带有以中国人的视角来指称这一学科的色彩。"对外"二字无法为国外从事汉语教学的同行所使用，因此，它只适用于中国。海外从事汉语教学的人们根据各自的理解，给这门学科以不同的名称。有的把这门学科叫作"中文教学"（如美国），有的叫作"中国语教学"（如日本、韩国），也有的叫作"华文/语教学"（如东南亚国家；在国内，北京有"华文学院"、华语出版社，暨南大学有"华文学院"，台湾也称华文/语教学）等。当国内外的学者在一起讨论学科或学术问题时，用"对外汉语教育"这一名称显然是不合适的。这种情况下一般使用"汉语教学"。正如学会设在北京的国际性学术团体"世界汉语教学学会"及其会刊《世界汉语教学》，三年一次已举行了七届的"国际汉语教学讨论会"等名称所表示的那样，由于语境清楚，一般不会与我国的汉语作为第一语言的教学（语文教学）相混淆，不会产生误解。这一名称在国际场合用得较多，已为各国学者所接受。而且随着汉语热的进一步升温，随着海外学习汉语的人数的不断增加，随着中国对海外推广汉语力度的进一步加强，"国际汉语教学"这一名称会越来越多地被全世界各地从事汉语教学与研究的教师、学者、教育机构和政府机构所接受。

不过，国内学者一般不倾向于用"中文教学""中国语教学""华文/语教学"等海外学者所使用的名称，这与科学性及民族性有一定关系，因为"汉语"并不完全等同于"中文""中国语""华文/语"。国内学者指称"华文教育"或"华文教学"往往有另外的含义，一般专指面向海外华人教授汉语的教学活动。

3. 汉语作为第二语言教学

从科学性上看，这一名称较为精确地指称了本学科的内涵和性质。它既能指在中国进行的针对外国人的汉语教学，也能指世界各地的汉语教学，而且还能包括与之性质大体相同的对我国国内少数民族的汉语教学。也就是说，它能涵盖第一语言以外的所有汉语教学。现在这一名称在学术论著中使用得越来越多。

但由于这一名称太长，不上口，再加上约定俗成的原因，它似乎不太可能取代"对外汉语教育"这个名称。不过今后在本学科的学术论著中它仍将继续出现。

4. 对外汉语教育（学）

有学者从学科教学论角度，提出区分"教育"和"教学"两个概念，认为教授外国人学习汉语应该称为"对外汉语教育"或"对外汉语教育学"，对外汉语教育（学）应该属于"语言教育（学）"学科，同时，部分学校还使用"对外汉语教育学院"这样的机构名称。"教育"不同于"教学"，教育可以指一切培养人的活动，在教学论中主要指学校全方位培养学生的教学与管理活动，而"教学"则通常专指课堂上教师的"教"与学生的"学"的活动。这样看，"对外汉语教育（学）"似乎包括对外汉语教育。不过，在"对外汉语教育"作为学科形成的20多年中，对外汉语学界的专家和教师的教学和科研活动，事实上是包含了"对外汉语教育（学）"的全部内涵。同时，"对外汉语教育（学）"这个名称也会使"对外汉语教育"这个学科完全归入"教育学"或"学科教学论"学科中去，这样的话，目前从事对外汉语教育和研究的绝大多数教学科研人员是不太情愿的。因为，目前从事对外汉语教育和研究的绝大多数教学科研人员是汉语言文字学或语言学及应用语言学专业毕业的硕士和博士，本科多是中国语言文学专业，少数是外语专业，教育学或学科教学论专业毕业的教学科研人员极少。

5. 对外汉语

"对外汉语"原本是教育部本科目录上的专业名，这个专业的培养目标主要是培养从事对外汉语教育的师资。有学者从学科或专业内涵等角度出发，提出使用"对外汉语"这个名称，并认为"对外汉语教育"作为学科名或专业名难以纳入现行的学科体系。客观上说，"对外汉语教育"由于有"教学"两字，很容易让人把它归入教育学或学科教学论等学科中去，这跟目前从事对外汉语教育和研究的绝大多数教学科研人员的学科背景相背离。如果使用"对外汉语"这个名称，"对外汉语"专业就可能跟汉语言文字学、语言学及应用语言学一样，成为二级学科。目前除了本科有对外汉语专业或对外汉语系外，少数学校已经有"对外汉语"专业硕士点和博士点，华东师范大学和上海师范大学等还成立了对外汉语学院，北京语言大学把国内唯一一个国家研究基地叫作"对外汉语研究中心"，该中心主任赵金铭教授的专论《对外汉语研究的基本框架》和北京语言大学校务委员会主任王路江教授的专论《对外汉语学科建设新议》都使用"对外汉语"作为学科名。不过，赵金铭和王路江在论文中也同时使用了"对外汉语教育"这个名称。

就目前的客观实际情况来看，一些专家对"对外汉语教育"这个名称虽然有看法，也提出了许多科学的建议，但如果换用别的名称，目前恐怕难以做到。首先，从实际内涵上看，目前的"对外汉语教育"作为一个学科，事实上不仅包括教授外国人学习汉语的教学活动和教学实践，也包括了对"对外汉语教育"学科的理论和应用研究，还包括了"对外汉语教育"的师资和科研人员的培养，因而使用现有名称不会影响这个学科的进一步发展；其次，"对外汉语教育"这个名称由来已久，约定俗成，深入人心，影响深远而广泛，如果改为别的名称，多数人要有一个较长的适应期；最后，必须看到，中央文件、国家机构（如国家对外汉语教育领导小组）、学术团体（如中国对外汉语教育学会）等都正式采用这一名称。所以，我们认为今后应该加强对"对外汉语教育"这个学科本身的性质、任务、内涵的研究，没有必要把过多的精力放在学科名称的讨论和争论上。

二、学科的性质

"对外汉语教育"作为科学术语实际上有三层含义：一是对外汉语教育活动或教学行为，即针对外国人把汉语作为第二语言教学的教学过程；二是作为一门学科的对外汉语教育学科；三是作为一项国家和民族事业的对外汉语教育事业。对外汉语教育学科的核心就是对外汉语教育，对外汉语教育也是对外汉语教育学科建设的目的，是对外汉语教育学科的应用部分和实践部分。因而对外汉语教育学科的性质也是由此而决定的。对外汉语教育是由"对外""汉语""教学"三个关键词组成的。

首先，对外汉语教育是语言教学。语言教学的根本任务就是教语言，即教汉语，目的在于使学习者掌握汉语这一交际工具。它教授的是语言运用的技能，而不是语言学的知识和理论；因此它不是语言学教学，它既区别于中文系的现代汉语、古代汉语教学，更区别于研究生阶段的汉语语言学的教学。另外，语言教学必然涉及并包括一定的文化内容，但对外汉语教育中的文化因素只能包含于语言教学之中，而不是文化包含语言教学，更不是文化超越或凌驾于语言教学之上。

其次，对外汉语教育是第二语言教学。这个性质将对外汉语教育与汉语作为母语的语文教学区分开来。众所周知，学校（无论是小学还是中学）里的母语教学都是在学生已经基本或初步掌握了母语的听说甚至读写技能并具有相当的社会、文化背景知识的基础之上进行的，这样的母语教学一般称之为语文教学。而第二语言教学则往往是从零起点开始，而且学习者缺乏社会、文化背景知识。这就使得对外汉语教育的目标、方法和教学侧重点与母语教学（语文教学）不完全相同。从这一点上看，对外汉语教育属于一种外语教学，对外汉语教育必须遵循第二语言教学的一般规律。

再次，对外汉语教育是汉语作为第二语言的教学。汉语是对外汉语教育的教学内容。对外汉语教育一方面受第二语言教学的普遍规律的制约，同时也受汉语本身规律的制约。因此，对外汉语教育不同于英语、法语、俄语、日语等作为第二语言的教学。汉语在语音、词汇、语法特别是汉字方面有着许多自身的特点，这些特点往往成为教学的重点和难点；而这些正是对外汉语教育区别于其他第二语言教学的地方。

最后，对外汉语教育是针对外国人的第二语言教学。外国人是对外汉语教育的对象，这与国内的少数民族的汉语教学有所不同。外国学生与我国的少数民族的差别在于前者学习汉语的社会、文化差异或冲突远远大于后者，因此对外汉语教育中的社会、文化因素又必须予以足够的重视。

总之，对外汉语教育是语言教学的一种，是针对外国人把汉语作为第二语言的语言教学。这就是对外汉语教育学科的本质属性，这也充分说明了对外汉语教育从学科隶属上应该属于应用语言学的。当然，对外汉语教育虽然是对外汉语教育学科的核心，但也只是对外汉语教育学科的应用部分和实践部分，作为学科的对外汉语教育还有其他更多的任务，如对外汉语教育的学科理论建设、对外汉语教育基础理论建设、对外汉语教育作为国家与民族事业的建设等。

三、学科的特点

对外汉语教育作为一门学科经过 20 多年的发展已经形成了自己的特点。

（一）对外汉语教育是一门独立的学科

经过 20 多年的发展，对外汉语教育已经发展成为一门学科，正如陆俭明所认为的："对外汉语教育从 80 年代，特别是从 1992 年以来，逐渐进入蓬勃发展时期，'对外汉语教育'已逐渐作为应用语言学的一个分支成为一个独立的学科。"对外汉语教育作为一门独立的分支学科，表现在以下方面。

1. 具有明确的研究目标和研究对象

作为一门学科，对外汉语教育有明确的研究对象和研究目标。对外汉语教育作为学科就是研究如何针对外国人把汉语作为第二语言进行教学的规律、原则、方法，包括研究"教什么""怎样教""用什么技术手段教""如何学"等内容，如"作为第二语言或外语的汉语研究""汉语习得与认知研究""教学理论与教学方法研究""现代技术手段在对外汉语教育与研究中之应用研究"等都是对外汉语教育研究的主要课题。

2. 具备完整的学科理论体系

一般认为对外汉语教育的学科理论体系包括基础理论和教学理论两个部分。基础理论包括语言理论、语言学习理论、文化理论、教育理论等；教学理论则包括对外汉语教育的性质和特点，教学结构及其各构件之间的相互关系，教学类型和课程设计，总体设计、教材编写、课堂教学和测试等各个教学环节的理论，有关课程的特点和规律，不同语言要素教学的特点和规律，言语技能和言语交际技能训练的特点和规律等。这种学科理论体系可以进一步概括为"一体两翼"模式：一体是汉语语言学本体，即"作为第二语言或外语的汉语语言学"，这是基础，也是关键；两翼分别是对外汉语学科与教学论（包括汉语作为第二语言的习得与认知理论，汉语作为第二语言的教学理论和教学方法，汉语作为第二语言的教学技术等）和中外文化素养。两翼之一的对外汉语学科教学论是对外汉语学科的技能，另一翼是中外文化素养。而两翼要能腾飞，必须有强健的体魄，所以必须强调汉语语言学本体是专业或学科的基石，没有宽广、扎实的汉语语言学本体知识、理论和素质是很难胜任对外汉语教育和研究的。学科理论体系的建立和不断完善是对外汉语教育作为一门学科得以存在和不断发展的理论保证，同时，也为对外汉语教育研究指出了目标和方向。

3. 具有准确的学科定位

经过 20 多年的发展，对外汉语教育作为一门学科它的学科归属越来越明确了。1985 年北京语言学院、北京外国语学院、华东师范大学、上海外国语学院四所高校首先招收对外汉语专业本科生，以培养对外汉语教育的师资，"对外汉语"本科专业是属于中国语言文学大学科的，目前全国已经有近 100 所大学开设了对外汉语本科专业。1992 年至 1995 年北京语言学院招收了四届对外汉语教育第二硕士学位研究生。1986 年北京语言学院和北京大学开始招收现代汉语专业对外汉语教育方向的硕士研究生，其后许多大学开始在现代汉语专业中招收对外汉语教育方向硕士生。1997 年研究生专业目录调整后，相当多的学校在语言学及应用语言学专业中招收对外汉语教育方向硕士生，少数学校在汉语言文字学专业中招收对外汉语教育方向硕士生。1997 年北京语言文化大学建立了全国第一个带有对外汉语教育方向的"语言学及应用语言学"专业博士点，随后北京师范大学、中山大学、华东师范大学、上海师范大学等学校也在语言学及应用语言学专业中招收对外汉语教育方向的博士研究生，以培养对外汉语教育学科的高级教学科研人才。总之，随着对外汉语教育学科的发展，在中国已经建构起从本科到硕士、博士完整的跟对外汉语教育学科相关的学历和学位教育体系。目前尽管对对外汉语教育学科的定位有不同做法和看法，如 1997 年北京语言文化大学建立了对外汉语教育学科教学论专业（后改为"课程与教学论"）硕士点，刘珣等提倡对外汉语教育学学科，实际上是要把对外汉语教育归入教育学大学科中去。潘文国提出要把"对外汉语"建立为独立的二级学科，但正如赵金铭所言，"对外汉语教育是语言教学的一种，是应用语言学的一个分支学科，这已成为对外汉语学界大多数人的共识"。目前对外汉语教育的硕士生和博士生的培养主要是放在语言学及应用语言学专业中的，近年来出版的几本"应用语言学"论著中，也都列有"对外汉语教育"专章。可见，对外汉语教育学科已经有了比较明确的定位。

4.具有成熟的研究队伍和丰硕的研究成果

对外汉语教育和科研队伍近年来有了较大的发展。20世纪50年代，对外汉语教育和科研队伍是从中文系、外语系教师中调进的，这是一种借用模式。60年代开始，办出国师资培训班，从中文系、外语系的本科毕业生中选拔人才，进行培训。这是"中文本科＋外语培训"和"外语本科＋中文培训"的补充型人才培养模式。80年代以后，建立"对外汉语"本科专业，并开始培养对外汉语教育方向的硕士和博士。至今，基本上已经建立了本学科的初、中、高级人才的培养体制。数量不断增加的对外汉语教育方向的硕士和博士为对外汉语教育学科输送了大量专门的和专业的教学科研人才。目前全国有400多所大学开展规模不等的对外汉语教育，都拥有一定教学科研力量，青年教学科研人员多具有硕士或博士学位。像北京语言大学、北京大学、北京师范大学、中国人民大学、北京外国语大学、复旦大学、华东师范大学、上海师范大学、南开大学、中山大学、南京师范大学、暨南大学等高校都是对外汉语教育研究的中心。

目前对外汉语教育有专门的国家领导机构——国家对外汉语教育领导小组（常设机构为"国家对外汉语教育领导小组办公室"，以下简称"汉办"），有专门的协会——中国对外汉语教育学会、世界汉语教学学会，有专业的杂志——《世界汉语教学》《语言教学与研究》《汉语学习》《对外汉语研究》《对外汉语教育与研究》等，有专门的出版社——北京语言大学出版社、华语教学出版社，有专门的研究机构——北京语言大学对外汉语研究中心、上海师范大学语言学及应用语言学研究所等，有专门的科研项目——国家"汉办"项目及国家社科基金项目……这些不仅表明对外汉语教育学科的成熟，也表明对外汉语教育科研队伍的不断壮大。随着对外汉语教育研究人员的不断增加，对外汉语教育的研究成果越来越丰硕，每年在专业刊物或非专业刊物上都发表了大量对外汉语教育研究的论文，每年都出版了相当数量的研究著作、论文集、教材。对外汉语教育研究以及面向对外汉语教育的汉语语言学研究已经成了汉语语言学和应用语言学研究的新领域。

（二）对外汉语教育是一门综合性、边缘性学科

不过，对外汉语教育作为一门新兴分支学科，它又是一门综合性很强的边缘性学科。对外汉语教育学科的研究本体和教学活动的内容就是作为第二语言的汉语，因而对外汉语教育离不开汉语语言学本体，或者说离不开作为第二语言的汉语研究；同时，对外汉语教育是属于第二语言教学，因而对外汉语教育必然需要

教育学、语言习得和语言认知理论、学科教学论、教学法、教育技术学；另外，对外汉语教育还需要语言对比、文化比较、心理学、宗教学等学科的知识。赵金铭认为："对外汉语教育，经过几十年的发展，现在在业内基本形成共识：作为一门学科，对外汉语教育的理论基础是语言学（包括心理语言学、社会语言学、人类语言学）理论、心理学理论、教育学理论，从根本上说，它是一门新兴的边缘交叉学科。"对外汉语教育作为一门学科，其综合性、边缘性特点是非常明显的，对外汉语教育作为一个完整的教与学的过程，必然由"教什么""怎么教""用什么技术手段教""如何学"构成，就必然涉及汉语本体、汉语习得与认知、教学理论与教学方法、现代教育技术等内容，就必然涉及语言学、心理学、教育学、现代教育技术等学科，这也充分说明对外汉语教育的综合性和边缘性特点。这一特点也给从事对外汉语教育和研究的人员提出了比较高的要求。

（三）对外汉语教育是一门理论性和实践性相结合的学科

对外汉语教育既是一门学科，也是一种语言教学活动。作为一门学科，研究对外汉语教育或建设对外汉语教育学科必须有如语言学、心理学、教育学等理论指导，同时，研究者或建设者如果没有充分的对外汉语教育实践，其研究成果往往很难应用于对外汉语教育实践。可见，作为学科的对外汉语教育必须把理论和实践结合起来。

作为教学活动的对外汉语教育也必须把理论和实践结合起来，要用一定的理论来指导教学实践，通过实际的教学实践来补充、完善教学理论。从事对外汉语教育活动的教师中，往往存在重实践轻理论学习的倾向。目前，从事教学的一线教师，往往来自不同的专业学科，在多年的教学活动中，往往积累了许多教学经验，但这些教师往往缺乏对外汉语教育的专业学习或培训，缺乏系统的语言学、心理学、教育学及教学法理论学习。近年来新加入对外汉语教育行列的教师多数是硕士和博士，一般来自汉语言文字学和语言学及应用语言学，这部分教师受过较为系统的汉语语言学本体的教育和训练，但往往缺乏对外汉语教育法的学习，部分青年教师教学经验相对不足。总之，作为教学活动的对外汉语教育，无论是总体设计、教材编写、课堂教学、语言测试，都需要对外汉语教育学科相关理论的指导，要用理论来指导教学实践，对外汉语教育不仅仅指课堂教学。

总之，无论是作为学科的对外汉语教育，还是作为教学活动的对外汉语教育，都必须把理论和实践结合起来。光有理论，没有教学实践的验证，可能是空洞的、不切实际的理论；光有实践，没有理论指导，教学实践可能是盲目的、随意的、不科学的。

（四）针对外国人把汉语作为第二语言教学的一般性和特殊性

对外汉语教育属于第二语言教学，它具备第二语言教学的一般特点，如对外汉语教育以培养外国人运用汉语进行听说读写的交际能力为目标，对外汉语教育应该以语言技能训练为中心，对外汉语教育应该以基础阶段的汉语教学为教学重点，对外汉语应该以语言对比（母语和目的语）为基础来确定教学难点和重点，对外汉语教育应该把汉语教学和汉文化教学紧密结合起来，对外汉语教育应该把集中强化教学作为教学手段等，这些都是对外汉语教育跟一般第二语言教学相通之处。

但对外汉语教育是把汉语作为第二语言的语言教学，由于汉语作为目的语自身所具有的特点，使得对外汉语教育有不同于其他语言作为第二语言教学的特殊性。这些特殊性往往就是对外汉语教育的难点和重点。这些特殊性概括起来说有如下几点：

（1）汉字不同于其他语言的文字，因而汉字教学是多数外国学生尤其是西方学生学习汉语的难点。

（2）语音上，声调、轻声、儿化、语流变调等是外国学生学习汉语的难点，区分狊犾、犮犾、昊犾和狊、犮、昊，狋和ü，送气和不送气等是部分国家学生学习汉语的难点。

（3）词汇中的同义词、同音词、多义词、联绵词、成语、惯用语是外国学生学习汉语的难点，汉语与其他语言对译词的同中有异的用法也是外国学生学习汉语时最容易出现偏误的地方。

（4）语法中，实词的多功能性、量词、语气词、助词、补语、各类特殊句式、语序等是外国学生学习汉语的难点，而介词、方位词等也是部分国家留学生学习汉语的难点。

（5）汉语语感的形成是外国学生汉语水平和汉语能力的集中体现，而汉语语感的培养又是汉语教学中难而又难的事实。以上这些难点也就是对外汉语教育的重点所在。同时，由于教学难点和重点的存在也影响了对外汉语教育中的教学内容、教学顺序的安排和教学原则、教学方法的选择。

汉语作为第二语言教学的特殊性，不仅影响了对外汉语教育的全过程，而且影响了对外汉语教育作为学科的研究和建设。对外汉语教育研究必须着力研究汉语作为第二语言教学的这些特殊性，以指导对外汉语教育实践。这正是一般意义上的汉语研究跟作为第二语言的汉语研究的区别所在。

第二节 对外汉语教育的任务和内容

对外汉语教育有不同的含义，不同的含义有不同的任务和内容。

一、作为教学活动的对外汉语教育的任务

作为教学活动的对外汉语教育是指针对外国人把汉语作为第二语言教学的过程，这一过程包括总体设计、教材编写、课堂教学、语言测试等四个部分，而这一过程的基本任务诚如陆俭明所言就是"怎么让一个从未学过汉语的外国留学生在最短的时间内能最快最好地学习好、掌握好汉语"。完成这一基本任务的主体应该是从事对外汉语教育的各个层次的一线教师。所谓让外国人学习好、掌握好汉语是指通过对外汉语教育活动使外国学生能运用汉语进行不同层次的交际和交流，具备不同目的、不同领域、不同层次的汉语听说读写能力和言语交际能力。而要完成这些任务，除了尽可能地调动学生学习的主动性和积极性外，承担教学任务的教师必须具备相当的理论知识和实际教学能力，要对汉语语言学、教育学、心理学、教学法、教育技术、中外文化等学科有比较充分的了解，尤其要把汉语语言学知识转化为实际的对外汉语教育能力，因而一个优秀的对外汉语教育教师不仅应具备丰富的理论知识，而且应具备丰富的、灵活多变的针对外国人的教学能力。当然对外汉语教育的总体设计、教材编写、语言测试也是作为教学活动的对外汉语教育的主要任务，因为对外汉语教育毕竟是一个新兴学科，产生时间短，因而作为第二语言教学活动的方方面面，如各种教学大纲的制定、教材的编写、语言测试的研制等，都要加强研究和建设。现在对外汉语教育事业发展很快，而对外汉语研究发展相对滞后。

二、作为学科的对外汉语教育的任务

作为一门学科，对外汉语教育除了指对外汉语教育活动或教学过程外，其主要任务是研究针对外国人把汉语作为第二语言教学的内容、原理、过程和方法，并以此指导教学实践。作为学科的对外汉语教育包括对外汉语教育研究和对外汉语学科建设两个层面的任务。

（一）对外汉语教育研究

针对对外汉语教育的性质和教学过程特点，对外汉语教育研究应该包括"教什么""如何学""怎样教"等几方面。具体说来有以下几点。

1. 研究作为第二语言的汉语本体规律

目前在对外汉语教育研究中，最迫切的课题是研究"教什么"的问题。要教会外国人学会、用好汉语，首先要把教学内容研究透，要研究好汉语作为第二语言本身的特点、规律和用法。由于汉语研究尤其是现代汉语研究的时间比较短，加上过去的研究没有或很少考虑到汉语作为第二语言的特点，因而对汉语本身的特点、规律和用法还没有研究透，目前已经总结出的各种规律也未必适合对外汉语教育实际。因而，目前现代汉语研究尤其是语法和词汇研究面临着对外汉语教育的挑战。在对外汉语教育的学科研究中，首先必须加强作为第二语言的汉语本体规律的研究。如果我们对现代汉语本身的特点、规律和用法认识不清、不透或不准，就不能教好汉语，也不可能让外国人学好、用好现代汉语。

作为第二语言的汉语本体研究不仅要研究汉语本身，而且要研究和修订对外汉语教育用的汉字大纲、词汇大纲和语法大纲，研究对外汉语教育所需的汉字结构特点与汉字学习的规律，研究外国人学习汉语时的语音难点和重点，研究并比较对外汉语教育的词汇，研究对外汉语教育参考语法，研究对外汉语教育中学生必须掌握的汉语口语和书面语特点、交际能力及汉语语言类型和汉语特点等。另外，还要进一步研究好教学内容的顺序和量级，即应在什么时间、以何种顺序、用怎样的难度向外国人教授现代汉语的听说读写能力。所以，给现代汉语的文字、词汇、语法包括语音分出不同的等级和顺序，制定出各种字表、词表、成语表、语法要点表、修辞手段表等，也是对外汉语教育用汉语本体研究的重要内容。

2. 研究对外汉语教育活动的主体

教学活动的主体包括教和学两方。研究教的一方即教师，要全面了解作为一名对外汉语教师应该具备哪些基本素质，如何培养和培训出优秀的对外汉语教师。

关于教学活动主体的研究，最主要的是研究学习者的特点，教学活动的双方应该以学习者为中心。对外汉语教育中的学习者往往来自不同的国家和民族，年龄和文化程度参差不齐，学习目的和学习时间以及原有的汉语水平各有差异，因而对外汉语教育研究应该把分析教学对象作为重要的研究课题，这涉及学习者的国别、民族、母语、文化背景等对汉语学习的影响，涉及年龄、文化程度、职业、学习目的、学习时间对学习动力、态度、积极性的影响。学习者自身的差异，不仅影响学习者的汉语学习，而且对教师的教学原则、教学方法、教学重点等都有直接的影响。

3. 研究汉语作为第二语言的习得和认知规律

现代的语言教学已经从重视"怎样教"转变为更加重视"如何学"，已经把语言教学的教与学双方的"学"的一方看作语言教学的主体。同时，语言教学研究者进一步重视对学习理论与学习规律的研究，即重视对语言习得与认知过程和认知规律的研究。就对外汉语教育来说，要研究外国学生对现代汉语各要素包括篇章、汉字等的习得顺序和习得过程，要研究外国学生对现代汉语听说读写中各有关要素的认知加工过程和认知规律，要研究外国学生学习中的各类个体差异和教学策略等。目前受到对外汉语学界重视的研究课题，如汉语与外语对比分析、外国人学习汉语的偏误分析和中介语系统的研究，都是汉语作为第二语言习得和认知研究的重要课题。尤其是随着学习汉语的外国人的国别数的增加，汉语作为留学生学习的目的语跟多种不同母语的比较，应该成为今后对外汉语教育研究的一个重要方面，过去汉外对比集中在汉英、汉俄等少数语言的比较上，今后比较的对象要增加，比较的目的要明确，比较的面要扩大，比较的程度要加深，比较的结果要有利于汉语学习。

4. 研究对外汉语教育的理论和方法

作为一门学科，对外汉语教育首先必须研究本学科内部的理论和方法，即研究"怎样教"的问题，用以指导对外汉语教育实践。对外汉语教育理论研究主要应围绕对外汉语教育过程中的总体设计、教材编写、课堂教学和测试评估四大教学环节来展开，其中核心课题包括当代语言教学理论和教学方法如何跟汉语作为第二语言的教学实际相结合问题的研究，对外汉语教育理论和方法的新探索，对外汉语教育总体设计与教学模式的改革与探索，不同层次、不同类型的对外汉语教育大纲、课程体系、教材体系的研究，课堂教学质量与教学效率的提高与评估研究，汉语水平考试的研究，现代教育技术手段在对外汉语教育中的应用，建立各种类型的语料库并运用到对外汉语教育和研究中去，等等。

5. 研究对外汉语教育的基础理论

由于对外汉语教育从一定意义上来说是一门综合性、边缘性学科，语言学、教育学、心理学、学科教学论、教育技术学等，构成了对外汉语教育的学科基础理论，因而对外汉语教育还应当充分研究与对外汉语教育学科相关的各种基础理论，并将相关学科的理论应用于对外汉语教育研究，同时以自身的学科建设为相关学科的发展做出应有的贡献。不仅如此，研究对外汉语教育的基础理论，还必须思考各种基础理论跟对外汉语教育的关系，思考各基础理论在对外汉语教育学科中的地位，思考各种基础理论之间的相互关系和协调性。

（二）对外汉语学科建设

对外汉语学科建设的科学、合理、完善、有前瞻性，是保证该学科进一步持续、良性、快速发展的关键。对外汉语学科建设包括学科性质、学科任务、学科地位、学科结构体系、学科研究、学科人才培养、学科规划等多方面。如学科性质的确立、学科任务的厘定、学科地位的定位是保证学科发展方向的关键，学科结构体系和学科研究是学科能健康深入发展的保证，学科人才培养和学科规划是保证学科持续、良性、快速发展的基础。由于对外汉语教育作为一门学科产生的时间并不长，因而学科建设才刚刚起步，相关问题的研究和讨论才开始不久，对相关问题的认识还有很大分歧。如学科定位就有不同看法，多数学者认为对外汉语教育属于语言学及应用语言学，但也有一部分学者认为属于教育学之下的课程与教学论，两种不同观点就可能决定对外汉语教育学科发展走不同的方向，也涉及对外汉语教育人才培养的模式：是以语言学及应用语言学课程为主体，还是以课程与教学论课程为主体。再如，学术界对对外汉语学科结构体系和学科任务也有不同看法，即对汉语语言学本体研究在学科体系结构中的地位和分量有不同认识，有所谓"主体派"和"教学派"之争。另外，对对外汉语教育学科人才培养模式以及对外汉语本科、对外汉语教育方向的硕士和博士课程体系的调查和研究还很不充分。凡此等等，都直接影响对外汉语教育学科的进一步发展。当前，对外汉语学界要加强学科建设，增强学科意识，积极开展学科研究，把对外汉语教育学科真正建设成为一门体系完善、内涵丰富、特色明显的独立的学科。

三、作为事业的对外汉语教育的任务

对外汉语教育不仅仅是为了教授外国人掌握好、运用好汉语，而且肩负着传播中国文化、展现中国社会、增进中外友谊和文化交流、培养热爱中国文化的国际友人的重任。因而，对外汉语教育被誉为是国家、民族的事业。作为一项国家、民族的事业，对外汉语教育的建设和发展就有了更多、更重的任务。目前作为一项事业的对外汉语教育应该把以下工作作为主要任务。

（1）采取各种可能的举措，加快汉语的国家化趋势，使世界范围内的汉语学习热能更进一步地升温，使越来越多的外国人通过汉语学习而进一步了解和热爱中国。通过多种有效途径宣传国内的对外汉语教育事业，千方百计地吸引更多的留学生来中国学习汉语，扩大留学生招生规模。

（2）狠抓学科建设。对外汉语教育不仅要进一步完善汉语短期进修教学学科建设，而且要完善以本科生、研究生教学为核心的对外汉语专业的学科建设，包括理论讨论、教学目的和要求的确定、课程设置、教学大纲的制定、教材和工具书的编写以及教学辅助设备的添置和软件的制作等。尤其要加快编写适合不同国家和民族的有针对性的对外汉语教材。

（3）大力培养各种层次的对外汉语专业教师，提高对外汉语教师的素质和专业水平，提升对外汉语教师的学历层次和科研水平。不仅如此，还要培养和培训出一批兼职对外汉语教师，为对外汉语教育事业的发展储备更多的人才和教学人员。

（4）增加对外汉语教育研究的科研投入，鼓励更多的科研力量投入对外汉语教育研究队伍中去，取得更多、更高质量的研究成果，提升对外汉语教育学科的学术含量。

（5）大力研究和宣传、推广汉语水平考试，不断开发出多种专门用途的汉语水平考试类型，使汉语水平考试成为世界上最权威、最实用的汉语考试。

（6）研究好对外汉语教育跟国际政治、经济、文化发展与变化的关系，及时调整或改革对外汉语教育的发展战略和策略，以应对不同的国际政治环境对对外汉语教育事业所产生的影响。

（7）通过各种途径和办法，使对外汉语教育走出去，不仅要多派教师到海外从事汉语教学，帮助培训海外汉语教师，而且要加快开拓在国外办学、在国外教授汉语的新市场。

第三节　对外汉语教育的学科体系和结构

作为应用语言学（目前的学科划分是"语言学及应用语言学"）的一门分支学科，对外汉语教育的学科体系和研究课题，经过多年来的探索，虽然还有不少争论，但在学科的基本框架上已经有了比较明确的认识。如陆俭明提出对外汉语教育学科本体研究的三点看法和14个迫切需要研究的课题；潘文国提出"对外汉语学"，认为对外汉语学学科内涵是为"以对比为基础、以教学为目的、以外国人为对象的汉语本体研究"，并拟出对外汉语学学科的5个主要研究方向；关于对外汉语教育的学科体系，赵金铭给予了充分的论证，并拟定了对外汉语教育（赵金铭使用"对外汉语"这一名称）研究的基本框架。

传统上认为语言教学研究主要涉及教什么、怎样教、如何学三个方面，而在科学技术手段越来越有效地运用于语言教学过程的今天，语言教学已经离不开现代教育技术，因而现代语言教学研究必须关注用什么技术手段教的问题。这四个方面实际上是语言教学的四个目标，它们分别有不同的理论基础和具体的研究内容。就对外汉语教育来说，研究"教什么"即研究教学内容，是指对作为第二语言的汉语（包括汉字）本体研究，它的理论基础是语言学理论。汉语本体研究在目前我们对汉语研究还不十分充分的情况下，应该是对外汉语教育学科的核心部分，加强对外汉语教育所需的汉语汉字本体研究，是推动对外汉语教育学科建设的关键。研究"如何教"，即研究对外汉语教育的教学理论和教学法，它的基础理论是教育学，尤其指学科教学论的研究。

现代教育理论和语言学习理论十分关注"如何学"，语言教学研究的重心已经从"怎样教"向"如何学"转移。对外汉语教育同样要关注外国学生如何习得和认知汉语汉字。研究"如何学"，就是要研究外国学生习得和认知汉语汉字的一般规律和不同国家学生的特殊规律。"如何学"的理论基础是心理学，尤其是现代认知心理学。综合目前学术界的认识，对外汉语教育学科体系可由基础理论、具体研究内容和研究目的三个部分构成。一般认为对外汉语教育的基础理论有四种：语言学、心理学、教育学、计算语言学和现代教育技术，这四种基础理论有分别对应的四种具体研究对象和四个研究目的。

第四节 对外汉语教育的现状和趋势

本节首先阐述了我国对外汉语教育的现状，和这一现状中存在的问题，在此基础上提出对外汉语教育的优化思路，并具体研究分析我国对外汉语的发展前景，给相关工作者以参考。

目前的对外汉语教育主要指的是对外国人开展的汉语教学，其主要面向的对象是外国人群体。对外汉语教育在发展的过程中也暴露出了一些问题，需要对其进行优化和解决。

一、对外汉语教育现状分析

（一）对外汉语教育的当前现状

我国对外汉语教育这一事业起始于 1950 年，发展至今，已经经过了 60 多年的时间。在这一过程中，对外汉语教育经历了初创、巩固发展、恢复与蓬勃发展的这四个阶段。随着我国对外开放步伐的迈进，来我国学习汉语的外国人士变得越来越多，他们在学习汉语的过程中也逐渐深入地了解了中国源远流长的文化。现在提到对外汉语，许多人第一个想到的肯定是孔子学院。至 2018 年，全球一共有 154 个国家（地区）建立了 548 所孔子学院与 1193 个孔子学堂。

（二）对外汉语教育现状存在的问题

学生的个体差异未得到有效重视。在经过一段时间汉语学习后，其语言认知方面的差异会变得越发明显，这也导致不同文化背景学生在同一环境下取得的成绩差异巨大。这要求我国对外汉语教师应当注意各个学生之间存在的差异，并进行因材施教，不能笼统概括地教学，否则不但无法取得教育成效，还会造成反效果。当前，我国对外汉语教师在这方面的重视度还不够，也没有采取有效措施来解决这一问题，这对于对外汉语教育事业的发展是不利的。

HSK 和课程教学之间存在矛盾。HSK 教学是我国当前为测试母语非汉语者的汉语水平而设置的一项国家汉语能力标准化考试。我国的 HSK 辅导培训班应运而生，其打着 HSK 考试必过的口号来招收学生，其目的只是为了 HSK 的考试通过。如此教学形式无疑和我国对外汉语教育的意图相违背，也违背了语言学习的目的，会使外国留学生走入应试教育的怪圈中。长此以往，外国留学生不仅无法感受到中华文化的博大精深，还会对汉语学习产生厌恶的心理，阻碍其汉语学习的进步，对我国对外汉语教育造成负面影响。

二、对外汉语教育优化思路及发展前景分析

（一）对外汉语教育优化思路

优化教学方式，降低外国留学生学习焦虑。对外汉语教育主要为四个部分，那就是听、说、读、写，教师在教外国留学生的时候，不应该采取传统的教学方式来教学，这无疑会增加外国留学生的理解难度。教师应该将趣味性融入对外汉语教育中。首先，在口语教学的时候，根据学生的实际学习状况，选取趣味性强的口语教学素材，鼓励学生进行日常汉语交流，提升汉语口头交流能力；其次，在听力教学的时候，教师可以先给学生播放经典汉语电影片段，刺激学生的学习热情，以影片导入教学内容，提问有关的教学问题，或者还可以组织学生再现电影场景，如此既能锻炼学生的听力，又能锻炼学生的口语；再次，阅读教学的时候，教师可以利用多媒体来进行辅助教学，将原本枯燥无味的阅读理论知识通过影像、图片的方式来呈现给学生，提升学生的学习兴趣；最后，写作教学的时候，

教师找寻与写作主题相关的图片，引导学生观察图片，然后提炼出写作的中心思想，之后配合句子的应用组合，来完成写作的学习训练。通过优化教学方式，来逐步排除学生汉语学习过程中的困难，达到有效降低外国留学生学习焦虑的目的。

将 HSK 考试与日常汉语教学相结合。HSK 虽然是当前外国人汉语水平测试评估的重要衡量标准，是公正与权威的，但却不是毫无缺漏的。对外汉语教育应当遵循汉语教学的规律，用科学合理的教学理论作为指导，而不应该为了考试而教学，当然，外国留学生也不应该抱着为了通过考试而学习的想法。一方面，对外汉语教师应当正确认识汉语教学的本质，处理好 HSK 考试和对外汉语教育之间的关系。汉语教学的真正意义在于提升外国学生的汉语实际应用能力，其包括听、说、读、写等全方位的能力范畴，因此，在设置课程的时候，也应该围绕这一目标来开展。另一方面，对外汉语教育也不应该和 HSK 考试相脱离，HSK 考试可以用来测试评估学生汉语学习的状况，以明确日后学习努力的方向与目标。只有正确有效地处理好两者之间的关系，才能够使 HSK 考试服务于对外汉语教育，成为检验教学成果的主要方式，避免陷入应试教育的怪圈，提升对外汉语教育的质量与效率。

（二）对外汉语教育发展前景

伴随着我国经济的发展与国力的强大，中国和世界的联系会变得更加紧密，汉语作为中外文化交流的纽带，对外汉语教育会发展得更加生机勃勃。当前，我国的对外汉语教育工作主要分为两条路径：一条是"引进来"，就是积极招收国外留学生来我国国内学习汉语；另一条是"走出去"，这指的是直接去往国外搭建汉语教学相关平台，如孔子学院、孔子课堂等，以此来开展对外汉语教育。但是，与目前的全球汉语学习热潮相比而言，这样的工作还远远不够，我国对外汉语教育的未来发展还应包括以下方面：

国外汉语教学是对外汉语的主要发展趋势。在吸引大量外国学生来中国留学学习汉语的同时，还应当积极主动地走出去，全方位多层次地开展汉语教学工作。

增强对外汉语教育基地的建设。应当大力建设一些优秀的对外汉语教育重点基地，完善办学条件，增强对外汉语教师的教学水平与能力素质。

改革对外汉语教育的课程模式与教学内容，除普通汉语课程之外，还可以创设具有特色的"汉语 + X"课程，也就是复合型对外汉语课程，如经贸汉语、科技汉语、中医汉语等，以此提升对外汉语教育的丰富性。

将各大高校的办学资源整合起来，规划建立起对外汉语网络远程教育综合平台，以实现对外汉语教育规模的进一步拓展。

　　总而言之，我国对外汉语教育呈现蒸蒸日上的发展现状，而且，通过优化教学方式降低外国留学生学习焦虑以及将 HSK 考试与日常汉语教学相结合等优化思路，使我国对外汉语教育的发展前景变得更加光明，从而实现国际化发展的最终目标。

第四章　跨文化与对外汉语教育教学

第一节　短期对外汉语课堂内外的几个跨文化问题

本节将分析短期来华留学生课堂内外发生的一些跨文化问题，其中涉及中西文化差异、文化认知心理及图式的差异。尤其在对外汉语课堂上进行跨文化沟通时，首先要换位思考、尊重对方，其次应运用合理策略，设计合理有效的沟通方式，达到理想的沟通效果。

跨文化问题较容易出现在来华短期汉语课堂内外，这是由短期文化接触的特点所决定的。短期居留在某一社会文化中的非本文化群体的个体，被称之为"旅居者"，包括：留学生、赴外志愿者、跨国公司职员、访问交流学者等。短期的跨文化生活会给人带来新奇和神秘感。在短暂的"蜜月期"过后，"旅居者"会进入"文化休克"阶段。这是因为在适应不同环境的生活方式和思维模式时给其带来了压力，影响了对异文化的接受及融合。

近年中国的发展吸引了一批对中文或者中国有兴趣的外国留学生来华学习或者实习。其中一个月至半年的短期的学生遇到的跨文化适应问题较为集中，下面就一些实例具体分析不同的跨文化问题和影响跨文化适应的各种因素。

一、课堂上对"敏感问题"的不同看法

在一次高级汉语课堂上，A 学生所展示的报告内容是某演讲事件引起的舆论影响。学生叙述了事件经过后，认为网络上过度的反应给了事件主人公太多的舆论压力，没有得到言论自由的权利保护。对于这个问题，该课堂另一位 B 同学提出了不同的观点，这并不是某国独特文化，众人和事件主人公也拥有同等的言论权利。虽然最后这个问题在课堂上得到了较为全面的讨论，但就这个较为敏感的"言论自由"问题也产生了一些微妙的课堂气氛。

之所以会产生这种有些"尴尬"的气氛，是因为在留学生之间产了跨文化价

值观认知的问题。忽略问题本身的价值评判，就学生间的不同观点来看，虽然 A 学生和 B 学生都是美国大学生，但其文化心理图式有较大的区别：A 学生父母是当地美国人，其自身也从小在美国长大，接触的是较为单一的北美文化，拥有较为固定的北美文化价值观和文化认知特征；而 B 同学母亲是新加坡人，父亲是埃及人，初中跟随父亲开始在美国生活，拥有多元文化价值观以及完全不同的宗教信仰。因此关于此问题两位美国同学在认知层面上产生了轻度冲突。

其实，图式是一种主体内部动态的，可变化的知识结构。跨文化交际背景下的图式建构离不开有效的文化材料的输入。对于短期留学生来说，这更是不可忽略的部分。文化是具有一个拥有符号和意义的动态系统，在这个系统中，过去经验、文化意义与未来经验相互影响，循环往复。因此让留学生尽可能多地了解和熟悉目的国文化，并通过学习语言了解一个民族的思维方式生活习惯等，提高其对文化差异的认识，克服文化休克。以此逐步加强跨文化意识，使在跨文化交际中所构建的图式能够适应目的语国家的社会文化规则及约定。

其次，文化距离、歧视和偏见也是造成学生产生意见异同的因素。文化距离的远近，以及是否有受到歧视和偏见都会影响跨文化的适应和价值认同程度。因此，加大文化接触、减少或消除歧视偏见有利于留学生更好地了解目的语文化适应目的语文化。最好是让学习者到目的国的真实环境中去经历、去体验。

二、"无法理解"的拍照体验

美国的 C 同学参加由学校组织的周末文化体验的活动，和留学生同学一起去到了某景点。休息间隙，一位较为年轻的女士将自己手里的婴儿伸向 C 同学，C 同学虽然语言水平有限，没有听懂女士的话，但也明白了女士是想让自己抱着她的孩子照一张相。虽然小心地接过了孩子顺利完成了留念，但心里却十分惊讶这位中国母亲居然会主动让陌生人抱自己的孩子，他认为这在美国是不可思议的事情。笔者后来随机采访了三位美国人，他们都表示即使是别人主动请求也不太可能让陌生人抱自己的孩子。

C 同学的惊讶以及被采访的三位美国人的明确态度都反映了典型的北美文化与东亚文化在认知特征和文化价值观的差异。

中美价值观因其传统文化和历史发展各异而有较大差别。在跨文化交际中，认识和了解中美价值观差异有利于避免误解，减少文化冲突，更好地实现跨文化交际。

对于留学生来说，中国的很多文化与他们固有的文化不同，如果不了解文化差异，容易产生偏见和误解。因此在教学和平时交流中，应多让他们了解中国和其本国文化的差异，表达和而不同的观点，促进形成了解他国文化，尊重世界不同文化价值观的想法。

三、对跨文化交际中文化差异的认识及冲突的解决

跨文化交际是指拥有不同文化背景的人们之间的交流。既指不同国家和民族的人们之间的交际，也指同一个国家或民族中，不同地区、年龄、职业的人们交际。而跨文化交际的特点之一就是存在深层文化、行为方式、习俗以及个人文化身份和社会角色等方面的差异。这些差异相互作用后对跨文化交际的过程及结果产生的消极影响，最终成为导致文化冲突出现的主要原因。妥善解决文化冲突，对于跨文化交际具有重要的影响作用。

具体来讲，风俗习惯中的差异主要有动物（图腾）象征的差异、色彩偏好习俗的差异以及数字含义的差异；交际习俗中的文化差异主要表现在称呼、问候、餐饮习俗、时间概念、感谢与致歉、恭维等差异。因思维方式产生的文化差异主要是由于文化影响着人们对外界事物的判断和认知，不同的国家拥有不同的文化，因此在思维方式上必然存在差异，这种差异必然会造成交际行为、风格等方面的不同；因价值观念产生的文化差异对跨文化交际的影响最大，主要表现在家庭观念的差异、个人隐私的差异、社会认同的差异、集体主义与个人主义价值取向的差异上。

为了预想和规避可能出现的文化冲突，对留学生可引导其采用以下几点方式：

（一）更新观念，换位思考，改变思维方式

首先要承认文化差异的客观存在。同时在一定程度的文化认同基础上，评估自身文化与目的文化之间的差异，寻找到两种文化的结合点，发挥各自的优势，促进二者的融合。因为若想成功、有效地进行跨文化交际，就必须尊重他国文化，正视文化差异，具备理解多元文化的敏锐性，进而逐步产生文化的认同与融通，形成相通的思维方式。

（二）主动适应目的文化的差异

已经来到中国的留学生基本都怀有对中国文化的好奇或兴趣，但长期保持这种巨大的好奇心和兴趣是有难度的。对新文化的了解逐渐增多后，可能遇到的挫折也会越多，这会令留学生产生沮丧、焦虑等负面情绪，甚至抗拒与当地人接触。因此，愿意与具有不同文化背景的人们共享交流知识信息，主动适应对方的文化差异，提高移情能力，消除不同文化背景下的沟通障碍就显得非常重要。

（三）克服"民族中心论"等文化偏见，在互相尊重的基础上化解冲突

在更新跨文化交际观念基础上，文化偏见和刻板印象也会造成交际障碍或文化冲突。现实中成功的跨文化交际不仅要具备跨文化交际的基本能力，更要求交际者发展移情的能力。当交际者的移情能力提高时，就能在交际中做到文化理解和融通。

在短期来华留学中，语言障碍并没有对留学生的跨文化交际产生理论上那样巨大的负面影响；而真正重要的是以开放的心态、多元化的角度接受并欣赏文化差异，以移情的方式去交际。多接触目的文化中的人，取得情感支持，沉浸于目的文化，减轻文化适应中的焦虑情绪。同时学校和教师也有责任采取一些措施，帮助学生培养多元的文化心态。在留学生适应中国的同时，海内外汉语老师也应该放眼世界，以一种开放包容的心态接受不同文化，促进中外交流的互动。

第二节　对外汉语教学中的跨文化交际

在对外汉语不断发展的时代背景下，跨文化交际应运而生。在跨文化交际的过程中不仅有因为文化差异而造成的交际障碍，而且文化之间也会互相影响彼此交融。所以在跨文化交际中要积极培养自己以"情感—认知—行为"为模式的跨文化交际能力，才能收获到更好的跨文化交际效果。

随着国际一体化日益发展，人与人之间的时间和空间距离被不断拉近，但由于不同的国家，民族有着不同的历史渊源，社会习俗和特定的文化背景，人与人之间仍存在着心理距离，这些因素给交际活动带来了潜在的障碍，低效率的沟通，相互的误解以及可能导致的文化冲突。正是在这样的时代背景下，对外汉语中的跨文化交际作为一门新兴的科学应运而生。

一、跨文化交际中的文化差异

跨文化交际一般是指具有不同文化背景的人们所进行的交际行为，其中最主要的就是跨文化语言交际，此外还有如体态语，副语言，客体语等跨文化非语言交际。不同文化背景的人们在交际的过程中，由于文化差异造成的价值观念、思维方式、社会规范和交际原则的不同，交流双方很容易产生交际障碍。这也就形成了跨文化交际的以下特点：

(一) 从母语文化"先入为主"

由于母语是本国本民族的语言，受母语环境不自觉的影响，母语文化也潜移默化地在人们的思维中形成了定势式。比如，在汉英语言中，"红（red）"都属于基本颜色词。随着中西方文化交流的不断加深，其具有的深刻文化内涵或多或少地成为跨文化交际中的一个障碍。华夏民族作为世界上最早使用火的民族，钻木取火、刀耕火种的生活加速了先民对火的认识，培养了他们对红色的亲近感。因此中国人崇尚红色，有"穿红可以避邪"之说，因此"红"的 [+ 喜庆的] 词义自然而然地产生。投射在感情领域，便拓展出 [+ 精神好的] 之意。投射在事件领域，拓展出 [+ 成功的] 之意。投射在经济领域，就有了 [+ 盈利的] 之意。而"红"具有的 [+ 尊贵的]、[+ 忠义的]、[+ 得宠的] 的词义，与中国古代的君主专制统治紧密相关，因为古代皇家贵族在服装、建筑和日常用品中都喜欢用红色，所以中国人以红色为贵。由于"红"具有 [+ 得宠的] 之意，人一得宠得势，必然会被人嫉妒，因此"红"又拓展出 [+ 嫉妒的] 之意。发展到近现代，"红"成为最典型的政治色彩，其 [+ 进步革命] 的意义来源于无产阶级革命、社会主义制度和中国共产党的领导，受苏联十月革命后政治术语的影响深重。红色作为中国文化中的基本崇尚色，"中国红"体现着中国人在精神和物质上的追求。而在西方文化中，红色主要指鲜血的颜色。西方人认为鲜血是人体内的生命之液，失去鲜血就等于受伤甚至死亡，并且从用红布斗牛的文化传统中深感红色为不祥之兆，因此从红色联想到暴力和危险，"red"就具有了 [+ 激进暴力的]、[+ 危险的] 词义，且在基督教文化中魔鬼撒旦总以红色出现，所以"red"进一步引申为"不好的、次的"，具有 [+ 低贱的] 词义。投射到经济领域，具有了 [+ 亏本的] 词义。因此在跨文化交际中，我们应注意到英汉语言间的差异，了解颜色词在中西方文化中的使用差异及背后的文化内涵，从而更好地促进中西方文化的交流。

又如，在中国，一般情况下，朋友相约见面会有一方主动提出请吃饭，以表达对朋友欢迎宴请的热情，而被宴请方一般会在比相约吃饭时间稍晚时赴约。但对来自欧洲国家的人来说，朋友在一起吃饭也是遵循"AA 制"，而且如果是被邀请赴宴的一方一定要提前到来，以表示对邀请者的尊重和感谢。因此当这两个国家的人成为好朋友却并不了解对方习俗文化时，误会就会在"先入为主"的思维定式中产生。如果是欧洲人给中国人打电话说"我们一起去吃饭吧"，中国人欣然答应却到了约定好的吃饭时间还没有出现，欧洲人就会根据自己母语文化中的守时观念做出中国人是对自己不够尊重才会不按时赴约的判断，而当吃完饭后欧洲人提出要各自付各自的饭钱时，中国人会觉得欧洲人也太小气了，明明是他先打电话来主动说要一起出去吃饭的，最后却要自己付自己的饭钱，这显然是不把自己当作朋友的表现。而如果中国人觉得场面很尴尬，就客气性地说了一句"那等回来我请你吃饭啊"。欧洲人信以为真，却始终没有等到中国人请他吃饭，那他就会觉得中国人说话不算话，太不守信用，便直接去问这个中国朋友打算什么时候请他吃饭，中国人就会觉得这个欧洲人也太爱占小便宜了。这样的误解势必会导致两个人的友谊破裂，使得两个人之间的交际出现问题。这种在不同文化中形成的社会习俗，如果不经过沟通了解，是本族人习焉不察，外族人又无法知晓的，而交际双方往往会习惯性地用自己母语文化中的思维定式去衡量对方的行为，自然会因为对方不符合自己习俗中的标准，而在跨文化交际中产生障碍和误解。

（二）"以我为主"，对异文化有偏见

因为交际双方可能存在的"民族中心主义"思想，而极容易根据文化的表现形式和文化所在国家的经济政治等情况做出盲目片面的判断。比如，当美国的资本主义文化刚刚传入走社会主义道路的中国时，很多人都觉得美国是个金钱至上的国家，社会风气是一片骄奢淫逸，而美国人经常所说的"自由""民主""人权""个人主义"，就是只顾个人享乐不管国家安危的缺乏集体主义精神的错误思想。同样，在越来越多的外国人开始关注中国传统文化时，很多人对中国的印象仍停留在落后贫穷又封闭的时代。他们不理解中国儒家思想中的谦逊精神，觉得中国人在说到有关自己的事情时通常都会不实事求是，贬己尊人，比如，中国人的父母听到别人夸自己的孩子学习成绩好时，就算孩子学习成绩真的很好，中国的父母一般都会比较谦虚地说："我家孩子学习成绩哪里好啊，还没有你孩子好呢。"在外国人看来，这样的话语会严重打击到孩子的自信心，是一种从封建社会流传下来的落后腐朽思想甚至是虚伪的表现。这些都是因为戴上有色眼镜去看异文化而造成的偏见和误解。对不同国家和民族的刻板印象和文化定型是跨文化交际中很大的阻碍，极不利于对其他文化的认识和学习。

二、跨文化交际中的相互影响

跨文化交际不仅会存在着因文化差异而导致的交际障碍，在交际过程的不断深化中，文化也会出现相互接近和求同的趋势，其结果就是文化之间相互影响彼此交融。比如，中国在与国际接轨后，在一些较为正式的场合，我们会用"某某先生""某某小姐"的称呼代替原来的"某某同志"进行人物的介绍。再如，随着国际文化交流的日益密切，汉语词汇中的一些新的外来词语，如"沙发"，"巧克力"都是从英语中的"sofa""chocolate"直接音译过来的，而一些具有中国

特色的词语如"Kung fou（功夫）""Tofu（豆腐）"等被也吸纳进英语词汇之中。这些变化都是跨文化交际中语言文化的相互吸收，相互影响的表现。

三、培养跨文化交际的"情感—认知—行为"模式

在以一种语言为媒介的跨文化交际中，为了尽量消除因文化差异而造成的交际障碍，促进不同文化的相互融合和影响，获得跨文化交际的最佳效果，交际者应注意培养自身的跨文化交际能力。

跨文化交际能力包括三个因素：情感，认知和行为。首先，交际者应在态度上摒弃"先入为主""以我为主"的民族中心主义思想，培养对异文化的好奇，开放，欣赏和移情的态度。增强对文化差异的敏感性和宽容性，即以跨文化意识分析文化之间的差异，注意对文化差异的相互尊重，相互理解，相互包容。

其次，交际者也要掌握跨文化交际知识。不仅要在语言交际中遵守媒介语的语言使用规则，提高语言使用能力，了解语言所承载的深刻文化内涵。而且要注意学习非语言交际的意义表达系统，只有从跨文化交际的角度对不同民族的语言和非语言交际进行系统性的对比，才有可能揭示出包含在语言中的文化差异，理解非语言中的文化因素。最后，我们要将情感和认知运用到跨文化交际的实践中，积极培养应对和适应新的跨文化交际环境的能力，以积极正确的态度面对交际中的冲突和挫折，善于调整和反思自己的跨文化交际行为。

在对外汉语不断发展的时代背景之下，跨文化交际作为一门新兴的科学应运而生。交际双方只有理解了跨文化交际的特点，积极利用"情感—认知—行为"模式提高自身的跨文化交际能力，才能克服文化障碍，促进文化的进一步交流，从而推动对外汉语更好地发展。

第三节　对外汉语教学中的跨文化意识培养与渗透

随着时代的进步，经济的高速发展，我国逐步加强世界民族文化交流。但是，在我国进行对外汉语普及教学时，由于民族文化与地域文化的差距，与其他文化造成了许多的误解与冲突，为了有效地将汉语文化普及到世界各地，就要逐步加强学生跨文化意识的培养，这样才能有效地消除文化差别，提升汉语教学效果。基于此，本节就目前跨文化意识存在的问题进行阐述，加强汉语教学中跨文化意识的培养与渗透，并提出具体的培养策略。

随着我国经济的高速发展，在世界经济体中的地位就显得越来越重要，伴随而来的是中国文化受到全世界的追捧，越来越多的人参与到了学习汉语中。同时，我国针对这一现象专门制定了对外汉语教学发展战略，实现汉语教学全面普及，将世界各国学生都作为汉语主要教学对象。科学开展对外汉语教学，有效地提升外国学生汉语语言能力与跨文化交际能力，逐步培养学生跨文化意识，有效地提升我国与世界的交流。

一、目前对外汉语教学中跨文化意识培养与渗透存在的问题

跨文化意识本质就是以文化意识为重要基础而形成的一种文化知识概念，简单而言，文化意识就是对知识体系的一种认知，而跨文化意识就是指学习外来文化时与本民族文化产生的冲突与误解的表现形式，通过认真的学习与了解最后形成的一种包容与接纳。如果在汉语学习中缺少这种跨文化意识就会导致在学习时存在许多障碍与困难，同时由于文化环境的缺失还造成文化的误解与错误解读等。这些学习上的障碍与缺陷可以充分地说明跨文化意识对于任何学习教学都有着重要的作用，同时还可以直观地反映出各民族之间文化的差异性。所以，目前我国对外汉语教学中缺乏有效培养跨文化意识的手段，同时缺乏对于跨文化意识培养的重要性的认识。

二、跨文化意识在当前对外汉语教学中的重要性

首先，随着时代的发展，社会的进步，世界文化的大融合，使得文化呈现多样化发展趋势。我国在开展对外汉语教学时，要对世界文化多样化形成良好的尊重意识，这样才能有效地提升汉语教学的质量与效果。同时，由于对外汉语教学涉及了世界各国，文化语言复杂多样，且目前世界主要语言沟通还是以英语为主。因此，对外汉语教师要充分认识到汉语教学中跨文化意识与跨文化交际能力的重要性，才能在对外汉语教学中提升不同文化在学习汉语文化时有效地融入教学中，完成汉语学习，提升学生交际能力。

其次，对于汉语学习，不仅是对于表象语言与词汇的学习，同时也是对文化中语法结构的一种学习。不同的语言文化中都蕴含着本民族重要的民族文化，汉语文化承载着中华民族历史悠久的文化精髓。外国学生要想真正地掌握汉语文化，灵活应用汉语，就要适当地融入具有丰富的语言环境的社会生活中，切身体会语言内涵，从而实现外国学生汉语交流能力与交际能力的全面提升。

三、对外汉语教学中跨文化交际意识的培养与渗透有效措施

（一）提升汉语教师文化素养

对外汉语教学中，教师是教学的主导力量，汉语教师的文化素养对于课堂教学有着直接的影响。在对外汉语教学中，学生都是来自世界各地拥有不同文化的外国学生，与我国学生学习英语一样，都是从基础学习，所以，对外汉语教师不仅要具备丰富的专业教学技能，同时还需拥有深厚的文化知识底蕴，具有良好的耐心与较高的文化素质，具有较强的学习能力可以感知跨文化意识及言语习惯，这样的教师亦师亦友，是不同民族文化之间实现良好沟通的桥梁。由此可见，要实现学生的跨文化意识的培养，就必须提升汉语教师文化素材，才能有效提升课堂教学效果与教学质量。

（二）活跃课堂气氛，营造语言环境

对于语言学习而言，良好的语言环境可以有效提升语言学习效果，提升语言学习质量。在浓厚的语言环境下，学习者可以更容易接受这门语言文化，同时可以发现语言错误与不良的语言习惯，及时纠正。因此，在对外汉语教学中，教师要对活跃课堂气氛，营造良好的语言环境有正确的认识，这样才能通过激发学生的学习兴趣与提升学生语言的切身体会，促进语言知识的理解与消化。如教师在对外汉语教学中就可以将传统的中华节日有效地融入教学活动中，充分利用多媒体教学模式开展教学活动，将我国传统节日热闹的场景以短片的形式展示给外国学生，充分吸引学生的注意力，激发学生的学习欲望，提升学习积极性，提升外国学生对我国传统文化的认同感与深刻的了解。同时，教师可以带领学生亲身感受我国风俗习惯与传统节日实践教学活动。如中秋节，教师就可以带领学生参与到各种民俗活动中，如赏月，燃灯，吃月饼，猜灯谜等，一边参与一边学习，这样的文化知识更容易被学生接受。所以，对外汉语教学中有效地活跃课堂气氛，营造良好的语言环境，可以促进学生对于文化知识的理解，加深知识印象，提升不同文化之间的包容与理解，切实提升学生跨文化意识。

（三）注重培养学生跨文化素养

对外汉语教学中，有效地培养学生的跨文化素养，可以促进汉语教学的有效开展，同时还可以帮助不同民族文化的学生提升交际能力，提升跨文化意识。汉语教师在开展教学时，可以从以下几方面有效地培养学生跨文化素养：首先，要注重培养学生对于民族文化的认识与理解。民族文化由于种种原因存在很大的差

异性，在汉语学习中，学生要对不同民族文化形成正确的认识，在保持尊重的前提下，相互理解与包容，形成正确的跨文化意识。其次，重视特定语境下的表达方式。社会中人由于性别、性格、学历、工作等的不同，都会对个人的语言能力造成重要的影响，因此，对外汉语教师要培养学生的语境分析能力，用恰当的语言交流方式进行沟通，提高汉语应用能力。最后，要注重激发学生的跨文化学习的好奇心。丰富的好奇心可以激发人的学习欲望与学习兴趣。教师在进行对外汉语教学时可以充分利用学生的这个特点进行有针对性的文化交际意识培养，将不同语言整合后，科学寻找言语文化中的共同点，进行比对学习，从而提升学生语言文化的共鸣感，有效地培养外国学生的跨文化意识，提升语言学习效果与质量。

（四）创新教学方式

对外汉语教学课堂教学中，科学合理的教学方式可以有效地提升教学效果，提升学生的学习效率。在进行汉语教学时，由于我国民族文化与世界不同文化有着较大差异性，外国学生通过简短的课堂教学时间无法真正理解汉语知识的含义与汉语的表达方式。因此，汉语教师要科学创新教学方式，深刻研究不同学生的实际情况，科学地制定教师方式方法，帮助外国学生对我国历史文化与语言文化有深刻的了解与掌握。在教学中可以利用图片与成语相结合的形式进行教学，如在教"笔走龙蛇"的成语时，教师就可以进行分开对比解读，"龙"在我国与西方国家有着不同的含义。西方文化中，"龙"大多是邪恶的代表，而在我国是一种吉祥富贵的象征。"蛇"是一种很常见的动物，但是通过成语的组合，它们失去了本身的含义，成为书法的一种形容词，这样直观地分开对比可以使学生深刻地了解汉语文化。因此，汉语教师在进行教学前就要认真制定教学内容，将教学内容与生活中的事物关联在一起进行教学，在进行教学时，学生就可以通过实际生活中的事物得到启发，加深对于汉语知识的记忆，提升汉语交际能力。所以，创新教学方式对于提升汉语教学中跨文化意识的培养有着重要的作用。

综上所述，由于世界文化的多样性，在对外汉语教学中学生都会产生跨文化教师障碍，而要切实解决这一问题，有效提升教学效果，就要加强在对外汉语教学中跨文化意识的培养与渗透，实现文化的包容与理解。这样才能顺利地开展对外汉语教学，提升教学质量。

第四节　对外汉语教学中的跨文化语用失误研究

汉语作为第二语言的教学是一种指导学生进行跨文化交流的教学活动。在对外汉语教学体会的基础上，从汉语作为第二语言的教学中的常见语用失误类型，分析了出现失误的缘由，并提出了教学意见和避免失误的办法。

教师也会因为不理解学生所在国家的文化和交流习惯而导致一些失误。在言语交际中使自己无法获得圆满的完美的交流效果的失误，通称为语用失误。在此，作者立足本人在对外汉语教学生涯中的经历，整理总结了在汉语作为第二语言教学中的常见的失误类型，并尝试找出失误的缘由，提出意见与方法。

一、汉语作为第二语言教学中的跨文化交际

因为文化背景的差别，再加上语用习惯的不同，使不同文化的人们之间的交流变成了一个非常复杂的过程。在这个交流过程中，人们的思维模式不同，人生价值观念不同，行为不同，认知不同，看事物不会看同一方面，认知事物也不会有同一个理解，如果对此懵懂不解就会导致在交流中出现语用上的失误。

在中国留学的外国学生在母语的长期影响下，又不了解中国的文化，不知道中国人在交流中的谈话和表达方式等，在跨文化的交际中就会容易出现语用上的失误，从而影响课堂上的教学效果。一直以来，每个人都习惯了自己的思维和行为去为人处世，所以对于在中国的外国学生来说，从自己的文化圈中跳出，用一颗平常心适应了解对自己来说截然不同的文化很困难。

二、跨文化交流中的语用失误

为什么在跨文化的交流中容易出现语用上的失误呢？是由于把自己的语言上的规则生搬硬套在另一种语言上。再往具体上说，在自身上都不知道自己已经违反了另一种语言常用的习惯，或者所说的话不符合场景人设，甚至还会造成文化上的误解，使被交流的人产生不舒服的心理，从而不想再交流；也会使交流者没有达到自己预想的交流结果，这种失误就叫作语用失误。

造成交流的不顺利，沟通的障碍主要是在跨文化的交流中，没有注重在不同环境下的不同的言语该去怎么表达，下面有一个案例，就是讲述笔者所说的情况：

一次，一个外国学生拜候他的中国老师，老师想请他吃一顿饭，就说："你

下个星期六的时候来我家吃饭，行吗？"外国学生特别高兴，于是就接受了邀请。过了三天，就到了星期六，外国学生来到了老师家里，老师特别意外，又丝毫没有准备，很尴尬。问道："我不是说下一个星期六吗？你怎么这个星期六就来了呢？"学生也很纳闷："老师，难道下个星期六不是今天吗？"

从这个例子不难看出，老师和学生之所以产生这样的误会，是因为他们彼此都不了解在彼此的交流语言中，"下一个星期六"到底是指哪一个星期六。而这正是文化差异的体现。在外国人和中国人的交流中，这样的现象是很常见的。很多的留学生发现，即使是本身的文化水平越来越高，对语言的了解越来越多，但在交流交际中，还是在与外国人的往来中出现失误，甚至是不顺利的交流。

三、对解决对外汉语教学中跨文化交际问题的建议

在汉语作为第二语言的教学中把对跨文化的交流研究也放入其中进行学习，可以使学生增强与外国人交流文化的不同认识，一直把培养学生的文化交流放在重点，这样才可以使学生更加容易地进入跨文化的交流中，也不会对陌生的文化产生排异的心理，也可以避开在与外国人交流中因这方面而产生的尴尬情况，甚至是因为语用上的失误而产生的冲突。在此，作者认为，作为对外汉语教师，培养学生此方面的能力应该从以下几点入手：

第一，作为教师，不但要对自己国家民族的文化有较深的理解和认识，还要对国外的文化有一定的深入了解。不同国家的文化是存在一定差异性的，所以在教学过程中，一定要将不同的文化对比出来介绍给学生进行学习。比如，在西方国家都会有较强的自由和民主思想，在日常生活中不难看出他们自身的自由性和民主性，并且他们用语言表现自己的想法这与中国的学生很不同。这就需要对外汉语教师挖掘他们内心的渴望，并以此进行激励，引导他们发挥自身的主观能动性，充分调动他们积极向上的热情。这个时候，对外汉语教师就可以举办一系列的活动，例如，答辩赛、乐器表演赛、等竞技性比赛，还可以邀请中国学生参加，不仅可以满足外国留学生勇于表达自己的心理需求，还可以带动中国学生踊跃参与进来，向外国展示中国本土的文化特色魅力，并且激励中国学生学习和了解外国学生，摆脱内心的怯懦，勇于表达自己的想法。

第二，要为外国的留学生创造切实的交流环境，进行实践，方能提高自身的能力。对外汉语教师要认真地选用交流环境，不仅要真实，还要充分反映和体现中国文化，体现现实生活，并且让外国学生多用汉语进行表达，及时纠正并且鼓励交流。同时可以举办一些课外活动，在提高兴趣的同时进行学习，例如，欣赏中国电影，最好要选带有真实中国特色的电影，绘制汉语报，设置汉语角等。让

外国留学生在真实的交流环境中获取知识，从而防止在日后的跨文化交流中出现失误的现象。

在汉语作为第二语言的教学中，文化的差异导致的交流困难是教学中的一个重要因素。随着中国的强大和汉语的不断发展传播，越来越多的外国人渴望了解中国文化并学习中国语言，这就显得交流的流畅和完美的交际效果是如何的重要。如果在对外的交流中可以更好地了解彼此的文化差异，而避免交流中的失误，可以让汉语的发展和教学更进一步。而这，不仅需要外国留学生的不断努力，还需要对外汉语教师的长期积累和不懈努力。

第五节　对外汉语教师在厄瓜多尔的跨文化适应

汉语教师在海外任教期间不可避免地要经历跨文化适应的过程，笔者是国家汉办派往拉美地区的汉语教师志愿者之一，同样经历了文化适应过程中的一些苦难。本节主要根据笔者在厄瓜多尔的教学经验，分析中、厄两国在时间、空间观念与民族文化方面表现出来的在文化上的一些差异，根据这些文化差异探讨如何克服这些差异并能顺利实现文化适应。

去海外任教的汉语教师，到了一种新的文化环境中工作生活，会经历一些文化融合的过程，这种过程我们称之为跨文化适应。跨文化适应是跨文化交际研究的核心问题之一，可以说汉语教师是否能适应不同文化，是教师能否较好地完成汉语教学的关键性因素，因此我们应该给予一定的重视。

一、对外汉语教师在厄瓜多尔面临的文化差异

笔者是国家汉办派往拉美地区的汉语教师志愿者之一，在赤道之国——厄瓜多尔任教两年，主要承担首都基多国际学校 SEK 的汉语教授以及传播中华文化的任务。南美洲与中国在文化上差异比较大，初期笔者也感到了诸多不适应，但是笔者文化适应能力比较强，并没有因此产生很大的心理负担。下文将从时间观念、空间观念与民族文化方面谈论中厄文化上的差异。

（一）时间观念

时间观念是非语言交际的重要维度。提到南美洲大多数人的第一个反应都是热情奔放，但笔者的第一反应却是他们的时间观念，因此笔者将时间观念上的差异放在第一点来说。在中国人的文化中，迟到是非常不礼貌的事情。但是在拉美

国家，以厄瓜多尔为例，迟到 30 分钟都是习以为常的事情。

案例一：孔子课堂中秋节晚会

在思源孔子课堂，每逢中国传统节日都会举办小型晚会，让学生体会中国节日文化，并让中国老师感受到家的温暖。活动一般都在晚上七点开始，但是当中国老师以及参加表演的学生在七点准备开始的时候，发现来的客人们寥寥无几，直到七点半左右，客人们才陆陆续续地来到学校。刚赴任的教师都十分不开心，但是已经工作过一段时间的老师表示这是很正常的情况。

案例一可以看出，厄瓜多尔人的时间观念都不强，做事不紧不慢的，笔者有时有些紧急的事情让当地秘书帮忙，秘书总会特别热情地跟你说，她已经在办了，可实际上她并没有开始做。也经常出现由于司机的时间观念差导致全体老师参加活动迟到的情况。可见在时间观念上中、厄之间的文化差异之巨大。

（二）空间观念

空间的利用方式也体现了特定文化中人际关系的特点，反映了文化的差异。在拉美由于民族性格热情奔放，人体距离比较近。中国人体距离也比较近，但属于低接触文化，陌生人见面之时握手，没有其他身体部位接触，而拉美属于高接触文化，见面采用贴面礼。

案例二：贴面礼

刚到厄瓜多尔笔者对当地文化并不十分了解，只是知道如果第一次见面需要握手。校长带我们去参加一些文化活动，就会遇到很多当地人，需要打招呼，有些当地男性一见面就用脸贴过来，还没等反应过来就亲在笔者脸颊上，笔者当时脸就红了，但因为是当地文化，也不好说什么。

虽然厄瓜多尔当地人体空间比较近，但是教师对学生却不能随便触碰。

案例三：学生碰不得

一位当地老师说有家长投诉我的一个中国同事，说她行为粗鲁，随意触碰学生。这位同事很奇怪不知道什么时候触碰了学生，后来想起来，学生 David 上课表现得很好，她在夸奖他的同时拍了拍他的肩膀，结果却被家长投诉。她感到特别委屈，也有点儿哭笑不得。

由案例三，我们可以看出，虽然学生对老师很热情，经常来抱抱你，但你却不能随意触碰或者处罚学生。在海外工作的时候一定要关注当地文化中有没有此类禁忌。

（三）不同的民族文化

中国文化中，中国人普遍谦逊，表情也比较含蓄平静。厄瓜多尔人民热情奔放，面部表情夸张，不吝惜夸赞之词。在中国，没有人会在街上对陌生人打招呼，而在这里陌生人在路上点头微笑或者打招呼都很常见。

案例四：莫名其妙的问候

由于国际学校 SEK 在距离宿舍不远的地方，每天早上我会走路去上班，在路上迎面走过来的人都会笑着对我说"Hola"，甚至还有中文"你好"，甚至有人开着车把车停下来跟我打招呼。一开始心里很害怕，我觉得他们一定是不怀好意，于是就走得飞快，每次到学校都筋疲力尽的。后来与当地老师聊天发现这是很正常的现象，我才放下心来。在习惯以后我也经常主动跟其他人打招呼，他们都特别开心。

在当地，向陌生人打招呼是很常见的事情，坐公共汽车上车的时候跟司机师傅和售票员也要打招呼，感觉人与人之间心的距离很近，这可能也解释了，当地服务业让人舒心的原因。我认为这是特别好的事情，如果在中国也能这样就好了。

当然，这样的热心也会出现一些问题，相信到过拉美的人都会遇到这样的情况，当地人认为在别人问问题他们说"不知道"是一个特别冷漠的行为。

案例五：路人指路

由于是外国人，经常因为不熟悉街道而迷路，所以经常会向当地人问路。当地人都会特别热情地为你指路，好不容易听明白他们指的路我们都特别开心，可是每次根据他们的指示往往都走不到目的地，有时候指的路甚至是完全相反的路。首都基多属于高原，走一会儿都会觉得很累，所以筋疲力尽的我们常常怀疑是不是当地人欺负我们外国人，故意指错的路。后来与当地的朋友聊天才知道，他们认为"不知道"这样的回答特别冷漠。后来再问路，我们都会问至少三个人，虽然常出现三个人三个方向的情况，我们还是会综合多人答案再决定走哪条路。

二、应对文化差异的策略

从上文的这些案例说明了，厄瓜多尔和中国在文化上确实有很大的差异，很多老师由于语言不同的原因，一直处于文化休克的阶段，走不出来。因此我们需要采取措施来积极应对，而如何应对文化休克是跨文化适应的核心问题。

首先汉语教师应该尽快熟悉当地的语言，在这里是指西班牙语，虽然英语是国际化的语言，但厄瓜多尔英语也并不是人人都会的，不会西班牙语出门也算是寸步难行。掌握当地语言，不仅可以让我们与当地人顺利交流，在汉语课堂上更好地了解学生情况，更好地进行教学，也会使我们更好地了解当地的风俗文化。

其次，当我们无法改变环境的时候，我们就要改变自己的想法，因此我们要积极调整心态，不能因为遇到很多困难就停滞不前，积极调整心态，主动去了解当地文化。当你对当地文化有一定的了解，就会减轻在新环境中的焦虑情感，不仅会增强知识，还会增强信心。了解当地文化以后，我们一定要尊重当地文化，走出本文化中心主义的误区。了解当地文化需要我们多交当地朋友，建立良好的人际关系，可以得到情感上的支持，当你在生活中遇到困难，可以跟当地朋友多交流，他们会热情地给予帮助。这些在文化适应过程中都是必不可少的。

最后，我们可以在课余时间多做一些自己感兴趣的事情，在你专注于一些事情的时候，内心的焦虑也会减轻。如果喜欢做饭，课余时间就可以做一些中餐招待朋友，或者研究一下当地美食；如果喜欢旅行，周末就和朋友搭伴儿到处走走；喜欢运动就可以去健身房挥汗如雨，或者去附近的景区爬爬山。我们有很多种排遣寂寞和减少焦虑的方法，但是一定要注意人身安全，在海外任教的时间应该是我们人生中美好的回忆，而不应该是一段不敢回首的过去，因此我们要积极地调整自己，克服跨文化适应过程中的种种困难，做一位优秀的汉语教师。

第六节　对外汉语教学中的跨文化传播问题分析

全球化经济的不断发展促进了中外经济文化的交流，外国来华工作的人员日益增多。因此，对外汉语教学在我国教学体制中具有重要的作用。在此背景下，我国为了传播中华文明的核心价值，提升国家的软实力，促进中国国际地位的提升，应该对对外汉语教学工作给予重视。本节简单介绍了对外汉语跨文化传播的重要性，针对对外汉语文化传播存在的问题提出解决的对策。

跨文化传播是当前社会人们传播活动的重要组成部分，是人、民族和国家之间进行沟通和交流的必要形式，它促进了各国之间的交流和社会的整合，维系了全球各个结构的平衡，并且对人的价值观和人生观的建立都有着重要的影响。跨文化传播决定了人们在学习和生活中语言和行为的不同，使人们的语言和行为展现出不同的文化特点。对外汉语教学中的跨文化传播主要是为了实现文化与传播之间的关系，加深对不同文化的理解。

一、对外汉语跨文化传播的重要性

首先，跨文化传播是对外汉语教学的目的。对外汉语在教学过程中，具有语言传播和文化传播的作用，对弘扬中华文化具有重要的意义。所以，在对外汉语教学中，应该注重对留学生汉语语言技巧和能力的培养，促进其跨文化交际能力的提升。其次，注重语言的交际功能。对外汉语中主要是针对语言本身的结构来进行交际能力的提升，它要求学习者掌握语言背后的民俗文化和精神文化。由于汉语学习中融入了大量的中华民族先进的文化传统，学习者只有掌握了汉语的内涵，才能学好汉语。因此，提高对外汉语跨文化教学的层次，有助于提升留学生的交际层面，对语言教学产生重要的影响。

二、对外汉语跨文化传播存在的问题

（一）教学理念存在问题

虽然相关的学者已经对对外汉语的重要性达成了一定的共识，但是在跨文化教学的定位上仍然存在着一定的偏差。学者对语言教学产生了一定的误解，不能准确地反映出教学和文化之间存在的内部联系。另外，由于一些现实性的原因，教师不能形成文化自觉意识，导致留学生对语言的技能不能进行充分的掌握。

（二）教学内容存在问题

当前，留学生的数量持续增高，受不同文化背景和生活方式的影响，留学生对当前的教学内容不能进行充分的理解。统一的文化教学内容不适应学生多样化的学习特点，在教学中缺乏针对学生背景文化的教学。另外，文化教学的课程设置与师资力量存在着一定的矛盾。当前，对外汉语跨文化教学的课程设置主要包括文化课和相关文化内容两种。文化课的教学内容不能解决语言教学中存在的相关文化问题，无法与语言课形成密切的配合，导致学生在语言学习阶段遇到的文化背景问题不能够得到很好的解决。

（三）教材存在问题

首先，文化教材在编写的过程中没有与民族文化建立紧密的联系，不能够体现出多民族文化的民族精神，难以帮助学生准确地把握汉语的本质特征，影响了留学生对汉语语言的学习和对中国文化的深层次理解。其次，文化教材在编写上沿用了国内的教材体系，忽视了对读者的定位。虽然教材在编写上对中国传统文化进行了介绍，具有专业化和系统化的优点，但是偏离了对外汉语文化教学的核心，欠缺对文化背景的考虑。

三、对外汉语跨文化教学的对策

（一）处理好语言与文化之间的关系

文化的传播离不开交流，交流能够促进社会的进步和人类的发展。语言是当前交流的主要媒介，在对外汉语教学中，应该充分发挥语言的媒介交流功能。同时，语言也是具有逻辑性的，它是文化传播的载体和核心。语言是当前最重要和最基本的媒介，其所产生的语言文字影响力也是毋庸置疑的。人们在使用语言的过程中，也在接受着语言背后的思维方式。因此可以看出，语言是跨文化传播的重要环节，针对不同的文化差异，应该正确处理文化和语言之间的关系。

（二）加强对外汉语的师资建设

在文化传播的过程中，传播者具有重要的作用。教师是对外汉语跨文化传播的主体，教师的专业素质对跨文化传播的质量具有重要的影响。在进行教师招聘的过程中，应该严抓质量关，只有具备从业资格的教师才有权利进行对外汉语教学。另外，教师还应该掌握较为广泛的中外文化知识，充分了解教学中涉及的文化背景，掌握教学的重难点内容，提升自身的文化能力，加强发现问题和解决问题的能力，提高课堂教学的质量，注重教学方式的改变，加强学生在汉语学习中对中国文化的兴趣。

（三）规范教材内容的编写

对外汉语教材在编写的过程中，应该按照一定的标准进行。只有按照统一的标准进行教学，教材的内容才不会显得杂乱无章。所以，应该对教学的内容进行确定，对不同国家的不同学生因材施教。另外，在对外汉语教学中，选择合适的工具书能够对学习成果产生事半功倍的影响。要对相关的出版机构给予高度的重视，以汉语作为对外传播的基础，加强对中华文化的弘扬。通过对汉语的推广和研究，加强国家软实力的建设，提升中国的国际形象和地位，促进中国民族的伟大复兴，使汉语传播成为当前国家外交建设的重要组成部分。

汉语作为语言教学的重要内容，在语言教学与文化教学中具有重要的意义。应该以文化教学作为语言教学的重要手段，培养汉语学习者的跨文化交际能力，促进学习者汉语思维能力的提升，加强其对文化的理解能力和感悟能力。因此，文化教学无论是在内容方面还是在教材方面都应该进行改进和完善，要将学习者的跨文化交际意识作为主要的教学宗旨，促进对外汉语教学的发展，加强对外汉语教学中跨文化的传播效果。

第五章　对外汉语教育应用研究

第一节　对外汉语教育中体态语的应用

对外汉语教师应该如何去教才能让学生更好地学习并能正确、灵活地运用汉语，成为每个对外汉语教师必须关注和反思的问题。我想，当我们不能与外国学生在课堂上沟通交流时，眼神、表情、手势等体态语在对外汉语教育中就显得极为重要。基于此，本节着重探究体态语在对外汉语教育中的应用，主要从体态语的概念、功能、意义，对外汉语教育中体态语的文化内涵以及体态语在对外汉语课堂中的实际运用等展开研究和论述。

苏霍姆林斯基曾说："教师最大的幸福与快乐就在于与学生的交往，因为你的每一步，每一句话，你的眼神，甚至你的目光一闪或者一抬手，这一切都会深深地留在学生的记忆中。"由此可见，体态语在教学中的运用无论是眼神、手势，还是体势都可以达到启发学生、激发学生非智力因素的效果。

一、体态语概说

（一）体态语的概念

体态语又被称之为"人体语言""无声语言""行为语言"等，它是用眼神、表情、手势、姿态等来传情达意的辅助性工具，是一种"伴随性语言"。体态语虽然是一种无声的语言，但它与有声语言一样也具有十分明确的意义。作为一名对外汉语教师，我们可以将体态语恰当地运用到对外汉语教育中的各个环节，促进教学活动的顺利开展。

（二）体态语的功能

赵志智在《非语言交际及其在外语教学中的应用》中，把体态语称为"有声思维，无声交际"。由此我们可以看出体态语的作用并不输于有声语言。体态语作为一种重要的辅助性交际工具具有辅助、替代、调节、反馈等功能。对外汉语课堂教学中体态语的功能主要体现在：

1. 运用手势，形象表意

手势是人们在各种活动中使用频率最高的体态语，也是最具有表现力的体态语。手势有多种复杂的含义，有专家将手势分为仰手势、切手势、剪手势、握手势等十种基本手势。无论哪种手势，其基本含义都有一个共同点：手向上、向前、向内往往表示希望，手向下、向外、向后往往表示批判。在各种教育教学活动中除板书、批改作业之外，教师的手指更是起着非常重要的作用，教师应该提高手势在教育教学中的应用，简练、恰当、自如地使用手势语。

2. 巧用眼神，传情达意

在对外汉语课堂教学中，教师运用目光注视每一位学生，使每位学生都有一种被关注的感觉，会使学生充满更高亢的学习热情。有时也可以通过严厉的目光表达对某一学生的某一行为的不满，以这种方式加以批评会更容易被学生们接受。

3. 合体的衣着，赢得尊重

教师是一个特殊的职业，教师站在讲台上无意中也展示着他独特的气质和魅力。作为一名对外汉语教师，合体的形象不但可以赢得学生的尊重，而且更彰显了一种特有的中国文化。对外汉语教师的衣着应严谨、适度并具有中国的文化特色，一方面有利于避免影响学生的注意力，另一方面也有利于让外国学生更真切地感受到中国文化的气息，达到润物细无声的效果。

4. 丰富的表情，营造氛围

表情是人的心理活动的外在表现。心理学家的研究认为，在人们传达信息的总量中，55% 是靠面部表情来获得的。教师往往能从学生的表情所提供的信息中理解学生们的精神世界，从而进一步调整自己的教学方案。

二、对外汉语教育中的体态语

（一）体态语与文化

泰勒在《原始文化》一书中指出，文化是一个复合的整体，其中包括知识、信仰、艺术、法律、道德、风俗以及作为社会成员而获得的任何其他的能力和习惯。文化与语言是密切相连、相辅相成的。体态语作为语言不可或缺的组成部分当然与文化也有着密切的联系。文化与体态语紧密相连，了解并学习体态语有利于我们对这一地区、这一国家、这一民族文化的了解，有利于我们更好地适应那里的生活。

（二）中外体态语比较

　　人类的体态语具有一定的共性，文化相异、语言不通的人们通过体态语可以进行一定程度上有意义的沟通。然而，共性的体态语主要局限于一些先天的动作和自发的行为，而更多的却是后天习得的植根于本国、本民族、本地域的历史文化传统中，具有一定的独特性，可能导致一定的分歧甚至是误解。因此我们有必要对中外体态语进行一定程度的比较，从而更好地进行交流和沟通，尽可能地避免误会和分歧。以中国与泰国在体态语上的差异为例，跷起小拇指在中国一般具有消极的意味，而泰国却表示友好。

（三）体态语在对外汉语教育中的实践

　　作为一名初次来到异国赴任的汉语教师，当学生们不能听懂你的话并对你所讲授的知识毫无兴趣的时候，你如何能让学生们理解你所表达的意思并转换他们的态度呢？我想体态语的运用可能会是一种有效的方法。

　　微笑，人类最简单的动作，是消除尴尬的利器，更是对外汉语教育的成功法宝。假使你来到异国他乡教授汉语，身处他乡、文化相异、语言不通，异国的学生们不能理解你的意思，不喜欢你，甚至对你有一种排斥感时，这时会心的微笑会给学生带来无限的理解和信任，让学生感到放松。

　　马斯洛需要层次学习理论认为爱与归属的需要、尊重的需要是个体需要所必需的，被称为缺失需要。这些需要得到满足，个体就会追求更高层次的需要。在对外汉语教育中，教师的鼓励对促进学生的学习起着不容忽视的作用。适时、恰当、充分地对学生进行一定身势语的鼓励是必不可少的教育教学手段，可收到事半功倍的教学效果。竖起大拇指让学生们感觉自己是最棒的，增强他们的自信心，有助于学生们放心大胆地去进行交际。

　　对于外国学生来说学习声调可能具有很大的困难。我想，如果我们能在声调教学中充分利用手势语一定会有助于外国学生更准确地掌握汉语音调。例如，根据赵元任的五度标记法，我们在教授声调时可以辅以一定的体态语从而收到最佳的教学效果。在发一声阴平调时，我们可以一边发音一边做手势，将手掌打开平放于胸前向外做水平运动的同时，声音可以适当拉长。二声阳平对于没有声调的国家的学生来说掌握起来可能会更难些，教师讲授时可将手掌打开由胸下部向上慢慢滑动，口型可以略带夸张。以此类推。

（四）教师体态语在汉语课堂教学中的作用和意义

1. 辅助汉语教学

在对外汉语教育中体态语的运用可以使抽象的知识形象化。复杂抽象的汉语语法给学生们掌握汉语带来了困难。如果我们能有效地利用体态语，我相信一定会赢得学生的喜欢。例如，在讲授趋向动词"出去"时可以身体稍微向前倾，抬起头，双手摆动，然后径直走出去。当老师做动作，许多学生可能会兴奋地叫起来"老师走出去了"。

2. 培养创造性思维

在对外汉语教育中体态语与汉语的单词、短语、句子、课文联系起来时，就会使学生产生一定的联想并在脑海中留下印象。在课堂学习中，学生们通过大量的有意义的体态语的模仿和运用加深了对知识的理解，并形成自己的学习思路和方法，学生对不同的题材逐渐形成自己独特的体态语言，这本身就是一种创造性思维。

3. 传播中国文化

在对外汉语课堂教学中，体态语不仅是辅助口语表达的工具，也是一种重要的文化载体。作为一名对外汉语教师，我们只有适当、合理、优雅地运用体态语才能让学生们更全面、客观地了解中国，了解中国文化。

三、体态语的适当、适度运用

所谓适当，即要求动作必须与说话的内容、情绪、气氛协调一致，不要故作姿态，故弄玄虚，甚至手口不一。所谓适度，即要求动作要适量，以不影响听者对你说话的注意力为度，不要用得过多。对外汉语教育中体态语虽然十分重要，但切不可滥用或过度运用体态语。作为一名对外汉语教师，我们还应认识到，汉语教学还应以有声语言教学为主，辅之以体态语，切不可本末倒置。言语教学中有体态语的辅助才显得生动，体态语教学中以言语教学为主才富有意义。同时在运用体态语之前我们要对这一国家的文化背景和禁忌做好充分的了解，避免产生误解甚至引起冲突。语言有差异但微笑没有国界。

第二节　DDL 在对外汉语教育中的应用

20 世纪 80 年代以来，基于语料库的语言学和语言教育研究方兴未艾，特别是其中的 DDL 教学，自提出开始就得到了许多关注。然而，这些研究多数在英语作为第二语言教学领域之中，在对外汉语教育过程中，关于 DDL 教学的研究者则寥寥无几。作者试图借鉴英语教学中的 DDL 模式，探讨其在对外汉语教育中实施的可能性和必要性。文末结合 ESL 中的 DDL 教学经验，提出了设想，以资参考。

利奇（Geoffrey Leech）在 1994 年 4 月召开的第一届国际语言教学暨语料库研究会议上提出：基于语料库的语言教学和学习有着显著的优势。语料库语言教学是一个大型的语言素材的集合体，多被用来观察、分析和研究目标语和学习者中介语的各种特征。

语料库研究差不多对语言学的各个分支都有所助益。如下三点即为利奇给出的三项优势：

（1）计算机数据是一种倾向于学习者为中心的语言教学研究方法。

（2）开放式无中心的语言数据鼓励学生在语言学习中探索和发现。

（3）语料库使得学习过程适应于学习者个人的需要和愿望。

有学者认为，语料库的实证性是一大优势，它将大量语言使用者的语言直觉和实例总结起来，从而使得语言分析更为客观。除了工具书的出版，语料库还在如下领域应用，例如，词汇研究、社会语言学、语用学、语义学、文体学、语法研究等。

一、DDL 教学法

在 DDL 早期，它常被用于英语作为第二语言教学中的词汇教学，如对情态动词、助动词、介词和连词等的掌握。随后，DDL 逐渐被运用于掌握句子的各种连接形式以及不同类型语篇模式的规律等。

（一）DDL 的含义

在英国伯明翰大学，Tim Johns 和 King（1991）定义 DDL，原指在英语作为第二语言教学中，"在课堂上使用计算机生成的索引结果，让学生探索目标语语言模式的规律性，并根据索引结果开发一系列的（教学）活动及练习"。

DDL 广义上属于语料库语言学范畴。与 CALT（语料库的语言教学 Corpusbased Approaches to Language Teaching）相比，DDL 重视从学习者的角度对语料库进行多样的有针对性的检索，接着利用结果来辅助学生的自主学习，使语言教学更有效、更灵活。除此之外，CALT 还有诸多目的，包括利用学习者语料库（learner corpora）对学生做错误分析，建立学生的学习历程档案；或是运用类比语料库找出学生在语言使用上与本族语者的异同等。

（二）DDL 的基本步骤

DDL 由最常用于外语教学中的词汇教学，逐步扩展到运用大于词的语言单位的学习。基本步骤是识别—分类—归纳。识别意味着弄清楚问题。在这一阶段，教师可以提出问题或者由学习者自己提出困难。分类过程中，学生像语言学研究者一样，将大量的语言数据分类，发现在数据之中所包含的规则和形式。最重要的是第三步——归纳，学生在此过程中会积极参与到语言归纳的认知过程中来。对于重视记忆知识的教育系统中的中国学生来说，此种方法比较陌生。

（三）DDL 的四项原则

DDL 除了具有不同于既往的教学模式的特点之外，在具体实施过程中应遵循如下四点原则：

（1）对于使用中的语言来说，它应当可以被不同的主导工具创造出不同的词语用语索引。

（2）学习者有机会自主发现语言规律。

因此，浓厚的攻防技击意识彰显峨眉武术拳种风格的独特魅力，功法与技术的迥异多样也更好地彰显峨眉武术外形与技术融会贯通。

（3）课堂活动应当以学生为中心而非教师。

（4）学习者应当在解决问题的活动中学习，而非由教师指导。

我们可以从这四点原则中总结出 DDL 的基本思想。第一，学习过程中学习者处于完全的中心位置，他 / 她必须自我学习和自我评价。第二，真实的语言是主要的语言输入。DDL 中的语言数据有两大特征：高质量和大数量。第三，强调学习中的探索和发现。DDL 要求语言学习者在学习过程中自我监控。第四，DDL 将分析的产出结果和分析过程综合起来。最后一项原则至关重要，DDL 帮助学习者发展语料库分析的技能，而这会在课程结束后很长时间内有益于学习者。

二、对外汉语教育中 DDL 的应用

（一）应用的可能性

Tim Johns 认为，从根本上讲，语言学习者也是研究者，他的学习需要为语言资料的获取所驱动。根据Johns的观点，学习者像侦探那样研究词语用语索引表，他们的任务是发现语言的规律。这样当学生被鼓励沿着一个发现假设的试验模式来学习时，他们习得语言会更为有效，因为他们根据真实语料得出了自己的关于词语意义和语法结构的结论。

DDL 实际操作的语料分为两种：hands-on 与 hands-off，二者的区别在于是否使用计算机进行语料库检索以达到词语用语索引的目的。前者由于高度的自主性，可能仅对于高级水平的优秀学生有帮助。后者用小班教学形式可以解决怎样把语料库直接运用到汉语教学中的难题。后者被 Johns 认为是有支架的 DDL，因为它帮助学习者用更为演绎、可控的和简单化的方式来研究数据。

DDL 模式能够从教学观念和技术层面两方面激发学习者的写作兴趣，强化其写作动机，开发学习者的写作潜能，提高写作能力。如若想让它们真正走进语言教学的主流，即课堂教学，还必须从多方面开展理论及实践的研究，比如，教学理念更新、语料库创建、教学设计、课堂实施和评价等。

（二）具体操作设想

由于国内汉语学习者年龄多为 16 岁以上，因此也可以尝试用 hands-on 和计算机直接对话，并以小组讨论或小班教学方式，来解决学生发现或者老师提出的问题。

1. 选好语词索引软件

语词索引是基于语料库技术的工作原理，用统计学和概率方法建立起一个包含各种句型、篇章的语料库。其相应的软件是在文本中用字母顺序列出单词以及这些单词所出现的上下文的一个程序。它是语料库 DDL 不可或缺的辅助工具。

2. 语料库的采集

兼收并蓄，充分利用现有资源。首先根据《国际汉语教学通用课程大纲》要求，将对外汉语教育相关文字材料收集录入相应等级的新语料库，供学习者自主查询和自我训练使用。再者，充分利用一些现成的语料库，如国际英语学习者语料库中国子语料库（ICLE，桂诗春）、交通大学的科技英语语料库（JDEST，杨慧中）、中国英语学习者口笔语语料库（SWECCL，文秋芳）等。收取相关条目到 HSK 相应等级的语料库，通过前人的无心插柳，使得教学更加生动有趣和多样化。

3. 学习者自主学习

以汉语词汇教学为例。在语料库驱动背景下的汉语词汇教学模式，是通过利用现有的网络数据资源建立相应的词汇教学语料库平台，比如，像北京语言大学开发的 HSK 动态作文语料库，对汉语学习者进行汉语词汇教学时可以作为偏误分析及错误示例来引导学生避免犯同样的错误，帮助学习者在对语料的检索和分析中习得语言、掌握语块，还可以利用语料库语言分析功能对自己的语言输出作品进行评判。

（三）注意的问题

当然，DDL 并非是完美无缺的。Alex Boulton 提出：根据他设计的试验，结果证明短期内效果较佳。但由于并不是所有学校都有设备以供 DDL，而且也不是所有的教师和学生都对这种基于科技的指导感到舒适。

Tim Johns 自己也承认这一点：数据用语索引提出了很多挑战，包括技术、语言、逻辑、哲学和教育学等方面。并且根据 Farr，学习者直接与计算机语料库互动，有时会感到他们必须完成的任务非常困难而沮丧，比如，选择相关的语料库，将结果翻译出来以及在接下来的研究中修改他们的问卷。

根据《国际汉语教学通用课程大纲》要求，可以进行的教研工作还有很多，比如，根据词汇表编排课文以及决定生词在课文中的复现率。这在编排语料库时也可以有所参考。学生也可以根据词汇表对应相匹配的课文，来查看不同环境下词性显示及应用的不同。

本节仅仅是提出构想，并未进行深入而具体的语料库建设及研究，也并没有参与过 DDL 的真实课堂教学，所持观点一定会有误差。

综上所述，大数据时代的对外汉语教育可以借鉴英语教学中的 DDL 模式的经验，更加靠近实证，从而有利于教学的现代化和科学化。

第三节　汉语劝阻句式在对外汉语教育中的应用

在对外汉语的教学中，汉语劝阻句式具有比较重要的应用，因此这是我们需要掌握的。本节写作的主要目标就是对劝阻句式进行充分的研究。在研究中，我们要弄清这些问题，第一个就是要清楚劝阻句式的含义以及它的主要分类包括哪些；第二个就是应该怎样正确地使用劝阻句式以及它的语用价值；第三个则是要在弄清它的使用条件的情况下进一步对一些具体的、细致的劝阻语句进行分析。在弄清楚上面的一些内容后，我们就能够进一步建立出劝阻句式库，进而为对外汉语教育中有关于劝阻句式方面的内容提供很大的帮助和便利。围绕着这个主线，本节就将写作的主要思路确定为：首先建立出劝阻句式系统，然后根据建立出的劝阻句式系统研究其使用方法和条件。接下来本节就将对汉语劝阻句式在对外汉语教育中的应用进行详细的研究和分析，希望能够帮助有关的机构和人士，特别是一些留学生同学能够更好地掌握汉语中的劝阻句式。

在经过大量的调查研究后我们发现，目前大部分的留学生都未能很好地掌握汉语中的劝阻句式，不能很好地运用劝阻句式进行表达，即使是能够正确运用劝阻句式进行表达的，他们使用的方式也都比较单一。而其实同一劝阻句式能够通过不同的方式和语句表达出来，而不同的情境下表达的劝阻话语也是不同的，而如果在任何方式和情境下留学生们都僵硬地使用同一种劝阻语句，那么效果是不好的，可能在这个情境下使用这样的话语会显得比较不礼貌，所以只有真正掌握劝阻句式的用法才能够更加准确地表达，帮助留学生们更好地与周围的人进行交流。而作为帮助留学生们学习的对外汉语教育就必须要更加重视这个问题。在调查后我们了解到，目前大部分留学生对于劝阻句式的使用主要是用"S+ 别 +P"的方式，这显然是不行的。而造成这一现象的原因主要是由现在的对外汉语教材以及对外汉语教育造成的，据了解，目前市面上正在使用的对外汉语教材中对这一知识不太重视，在书中的描述也比较粗糙，不能很好地帮助留学生们掌握劝阻句式。而在教学中也存在着一些缺陷，目前的对外汉语教育中比较重视句式的形式和结构，而不讲究实用性，所以这也导致了留学生们不能在实际生活中用劝阻句式很好地表达劝阻话语。所以，我们需要对劝阻句式进行更加详细的研究，在充分掌握的基础上将其变得更加实用和方便。

一、劝阻句式及其分类

（一）劝阻句式的特征

1. 交际对象特征：交际双方与劝阻句式涉及对象相对应

所谓的劝阻句式，顾名思义就是要通过说的话来帮助达到劝阻别人或者拒绝别人的一种句式。使用劝阻句式的人在专业的术语中我们称之为"潜主语"，而"被使用劝阻句式"的人则称之为"显主语"，比较通俗地说就是劝阻别人的人和被劝阻的人。我们在语言库对"A+ 别 +B"的劝阻句式进行不同人称的检索后发现，在第一人称得到的结果有接近 500 条，而在第二人称的检索结果中足足有第一人称的 4 倍之多，从这样的数据我们可以知道劝阻句式在交际对象特征方面，交际的双方必须要和劝阻句式涉及的对象相对应。

2. 语用功能特征：各个小句功能最终是为了阻止听话人服务

各种句式的表达形式往往是多样的，可以是单个语句也可以是多条语句。而就劝阻句式而言，不同方式或者结构的劝阻语句可能在表达的语法或者表达的时机和地点或许会有所不同，但无论何种劝阻语句最终想要达到的目的都应该是相同的，即要通过劝阻话语来达到让即将发生的行为被阻止的目的，就像是一个人不想让另一个人继续说话或者继续做某件事情，于是就利用劝阻的语言让他停止即将说出的话或者将做的事情。在这里我们依旧用上面的劝阻句式"A+ 别 +B"

作为例子，根据作用的类型来说，劝阻句式一般可用于正在发生或者即将发生的行为或话语。因此我们可以总结出在语用功能方面的特征，各个小句之间的功能还是为了阻止听话人的服务。

3.语义特征：否定类词元作用明显

劝阻句式中的劝阻两字意义很明显，就是要达到阻止的目的，因而在许多劝阻句式中往往会直接出现否定类的词元，进而达到"劝阻"的目的。在调查中我们发现，留学生们大多使用的劝阻句式包括：不要、不行、别等，而这些劝阻句式都带有非常明显的否定类词元，表现出来的意义都比较明显，采访他们说为什么会喜欢使用这些劝阻句式，他们的回答大多都是比较简单直接。而也有一些劝阻句式中没有明显的否定类词元，但是在一些场景中表达出的否定意义也可以比较明显地听出来，例如下面的对话：

小明：爸爸，我的手机今天摔在地上，把屏幕摔坏了，要不给我换个新手机？

爸爸：咱们家不是还有好几个你妈妈以前用剩的手机吗？那些手机都还没坏，你可以把那些手机拿出来用啊。

在这段对话里面小明在提出因为手机屏幕摔坏了之后想要换新手机的想法，而爸爸的回答也指明了不会给小明买新手机，在这段对话中，爸爸的回答使用了劝阻句式，但是爸爸所说的话中都没有明确的否定类词元，爸爸在听了小明的话后，先是指出家里还有好几个能用的好手机，接着提出让小明继续使用家里那些好的旧手机，没有用不、别等词元就将小明的想法给否决阻止了，不仅说出的话更加委婉，而且将否定的意义明确表达了出来。

4.语体特征

对于劝阻句式来说，大部分劝阻句式的主要作用都是用于实际生活中的交流所用，这类的劝阻句式主要是以实用性为主，因而其语体的特征主要是口语语体为主，而也有一小部分的劝阻句式是比较书面的表达方式，比如，街上的一些地方显示不能停车或者随处可见的不准随地大小便的标志，这类的劝阻句式比较正式和书面。这类比例在我们看到的各种对外汉语教材中关于劝阻句式的讲解中可以知道。而且学习汉语的留学生们也不是为了学习书面的语言，都是为了在实际生活中能够正常交流，因而对外汉语的教学目标也朝着这个方向在进行。基于此种情况，本节研究的劝阻句式也主要是在实际生活中留学生们比较常用的一些口语表达形式框架。在日常生活中话语的表达是比较多样的，在不同的情境下，同样的劝阻语句表达出的效果往往是不同的，因而要根据实际情况进行选择性地运用劝阻句式，最好从语用的角度对其来进行一定的归纳整合。例如这样的一段话：

（1）虽然在冬天游泳确实能够锻炼你的身体素质，但是太冷了，你会受不了的；

（2）冬天游泳可能会有很多危险的因素，如果你出了什么意外，你爸爸妈妈会多伤心啊？

本节所研究的劝阻句式就主要包含以上所讲的特征。总结劝阻句式应该符合的语义元素框架结构如下：

潜主语（劝阻者）＋意愿＋显主语（被劝阻者）＋待阻止的行为意图

这一个框架式用与所有的劝阻句式，只不过有些劝阻句式很明显地就能分出这四个元素，而有的劝阻句式不能直接看出，比较隐晦，需要我们根据说话者的语气以及当时的情景来进行分析和判断。并且一般来说，劝阻者在使用劝阻句式的时候往往会对被劝阻者有一个主观上的否定意识，所以劝阻者才会进行劝阻，所以这样的一个主观的不赞同或者否定的意识就造成了在劝阻句式往往会出现一些比较明显的否定词如别、不要、不行、不能等词语。

（二）劝阻句式的分类

1. 从劝阻策略看劝阻句式的类型

根据劝阻的策略来分析，在其类型上我们可以划分为两类，分别是直接和间接的。其中直接类型的劝阻句式在语意上比较明显，单刀直入，能够让人一听就明白其中的劝阻意味，这类劝阻句式多用直接的否定词语；而间接的劝阻句式则与直接的相反，它是通过用一些隐晦的词语或者语气，或者用其他方法委婉地表达出自己的劝阻意义，这类劝阻句式相较于直接的而言会显得有礼貌些，但是使用的条件和要求也要相对高一些。

（1）直接劝说与阻止。

1）直接阻止行为。

直接的劝阻行为主要发生在被劝说者正在进行或者表达某件事情，劝阻者认为其说的或做的是不正确的，于是当即发出阻止的行为。这类劝阻句式常用的词语有：不要、不准、别、不行等，例如下面的这些语句：

①不要再玩游戏了，不然你的作业待会儿会完不成的。

②上课不准说话。

③你想要吃霸王餐是不行的。

④别再上课的时候睡觉，不然你将来会后悔的。

可以看出，这类的劝阻句式在语气方面都比较直接强硬，可能会引起被劝阻者的不满心理。

2）对现阶段状况的直接否定。

这类型的劝阻主要是在劝说者基于对当时的实际情况的分析认为被劝阻者此刻正在进行的行为是不正确而提出来的劝阻语句。常常是以"主体＋否定词"的形式出现的。例如以下的一些语句：

①暴饮暴食会对身体健康造成危害的。

②边走路边看书是不对的。

（2）间接劝说与阻止。

在人们日常的交流和谈话中，我们都会对别人说出的话进行思考，思考别人说的话是否是可行的，然后根据自己主观思考的结果选择使用相关的句式来回答，而如果我们思考出来的结果认为这样做的后果是不好的，那么这时我们就会使用劝阻句式来进行接下来的谈话，但是如果选择比较直接的劝阻句式类型，那么无疑是不礼貌的，这时我们会通过间接劝说的方式委婉地表达出自己的观点，例如帮别人分析这样说或者这样做的后果或者预期是什么，进而来达到劝说和组织的目的。而这种间接劝说类型的劝阻句式往往会用到以下的句式框架，例如，如果你……就会……继续这样做就会……要是……就……等。例如下面的这些句子：

①如果你不在今晚把你的作业完成，那么明天你就会被老师批评，请家长。

②你必须弄明白，你继续这样做的后果将会是什么。

③要是你再这样一意孤行，不听我们的劝告，你就会众叛亲离。

2. 从句式构成看劝阻句式的类型

在观察教材上关于劝阻句式结构的讲解和实际例子我们可以发现，劝阻句式不同于其他的一些句式，它在结构方面是没有比较典型或者明显的判断特征的，劝阻句式的结构比较多，而这里我们主要从句法和功能的角度来进行分析。

（1）一般陈述句式。

一般陈述句就是用平常的语气将事情陈述出来，是我们日常生活中最常见也是最基本的一个句式。而本节中我们根据陈述句中是否存在否定词将其分为两类。

1）否定句式。

在陈述一件事情的基础上加上否定词元，就构成了否定句式，这样的否定句式里面一般在提出否定之后，还会有对事情的分析和理由。例如：

明天的考试不能骑自行车去，天气预报说了明天会下雨。

2）非否定句式。

在非否定的句式中，往往不会有明显带有否定的词元，说话的人一般不会正面评述想要否定或反对的某件事情或行为，而会通过其他方面来讲述这种行为会出现什么样的后果，似乎是为了聆听者考虑，而在这同时也达到了否定某件事情的目的。例如接下来的句式：

A：这趟公交车上的人数太多了，里面会很挤，我们等下一班车吧。

B：还有 15 分钟就要上课了，如果我们不上去等下一班公交车的话，就会迟到的。

（2）一般疑问句式。

一般疑问句式也是人们生活中比较常用的句式，在劝阻句式中的一般疑问句式就是通过疑问的形式来表达自己对即将发生或者正在发生的行为的不赞同。我们要注意它和反问句是有明显区别的，反问句的态度和语气听起来是比较强硬的，而疑问句的语气则是比较温和的。常见的例子如下：

A：反问句式：同学，这件衣服是我先来看中的，你怎么能来抢呢？

B：疑问句式：同学，这件衣服我非常喜欢，你能不能让给我呀？

这两个句式表达的意思都是一致的，但是听起来 B 句的语气会更和蔼一些，不会引起别人的反感，第一种语气则带有一种质疑的态度在里面，听了可能会让人生气。

（3）反问句式。

上面我们已将疑问句式和范文句式做了一个对比，已经清楚了反问句式是带有一种质疑的态度在其中的，相较于疑问句式，反问句式在语气的感觉上可能要更强硬一些，其实疑问句式和范文句式并没有本质性的差别，但是在某些情况下反问句式的效果是要比疑问句式好的。例如下面的例子：

A：同学，别人打饭都是要排队的，你有什么功劳所以不排队打饭吗？

B：同学，你可以按照排队的秩序进行打饭吗？

在这样的情况下，两个句式的话都带有否定的意义，而显然反问句式更适用于当下的情况。

二、使用条件与语用价值分析

劝阻句式："还 VP+（语气词）"？

延续类："还 +VP+（语气词）"？

高增霞认为"还"处于核心地位的基本义是"延续"。从语料观察得知，受本义影响，在"还 VP？"中，"还"表示继续，持续不变的情况最多，语义较明确，可以理解为"仍然、依旧、仍旧"。常常在说话人想要劝阻与预设不符的持续行为或动作时使用。常用于以下语境：

a. 某种情况 A 存在，并受到大众认可或被预设为常识。

b. 听话人让行为 X 发生或持续地发生或即将发生。

出人意料类"还 +VP+（语气词）？"

"还"的基本语义"延续""增益"在不同的句式中，出于不同的表达目的，在不同的语用背景之下也有不同的表现。在不满程度较深、指责语气较为强烈的时候，"还"有时意在表达讨论的事件超出说话人预料，句子重音放在让说话人意外的事件上，可解释为"竟然、居然"。此时，"还P？"类劝阻句式用于以下语境：

a. 已经存在事件 M 呈集合：M={ "A1，A2，A3，A4，…" }，集合元素是条件或结果；

b. 说话人的预设和现实情况不符。

礼貌程度与使用对象的对应关系：

上文已从"还"在"还VP？"劝阻句中的语义类型和否定标志的有无将劝阻句式分类。听话人被劝阻的主要行为以动词为"去"为例，统一语境，整理归纳出每一类典型句式框架尽量扩展至最完整，得到较典型完整例句如下：

延续"还"：原因＋还VP（呢）？人不在了，怎么你还天天来呢？

出人意料"还"：否定条件＋还＋（单音节能愿动词）+VP+（吗）？形象气质都达不到要求，怎么你还想当模特？

通过对所收集的劝阻语料的观察和分析，可知，劝阻句式不拘泥于句法格式，句式形式多种多样。虽然劝阻句式的形式多种多样，但话语结构有一定的规律可循。在对外汉语教育中我们要注意这些问题。

第四节　传统文化在对外汉语教育中的应用

本节旨在通过分析中华优秀传统文化在对外汉语教育中的作用，剖析对外汉语文化教学的现状及主要问题，并据此提出未来发展的合理化建议，以期为广大对外汉语教师提供经验总结和理性思考。

中华优秀传统文化是中华民族五千年文明史的深厚积淀，也是中华民族享誉世界的一张"名片"。近年来，随着中国社会经济地位的攀升和国际影响力的增大，越来越多的外国人开始关注中国，了解中华文化。在对外汉语教育实践中，将中华传统文化引进课堂，可以帮助留学生深入理解中华文明的内涵和汉语言的独特魅力，激发外国友人学习汉语的兴趣和积极性。

一、传统文化在对外汉语教育中的作用

（一）有助于丰富对外汉语课堂教学内容

教师在开展对外汉语教育过程中，单纯讲授汉语言文字的语法和交际应用，对于外国留学生来说未免太过单调枯燥。由于不同语言在文化背景上的差异，学

生在理解汉语言语法时也难免产生用语障碍，影响学生的学习兴趣。将中华优秀传统文化引入对外汉语教育课堂，可以有效地将语言文字与传统文化进行有机结合，增强外国学生对于中国文化的适应能力，提升课堂学习效率和质量，同时对于教师来说，中华优秀传统文化源远流长而又博大精深，传统文化的加入可以更好地丰富对外汉语课堂的内容，使课堂更加生动有趣，取得更理想的教学效果。

（二）有助于增强学生的文化交际能力

与其他学科不同的是，语言的学习其最终目的是用于人际交流和交往。由于外国留学生与中国本土学生在文化历史背景上的显著差异性，学生在交流和交往方面难免产生矛盾之处，因此将传统文化引入对外汉语课堂，可以帮助外国留学生尽快适应中华文化环境，感受到中华文化的魅力，使他们在与中国学生交流的过程中拥有更多的共同语言，产生更强烈的情感共鸣，帮助他们在中国收获友谊，与中国学生一道共同成长进步，同时也有助于增强学生的文化交际能力和人际交往能力，让他们成为中华文化走向世界的使者，推动中外文明交流互鉴。

（三）有助于消除留学生对中国的刻板印象

刻板印象是人们在真正接触某一事物或群体前在内心固有的思维形象。对于文化来说，刻板印象同样存在，在真正亲身接触到某一文化之前，或者还未真正沉浸在该种文化的氛围中时，人们难免会对这种文化产生一定的刻板印象，从实质上看，这种印象源于人们对文化的不理解和不认同。在真正来到中国学习生活之前，留学生在本国都或多或少地通过电视、互联网等大众传播媒介初步了解了中国，但由于意识形态的差异性和国际竞争的需要，他们认识到的中华文化可能并不全面客观。在实际学习汉语和中华文化的过程中，他们更容易带着自己国家的主观意识去审视中国文化。而通过在中国系统的学习和细致的了解，尤其是通过对外汉语老师的讲授和耳濡目染的文化熏陶，他们能够更加深入地感知中国、了解中国，以更加客观的眼光看待中国历史和中华文明，消除文化隔膜和误解，消除交际中的刻板印象。

二、对外汉语教育实践中存在的现实问题

（一）文化学习途径相对单一传统

文化交流的形式多样而丰富，但在目前我国许多学校汉语国际教育的过程中，由于受到传统教学理念和教学方法的影响，外国留学生学习中华传统文化的方式仍然比较单一传统。现阶段，许多学校的中华文化教育，还仅仅停留在传统的"满

堂灌"式教学，教师成为课堂的主导力量，教师在讲台上面讲什么，学生就在座位上听什么，所学习的知识也有很多是围绕教材内容而展开的。这种单一的知识获取途径，对于中国学生来说尚显枯燥，对于从未接受过中华文化熏陶的外国人来说，就显得更难理解，长此以往不仅达不到理想的教学效果，反而可能适得其反，招致部分学生的厌学心理。

（二）中华文化和汉语言教学的脱节现象

汉语言的发展是根植于中华传统文化之中的，但在对外汉语教育和培训的过程中，由于不同教师任教科目的差异性，汉语言文字、汉语语法教学以及中华传统文化教学通常由不同教研室的教师参与完成，这在一定程度上会导致中华文化和汉语言的教学存在脱节现象，甚至出现片面重视语音、词汇教学而忽视文化传统教学的现象，造成中华文化的失语。这样的教学模式不仅违背了汉语国际教育的初衷，也是教学体系中的一种问题，任何只关注语言语法或者只关注文化传统培养的教学活动，都无法真正达到中华文明对外传播的目的。

（三）跨文化交际阻碍重重

正如前文所述，语言学习的最终目的在于人际沟通和文化交流。然而，在现阶段由于汉语国际教育的留学生与中国学生处在不同院系、不同班级授课，在国内很多学校，不同国别的学生还生活在不同的生活区，在一定程度上隔绝了外国留学生与中国学生的交流沟通渠道，不仅不利于双方的正常交流和人际交往，反而可能在无形之中扩大了双方的心理隔膜，使他们无法在交流碰撞中擦出文化和友谊的火花，还会造成外国留学生的交流表达障碍，出现"哑巴汉语"学习的尴尬局面。

三、传统文化在对外汉语教育中的应用策略

（一）多种途径进行学习，加强文化熏陶

人类知识经验的获得可以分为直接经验和间接经验两种，对于留学生学习和了解中华文化，同样如此。除了通过课堂获取文化知识的方式，帮助留学生了解中华传统文化，还可以通过参观博物馆、图书馆、文化长廊等社会实践途径，让他们在课余活动中感受中华传统文化的魅力。同时，在互联网传播科技飞速发展的当今时代，通过听中文演讲、看纪录片视频等方式，也可以提升自身的语言水平和能力。这样通过多种途径学习汉语和中华传统文化，留学生学习中华文化的热情能被充分点燃，学习质量也能有效提升。

（二）学校加强课程建设，实现融合培养

为了有效避免出现片面重视汉语语音语法或者片面重视传统文化的"半截子工程"，学校应该加强汉语国际教育的课程体系建设和内容建设。应该树立全球视野和国际化思维理念，将对外汉语教育置于中西文化交流互鉴的新高度，通过组建专业教师团队，整合汉语言文学、历史学、教育学等诸多教研室的教师资源，突破传统课程单一教学大纲，将中华传统文化教育和汉语言教育有机地结合在一起，努力打造精品课程，让任课教师可以更加灵活地授课，增强学生的学习热情，提高整体教学质量。

（三）促进中外学生交流，构建文化环境

文化对人的影响具有潜移默化和深远持久的效果，在开展对外汉语教育的过程中，要重视中华文化的熏陶作用，关键在于打通中西文化交流的通道，为中外学生之间的交流和交往搭建平台。对于有条件的学校，可以通过定期举办文化沙龙或茶话会、舞会的方式，让外国留学生和中国学生有更近距离的接触，努力构建文化环境。在中华传统佳节，可以通过邀请外国留学生和中国学生一起包饺子、包粽子、制作中国结、学习窗花剪纸等方式，促进外国留学生更加清晰直观地了解中华优秀传统文化和中国的文化遗产，让他们在彼此的沟通和交流过程中逐渐削减文化隔膜，融化心灵的坚冰。

随着中国经济的飞速发展，中国在国际社会的影响力不断攀升，中国文化对于外国人的吸引力大大增加。近年来，越来越多的孔子学院在海外开办，汉语国际教育成为推动中华文化走出去的重要渠道，在对外汉语教育中传统文化的作用不容小觑。广大对外汉语教师在开展教学实践的过程中，要重视传统文化的作用，积极构建文化环境，打造文化氛围，帮助和引导外国留学生更好地了解中华文明，提升他们对于中华文化的认同感和归属感，进而提升汉语学习的动力和热情，争当中外文化交流的使者，搭建起中西文化交流的桥梁。

第五节　对外汉语教育中媒介手段的应用

对外汉语教育往往从零开始，目的是培养外国人运用汉语交际的能力，应用媒介手段必不可少。在教学中应用媒介手段具有有效解释知识点，强化对目的语的理解等优势，但媒介手段应用不当也会对教学造成负影响。所以合理、准确、巧妙地运用媒介语、图示法、快板等辅助教学，不仅可以避免产生语言负迁移等

问题，还能够激发学生的学习兴趣，保证第二语言教学的效率和质量。

近些年来，随着经济的飞速发展和国际地位的日益提高，中国在世界一体化进程中的影响越来越大，海外成立了多所孔子学院，中华文化的传播已上升为国家战略。对外汉语教育的根本任务是教好语言，对于其他国家和民族来说，汉语语言教学属于第二语言教学，"第二语言教学往往是从零开始，以基础阶段为重点，带有短期、速成、集中、强化的特点，必须强调把知识转化为技能，以技能训练为中心，以培养运用目的语进行交际的能力为目标。"汉语属于汉藏语系，在国际语言中既属于难度较大的语言，又和西方的字母语言谱系较远，容易令欧美人望而生畏。故如何运用各种媒介手段进行辅助以提高教学效果，势必成为对外汉语教育中的关键环节。

学术界对此问题进行了一定程度的研究，如吴琼采用跟踪调查的方式，通过对初级汉语二语学习者在为期六个月内的五次考试成绩进行统计分析，讨论了媒介语在对外汉语初级阶段教学中的作用；杨晖指出媒介语在初级对外汉语教育中的使用有其存在的现实性、可接受性和必要性，在教学实践中证实有其合理性和有效性；陈夏瑾阐释了媒介语定义、媒介语使用的原因及如何有效使用媒介语三方面等。

以上研究主要集中在是否应运用媒介语辅助教学的视角，而对于媒介手段应用所出现的问题和解决的策略还未加深入阐释，本节力图对此进一步予以分析和探讨。

一、在教学中媒介手段应用的优势和所产生的问题

媒介手段中能够最直接沟通的就是语言。"所谓媒介语就是指在对外汉语教育过程中，为了方便师生交流而采用的媒介语言，有时是学生的母语，有时不是，但它是师生双方都能够理解的一种辅助语言。"笔者现任教于冰岛大学北极光孔子学院，学生来自世界各地，班上以冰岛同学为主，还有法国、德国、俄罗斯、越南、印度尼西亚、波兰等国的同学，所以教师在上课时都采取英语作为媒介语，可达到以下教学目的：

（一）有效解释知识点

汉字是方块字，与西方的字母语言不同，汉字分为独体字和合体字，合体字不仅像英语有左右结构，还有左中右（例如，搬）、上下（例如，胃）、上中下（例如，量）、半包围（例如，迢）、全包围（例如，困）、穿插（例如，乘）、品字（例如，晶）等结构。这种结构方式是欧洲学生闻所未闻、见所未见的，所

以要使其理解汉字的结构，以便今后能够识别并运用偏旁部首，用英语进行适当的介绍和解释十分必要。

例如，汉字结构：半包围结构

Structure of Chinese Characters：half-enclosure

合体结构中还包括半包围结构和全包围结构，半包围结构又分为两面包围结构和三面包围结构。

There are another two kinds of compound structures—the half-enclosure structure and the enclosure structure.The half-enclosure structure in this lesson includes the structure enclosed by two sides and the structure enclosed by three sides.

（二）强化对目的语的理解

对于外国学生来说，汉语语音方面最难掌握的莫过于四声了。在世界上大多数语言中，都没有声调的区分，英语中也没有明显的四声，只有细微的升降调，所以冰岛大学北极光孔子学院的学生，大多数人基本听不出汉语四声间有何区别。这种情况下，一方面需要教师通过反复发音引导学生记住发音特点，并带领学生跟读进行大量的练习；另一方面则需要用英语来解释四个发音所对应的汉字含义，以促进学生理解四声之间发音的不同之处，以便加强和巩固记忆。

汉语的声调（四声）Tones（Four Tones）

汉语的声调有四个，分别是第一声（55）、第二声（35）、第三声（214）和第四声（51），汉语的声调有区别意义的作用。

There are four basic tones in Chinese，respectively called the 1st tone（55），the 2nd tone（35），the 3rd tone（214）and the 4th tone（51）.They make difference in meaning.

如第一声：妈（mother）、第二声：麻（fibrous crops）、第三声：马（horse）、第四声：骂（to scold），并且以此类推，遇到四声齐全的单字，都可以将音节相同、音调不同的其他三声集中在一起，先用英语解释，然后再进行反复练习，如挖（to dig）、娃（child）、瓦（tiles）、袜（socks）。

尽管英语在作为媒介语过程中对教学有非常大的帮助，但应该明确的是：教授目的语——汉语才是最终极目标，目前在对外汉语教育中仍存在媒介语使用错误和使用过度的情况，另外，其他媒介手段运用单一也是不容忽视的问题，以下将具体阐释。

二、媒介手段应用不合理对教学造成负影响

对外汉语教育的对象为母语非汉语的外国学生，他们对以汉语为材料的教学语言的接受能力和语言表达能力，都远远不如母语为汉语的中国学生，所以在教授语音、词汇、语法结构和文化等方面，需要一定的媒介语言作为辅助语，但是在教学中往往会出现以下几种情况：

（一）媒介语应用不当导致语言负迁移

语言迁移（Language Transfer）是指第二语言或外语的学习中一种语言对另外一种语言的影响。一般会发生两种类型的语言迁移，一种是正迁移（Positive Transfer），是指能促进学生学习，大多数正迁移发生在本族语和目的语都有着同样的语言形式方面；另外一种是负迁移（Negative Transfer），又称为干扰（Interference），是使用目的语时学生套用本族语的句型或规则，导致犯错误和对目的语使用不当。

每一个民族的语言都有自己的文化背景，由于汉语和英语两种语言的差异性，它们不是直接的一对一的关系，比如，中国有一种味道叫"鲜"，这绝对不是英语里"fresh"或者"delicious"能够完全表述的。语言学理论也指出任何两种语言之间都是一种非常复杂的交叉关系，不同语言的词汇在词语含义、文化色彩、使用范围等方面都存在一定差异。

目前的各种对外汉语教材基本都是使用词汇的理性意义进行注释，这样往往会因为引申义、搭配关系等问题给学生造成误导。比如，汉语"去世"一词，在英语中用"die"表示，但很多教师仅仅这样讲解而不具体界定使用范围，于是学生就会造出"那朵花去世了"的句子。不同语言间定语、状语的顺序不同，许多教师习惯用英语直接翻译但却没有向学生指明汉语和英语的语序区别，于是有些学生就会套用英语句型或者根据英语的表达习惯，自然地造出句子："你能帮忙我吗？""李静今天要见面她的朋友""我买的新裤子一点贵"等。

（二）媒介语应用过度导致学习进程缓慢

语言环境对于第二语言的习得具有非常重要的意义。美国著名语言学家克拉申在阐释"输入假说理论"时强调：大量目的语的有效输入是习得第二语言的前提。有些教师习惯在课堂上大量使用英语进行讲解，学生们有不懂的地方使用英语提问，教师也同样使用英语回答时，一节课下来，虽然学生对所要讲述的知识点大体理解了，但是却有上英语课的感觉，因为无论汉语的发音还是句子接触得

都非常有限。人类的发音器官构造复杂，不同语言的发音方法具有差异，有些教师在教授汉语发音时喜欢长篇大论地用英语讲解口腔的构造、发音的部位和技巧，这样不仅加重了学生的学习负担，而且占用了大量课堂上本来可以练习发音的时间，不利于汉语教学的有效进行。

冰岛全国总人数只有33万，冰岛语是小语种且在全世界最难语种中被列为第四名，因此除了冰岛籍学生相互之间使用冰岛语之外，不同国籍的学生进行交流，一般都是使用英语。那么，学生除了在课堂上有机会学习和使用汉语之外，课下基本没有交流汉语的语言环境。目的语和媒介语既相辅相成，又是一对矛盾的存在。既然课堂教学是学生学习和使用汉语的重要乃至唯一途径，那么教师频繁地使用英语进行解释或者传达指令，将会在有限的语言环境中降低汉语的有效输入，减少学生听说汉语的机会，这样势必容易引起对英语的依赖心理，延缓学生习得汉语的进程。

（三）媒介手段应用单一导致课堂气氛沉闷

有些教师只习惯使用媒介语辅助教学，缺乏使用其他教学手段的探索精神，基本不运用实物、肢体、图示等方法。其实除了语言之外，这些都是在交流中能够直接沟通的重要媒介符号。美国著名心理学家 James Asher 强调"看—听—理解—说"的认知顺序，认为教学中应采取多种方法调动学生更多的感觉器官来感受和学习语言。

例如，图示法以直接教学法为理论基础。直接教学法，就是使语言与外界事物或经验之间建立起直接联系，而非通过学生母语或媒介语教授目的语。这种方法有利于培养学生直接用目的语思维的能力，减少第二语言的负迁移影响。图示媒介可以是符号、公式、线条、几何图形、自画的简笔画、草图以及画页书籍的插图等，不要求形象准确、比例精准，只要可以配合说明、讲解目的语的内容，能够作为一种辅助的教学手段即可。

图示法具有高度的形象性，不仅可以描摹具体的事物，更适合将抽象的事物和内容形象化。此外，学习汉语时不仅可以用实物进行展示，加强对所学具体事物单词的认知，还可以辅助其他艺术性的工具，笔者就将中国特有的说唱工具——快板应用于冰岛北极光孔子学院课堂。快板由竹片制作，有五片和两片的大小板之分，由宋代贫民乞讨时演唱的"莲花落"演变而成。由于北极圈附近天气寒冷，冰岛民众没有见过在热带才能生长的竹子，对竹制品非常好奇，尤其是竹子做成的快板还可以击打发出清脆悦耳的声音，在朗读句子和课文时，有利于形成节奏感和韵律美，这样艺术性的道具对活跃课堂气氛，增加学生学习汉语的热情大有裨益。

三、应用媒介手段提高对外汉语教育的方法

基于使用媒介语对于目的语的学习具有利弊共存的关系，故在对外汉语教育中教师应该以使用媒介语是否有利于提高学习效果作为唯一的评判标准，做到以下两点：

（一）准确巧妙地应用媒介语来提高教学质量和效率

讲解汉语单词和用法时，一定要注意对比英语的不同之处，无论是词语选择、词性运用，还是搭配关系、句子顺序都要阐释清楚，以便于学生区分。运用媒介语不仅需要准确，而且需要掌握一定的方式和技巧。比如，在上第一节课的时候，因为学生对汉语一无所知，老师可以先用英语做自我介绍和课程介绍，以缓解学生懵懂和紧张情绪。讲解汉语单词和用法时，一定要注意对比英语的不同之处，搭配关系、句子顺序要阐释清楚，以便于学生区分。

对于课堂指令，如"请跟我读""请把书翻到第××页"等，教师可以先说汉语，然后用英语解释，使得同学明白指令的含义，然后将这个指令的中文（带拼音）和英文都写在黑板上，再发出同样指令时，则手指黑板只说汉语，不再说英语。这样有利于学生尽快熟悉汉语语言并听懂教师的要求。因为学习汉语初期需要大量的跟读，容易造成学生的疲惫和枯燥，如果此时运用媒介语提醒学生注意或者关注其身体状态，可以调节课堂气氛和纾解学生情绪。

此外，由于大多数课本上都有英语解释，如果要求同学们在课下通过阅读英文注释，提前预习新的学习内容，那么在课堂上就可以避免再次使用媒介语对此部分内容进行解释，这样可以有效节约教学时间，提高教学效率。

（二）控制媒介语应用的时机和比例以保证课堂教学的效果

对外汉语学界一直对媒介语进行教学的使用时机和比例颇为关注。"我们原则上不反对在第二语言教学中使用媒介语，但需要掌握媒介语的使用时机，只能是在不得已的时候使用。"的确，课堂时间总量一定，多说一句媒介语就会少说一句目的语，运用媒介语最应该以如何使学生学习效果达到最佳为"度"。

由于汉语教学中语法是难点并且占据非常大的比重，为了使学生能够更好地理解，可以使用最少、最简明扼要的媒介语来阐释清楚；中华文化纵横五千年，博大而精深，又包含着独特的民族意识、审美心理、风俗习惯等要素，常常也需要通过媒介语进行说明；在课堂用语方面，教师在本节课结束布置作业时使用媒介语，也可以帮助学生更好地理解需要演练的知识点要求，以便更准确地完成课后任务。

总体来说，依据笔者的教学经验，无论从学生的角度，还是从教学的角度来说，都有使用媒介语的需求，所以在教授汉语的初级阶段，可以适度使用媒介语，但为了防止喧宾夺主，造成学生过度依赖媒介语和产生第二语言负迁移，教师应该努力将媒介语的使用比例控制在 10% 以内。而到了中高级阶段，需要想方设法地运用以前学过的汉语直接或者间接解释，如果实在不能解释清楚，使用媒介语的比例也不应该超过整堂课的 3%。

（三）丰富媒介手段以提高学生的学习兴趣

既然媒介语的应用不宜过多，那么课堂上运用其他的媒介手段将抽象的部分转化为具象的认知，帮助学生理解教学内容、增强学习趣味性则必不可少。

运用图示教学法来活跃课堂气氛。图示法具有高度的科学性，符合人类的认知规律，心理学家研究表明，人类获取信息百分之八十以上来自视觉，大概百分之十是来自听觉，通过视、听两种方式感知世界，可以获得全部信息的百分之九十以上。比如，在讲解文化部分，欧洲人只知道自己出生日期，没有中国十二生肖的概念，但是他们都熟悉鼠、牛、虎、兔、龙、蛇、马、羊、猴、鸡、狗、猪这些动物，所以在教学中，可以运用这十二种动物的图片引导学生们理解十二生肖的意义，之后可以询问每位同学和他们家庭成员的出生日期，告诉他们应该归为何种生肖。为了增强识记效果和趣味性，还可以教会他们画自己和亲人的生肖简笔画。

运用快板教学法减少反复练习的枯燥感，因为欧洲学生没有声调概念，四声加上轻声五个声调对他们来说，是语音部分的最难点。因此笔者编写了"问候相识情境"的对话，便刻意采用快板节奏来区分轻声：

A：早上好！（下午好、晚上好）

B：早上好！（下午好、晚上好）

A：请问，你叫什么名字？

B：我叫……你呢？

A：我叫……认识你很高兴。

B：认识你，我也很高兴。

"早上好""晚上好"和"下午好"的问候语中，击打快板的节奏不一样。因为"上"是轻声，所以"早上好"和"晚上好"是两拍，拍点分别落在"早""晚"和"好"上面，"上"字不击板，但"下午好"的"下""午""好"没有轻声，所以均需要分别击板，是三拍；同理"名字"中的"字"和"认识"中的"识"都是轻声，所以这两个词均是一拍，而非两拍。在汉语学习初期，需要反复熟悉拼音规则、练习发音技巧，学生们时常会感觉单调乏味，并不可避免地出现倦怠情绪。运用快板教学不仅能够提醒学生注意轻声的读音变化，而且说唱的形式又新颖独特，在艺术的氛围内，学生因增加了审美的感受力而兴致盎然。

随着中国文化事业的步步新阶，世界各地汉语学习者与日俱增，对外汉语教师愈加感到任重而道远。儒家经典《礼记·学记》中有云：善歌者，使人继其声。善教者，使人继其志。此句指出善于教学的人，可以运用优秀的教学方法，开启他人心智，令为学者按照他的意愿学习。北极光孔子学院位于世界的最北端，冰岛人民也具有许多独特个性，今后在合理恰切的学科理论指导下，除了应用媒介语和图示、快板等符号之外，对外汉语教师应继续深入了解北欧人民的习性，积极探索其他有效的媒介手段，以期提高北极光孔子学院整体的教学质量，为弘扬中华文化继续贡献自己的心力。

第六节　现代教育技术在对外汉语教育中的应用

在"互联网＋"时代，随着新技术在教育领域中的广泛运用，慕课、微课、翻转课堂等模式越来越普及，利用远程教学、网络课堂以及虚拟现实等技术，有利于不断完善对外汉语课堂教学体系，优化对外汉语教育，推动新型教学模式的建立。结合现代教育技术、对外汉语教育的发展现状、新技术在对外汉语中的运用以及现代教育技术下对外汉语教育中面临的挑战等，分析对外汉语教育模式新的可能性，从而更好地进行对外汉语教育，促进对外汉语教育模式多样化，以更多途径传播中华灿烂文化。

随着中国不断发展，日益走进世界舞台中央，中国的国际影响力进一步提高。在"汉语热"不断升温的今天，越来越多的外国友人开始了解中国文化，喜欢中国文化，学习汉语。因此，对外汉语教育以及对外汉语的推广工作尤为重要。随着教育信息化的不断发展，新技术在教学中已经扮演着越来越重要的角色，在提升教学质量和增强国家创新能力方面产生了深远影响。在现代教育技术下产生的新教学模式，不仅促进了对外汉语教育模式多样化，也以其自身独特优势，推动对外汉语教育高效率、多样化进行。

一、新技术下对外汉语教育发展现状

新技术、新方法和新思想在教育中的应用，包括网络技术、人工智能技术、虚拟现实技术等现代信息技术在教育中的应用。目前，我国以现代信息技术为平台，利用远程教育模式进行教学的院校——国家开放大学，在远程教育方面尤为突出，其对外汉语教育中心，凭借自身优势，开启了语言和文化教学的新模式。国家汉语推广办公室，也在网上建立了网络孔子课堂专属网站，为汉语学习者提供了良好的平台。而近年来逐渐兴起的翻转课堂、慕课、微课等模式，更将现代教育技术与教学完美结合。

二、现代教育技术在对外汉语教育中的应用

（一）移动端 APP 教学模式

随着信息时代的不断发展，网络课堂、远程教育模式不断被精简化，网络移动直播教育平台，以及教育 APP 层出不穷，例如，一直播、CCtalk、荔枝微课、微信等教育平台，通过手机 APP 的模式，开展线上视频直播教育，学生可以在移动端便捷学习各种课程，直播课程结束后，还可以利用"回放"功能，继续回顾知识。在教师视频直播中，还具有"弹幕留言"功能，可以直接与学生进行互动。

以 CCtalk 为例，其主要优势定位是实时互动教育平台，教师在线授课，设立课程多样化，可以在移动端以及 PC 端同时听课，具有很强的灵活性。

对外汉语教育总体分为文化教学与语言教学，依照以上新型教学模式，在文化教学中尤为匹配，可采用远程线上直播互动模式为学生授课，不仅有灵活性强的优点，而且结合多媒体进行教学，更加能直观地加入中国元素，增强学生视觉效果。例如，中国传统文化中的春节、剪纸、国画、二十四节气等，都可以合理运用远程授课模式，线上授课与文化体验课相结合。学生更能直观地感受中国文化，能系统地了解其背后的悠久历史。讲授写作课、阅读课等概念性较强的课型时，因较难理解，耗时较长，每位学生个体存在差异，所以较为适合线上视频直播课模式进行教学，完善的 APP 有回放功能、放慢倍速或者提高倍速功能，学生可根据自身条件，有选择性地进行学习，更好加深对汉语知识点的理解。这种授课方式不受时空限制，学生均可以随时随地进行观看，可大大提高对外汉语教育效果，拓宽对外汉语传播途径。

移动端 APP 的教学并不是主流教学模式，但是在一定条件下可以辅助进行对外汉语教育，从而起到事半功倍的效果。在今后的对外汉语推广发展中，若能开发专门学习汉语的移动端 APP，帮助学生更好地进行听力、阅读、语音的训练，利用碎片化时间，对学生在课堂中学到的知识起到巩固作用，对外汉语远程教学将会更加系统化、专业化。移动端教学模式依然存在一定局限性，学生 HSK 等级水平、授课内容都影响着能否进行远程移动授课。

（二）虚拟现实教学模式设想

虚拟现实是多媒体技术广泛应用的技术，可通过多种传感设备让用户"融入"指定情境。因虚拟现实具有沉浸性、交互性、想象性等特点，可以充分将虚拟现实与对外汉语情景教学相互结合，较适合对外汉语教育中的初级学习者和中级学习者。利用虚拟现实技术进行对外汉语教育，虽不能最全面地进行教学，但在对外汉语文化教学中，可利用虚拟现实让学生了解中国文化，在多维空间中感受情景。对中国文化、中国历史的讲解中，若采用虚拟现实技术，可全方位、立体地向学生展示中国文化的博大精深，能够更加详尽、生动地为学生介绍中国文化发展，不仅仅局限在课本中的概念性知识，而是帮助学生真实接触书本中的一个个概念化的名词：故宫、长城、京剧、中国结、北京烤鸭、糖葫芦等，让这些名词具象化、立体化，促使学生加深理解，激发学生学习兴趣；在中华文化才艺展示的授课上，可以利用虚拟现实，更为详细地教学生学习书法、剪纸、太极拳等中华才艺，学生按照个人兴趣爱好进行选择，可以解决因师资力量有限，不能同时开设多种中华才艺班的弊端。

将对外汉语综合课教学代入新授课模式，课堂氛围将更加活跃，教师讲授知识点将更加全面立体，促进汉语相关知识的延伸。值得注意的是，虽然虚拟现实最大化地体现出沉浸性、交互性等优点，但并不适合所有类型的对外汉语课堂教学，更替代不了师生、生生互动。对于概念性知识的讲解，依然需要教师面授。因此，虚拟现实与对外汉语教育结合，还要合理选择在特定的课程上。

三、现代教育技术下对外汉语教育的思考

在教学方法上，由于对外汉语课堂及授课对象的特殊性，决定了对外汉语教育方法的复杂性，教师要根据学生自身的特点，有侧重点地进行教学。针对汉语初学者，在教学时，侧重于语音的教学。在正音课堂中，教师可以充分利用多媒体设备，为学生播放录音，以及发音方法的视频。针对汉语中级学生，重点在听力以及阅读课，学生阅读文章，在教师课堂讲解后，结合线上网络课堂平台，让学生可以直观地获得电子课程教案，包含更加详细的词语解释、段落分析、课文延伸等。在线上平台，学生可以给教师留言提问，以及在讨论区与学生互动交流。教师利用多媒体辅助指导教学，具体分析每个学生的性格特征以及在汉语学习过程中出现偏误最多的知识点，系统收集学生的偏误信息、考试信息，进行数据分析，更加直观了解每位学生的欠缺点，并及时针对薄弱环节进行系统化训练。整个学期中，学生均可通过在线管理平台对老师的教学方法提出意见，教师通过整合意见信息能更好地促进教学。

四、新技术下对外汉语教育中面临的挑战

在新技术影响下的课程改革中，对教师的专业能力要求非常重要，不仅要求教师具备良好的专业知识素养以及综合素质，还需具备熟练使用多媒体操作等能力，才能在教学改革与更新中不被淘汰，掌握新教学设备、教学技术，更好地教导学生，传授知识，进行汉语国际教育的推广。

在合理利用新技术的前提下，重视教学环节中可能出现的问题，避免主次颠倒，在教学过程中保持让学生处于教学的主体地位，教师也要发挥好教学活动中的主导作用，以培养学生的交际能力为重点，在教学方法上采用多样性教学。在整堂课中，若过于频繁使用新多媒体等技术进行授课，缺少师生、生生之间的互动，不仅不能呈现出完整的课堂，还会影响学生学习汉语知识。教师上课的无声语言也是新技术所不能替代的，进行实体授课时，教师可以第一时间掌握学生对知识的掌握情况，与学生互动更加直接，便于答疑。因此新技术的运用与对外汉语教育要巧妙结合。

新技术的运用，促进了对外汉语教育打破以往传统的教学模式，将对外汉语课堂更加立体化，进而逐步迈向信息化、现代化，合理运用新技术与对外汉语相结合，不仅拓宽了对外汉语教育组织形式，而且为对外汉语教育模式提供了可能性，使教师明确了肩负的责任与使命，促进对外汉语教育事业发展的同时，也为孔子学院的教学模式提供了更多选择，进一步推动中华灿烂文化传播。

第六章　汉语国际教育的理论研究

第一节　汉语国际教育的焦点问题

当前，汉语国际教育事业日新月异，如何处理好汉语国际教育与文化传播、语言要素教学、学科建设和国家语言政策的关系，成为摆在汉语研究者面前刻不容缓的议题。文章针对以上问题，提出了一些初步的解决建议，以期能为相关研究和教学实践提供参考。

随着世界经济全球化的不断发展，语言作为交际工具的重要性愈加凸显。世界很多国家都把语言推广作为提高国家"软实力"的重要举措，并将其纳入国家战略当中，如英国文化委员会、德国歌德学院、法国法语联盟、西班牙塞万提斯学院、日本国际交流基金会等。中国在加入 WTO 后，国家也采取了一系列的政策加快汉语的国际推广步伐，如《汉语桥工程》、孔子学院的创办，特别是2005 年 7 月首届世界汉语大会的召开，汉语国际推广被正式确认并开始全面实施。近年来，国外学习汉语的热情空前高涨，出现了前所未有的新局面。"汉语热"的出现，既为我们融入世界创造了难得的机遇，同时也给我们带来诸多挑战。

在世界多极化趋势日益明显的今天，如何通过汉语这一工具将我们悠久灿烂的东方文化传播到世界各地，成为摆在我们面前的重要议题。本节拟从汉语国际教育的角度，针对几个焦点问题进行探讨，以期为相关研究和教学实践提供帮助。

一、汉语国际教育与文化传播

自改革开放，特别是进入 21 世纪以来，在中国政府"和平发展"的重大战略思想主导下，中国与世界的关系发生了重大转变。如今，中国不仅在经济上积极参与、在国际事务上主动担当，而且在文化问题上也更加积极与开放。汉语国际教育的重要目标之一，就在于将中华优秀的传统文化传播出去，并为中国的"和平崛起"创造有利的国际环境。当然，这种文化传播有可能被误读为"文化侵略"，并很可能走向问题的反面，最终成为中国"和平崛起"的一种不利因素。因此，必须指出，中国文化从来不是一种侵略性的文化，要让世界各国了解中国传统文化"以和为贵"的核心精神，让其他民族接受并认可我们的文化，只有这样中国才能真正融入世界大家庭当中去，中华民族伟大复兴之梦才能实现。因此，通过汉语国际教育可以促进世界对中国的了解、打通不同文化之间的隔阂，为中国的"和平崛起"做出贡献。而从"和平崛起"的国家战略高度反观汉语国际教育工作，也会使我们的工作更加理性和科学，这样既能采取恰当的策略和有效的手段实现语言—文化传播的潜在价值，又能理直气壮地回应可能的诋毁或者疑虑。现阶段，在汉语国际教育与文化传播的关系问题上，起码应处理好以下几大问题。

第一，"精华"与"糟粕"的问题。中国作为古老的文明古国，其文化博大精深、源远流长。但即使这样的文化，也不全部是"精华"，其中也掺杂有"糟粕"。因此，在汉语国际教育这项工作中，要将中华文化之中的"精华"尽可能地传播出去，让世界人民都能领略到中华文化的无穷魅力。而对于"糟粕"的部分，我们要自觉地加以批判，在批判的过程中也要学会学习其他民族文化的长处，去弥补我们文化当中的缺陷。第二，"共性"与"个性"的问题。世界各个民族都曾经创造过本民族辉煌的文化，世界各民族的文化之间既有共同之处，也有相异点。在文化的传播过程中，属于共性的文化因素一般容易被接受，而属于个性的文化因素则较难接受。如何处理这一问题？正确的做法是，在介绍文化共性的同时，也要运用合理的方法将我们文化的个性部分介绍出去。需要指出的是，只介绍文化中的共性成分，容易被人解读为缺乏特色，只介绍个性则会被误解为文化怪异，这两种极端的做法都是要杜绝的。第三，"传统"与"现代"的问题。中国古代文化辉煌灿烂，固然应该介绍给世界，而让世界更多地了解当代的中国，在今天具有更大的现实意义。所以，在汉语国际教育工作中，介绍传统文化，应以那些对现实仍有意义或重大影响的观念、习俗等为主，如名胜古迹、礼仪习俗、审美观念、传统节日等。众所周知，介绍传统的目的是为了让现代人更方便、更准确地了解现代、解读现代，这是一个重要的立足点。世界关注中国，希望更多地了解中国，当然有其最现实的考虑。中国的现代社会是什么样，现代的中国人怎么想、怎么看、怎么做，这也许是世界最想知道的，也是我们最需要向世界展示的方面。第四，"局部"与"整体"的问题。中华文化以汉民族文化为主体，同时又包含50多个少数民族的文化。中华文化上下绵延几千年，地跨数千千米，博大精深。因此在对外文化的传播方面，如何选择最有代表性和适用性的文化点，成为摆在我们面前的一道难题。有很多学者建议，应尽可能多地选择不同时间、不同空间、不同民族之间的多种文化点、文化现象作为介绍对象，处理好局部与整体的辩证关系，也许可以避免一些偏颇，从而减少可能出现的对中国文化的误读。第五，"主观"与"客观"的问题。中华文化作为世界文化之重要组成部分，是客观的。但作为个体的我们在看待文化的问题上会多多少少带上自己主观的印记。因此如何运用正确的眼光去看待中华文化，并能在合理取舍的基础上将中华文化优秀的部分传播到世界各地，的确是一个无法回避的议题。换句话说，就是如何运用我们自己的主观认识合理地将客观的中华文化传播出去。第六，"内容"与"手段"的问题。在汉语国际教育工作中，除了选择好文化内容以外，还应该辅以最有效的手段。从各种纸质文本的介绍，到利用多媒体、网络等现代化技术手段的传授。现代科技手段给汉语国际教育提供了更多便利而有效的手段，这必将促进该项事业的大发展。

二、汉语国际教育与语言要素教学

近些年来，不少人认同汉语国际教育的核心任务是对外传播中华文化、提升我们的"软实力"。这种意愿与中华民族的伟大复兴之梦是合拍的，但随之也会招来很多负面影响，如"文化侵略"等指责。那么，在汉语国际教育这项事业当中，究竟将"文化传播"置于什么样的地位呢？陆俭明（2014）指出："原先的对外汉语教学也好，现在的汉语国际教育也好，就学科性质来说没有本质的区别，都是关涉到汉语言文字学、应用语言学、教育学、心理学、文学以及文化、艺术和其他某些学科的多学科交叉性学科，其核心任务与内容是汉语言文字教学，其出发点和终极目标是让愿意学习汉语的外国学生学习、掌握好汉语汉字，培养他们综合运用汉语的能力。因此，汉语教学总的指导思想应该是，'怎么让一个零起点的外国学生在最短的时间内能学好、掌握好汉语汉字'。"我们同意陆先生的观点，同时认为汉语言文字教学作为汉语国际教育的核心任务，其主要可细化为汉语语音教学、汉字教学、汉语词汇教学、汉语语法教学等几个语言要素教学。

第一，汉语语音教学。关于汉语语音教学究竟怎么教，这里面有很多学问，需要我们认真去加以研究，但有一点是值得提倡的，那就是必须要结合学生的母语实际，通过对比寻找更加便捷的教学方法。金立鑫对"声调""声韵母"的教学做了研究，他指出："在对外汉语教学中，不必将太多的时间花费在所谓的标准音的纠正训练上。各国人说汉语带有各国语音的特点这是很自然的现象。犹如各方言区所说的普通话带有各地特点一样。是要全世界少数外国人会说标准汉语呢，还是要全世界多数外国人会说不那么标准的汉语呢？哪一种策略更符合我们推广汉语的宗旨？我们宁愿汉语在全世界有多种方言（如印度英语和美国英语），甚至宁愿有以汉语为主要成分的克里奥尔语，而不愿意大部分人害怕汉语。"金先生的这段话很有指导意义，因此在对外汉语语音教学中，要因势利导，采用较为实用且灵活的教学策略，摒弃以前的教条做法。第二，汉字教学。汉字教学在对外汉语教学中历来被认为是一大难点。我们不要说外国学生学写汉字难，即便是中国学生，我们花费在汉字书写上的时间也是相当惊人的。这也就是当初为什么有那么多人要倡导"拼音化"。那么，在对外汉字教学中究竟应该怎么做？这里提出一些思路，一是要淡化汉字书写课。因为现代人很多时候用的都是键盘输入，因此我们也要以"汉字识别""汉字输入"为教学重点，而将"书写课"放在次要位置上。二是要利用汉字的造字特点，举一反三，提高汉字的教学效率。汉字是一种表意文字，其中富含很多有用信息，巧妙利用这些信息可以提高教学汉字的效率。第三，汉语词汇教学。汉语词汇数量庞大，但其中不乏规律，这就需要我们去仔细研究。比如，汉语词汇中哪些是基本词汇、哪些是一般词汇先得弄清。汉语词汇中哪些是常用词汇、哪些是次常用或不常用词汇也要弄清……只有对汉语词汇有了规律性的认识，并制定出相应的词汇教学等级大纲，我们的词汇教学才会事半功倍。第四，汉语语法教学。一直以来，汉语语法教学是对外汉语教学的一个中心，很多问题都与语法问题相关，相关的研究也相对深入些。但即使这样我们的语法研究和教学仍远远不能适应汉语国际教育的需要。这里面需要解决的几个大问题就是：汉语语法究竟应置于何种地位，汉语语法需要教哪些内容，汉语语法该怎么样教……关于汉语语法在汉语国际教育中的地位，我们仍然坚持语法教学的核心地位，至于教学内容和方法，我们提倡教学内容要体现针对性、教学方法要适当灵活，总之不应制定统一的本本，要因地制宜，努力提高语法教学的实效性。

三、汉语国际教育与学科建设

在整个汉语国际教育事业当中，学科建设起着至关重要的作用。可以说，学科建设的成与败直接关乎该项事业的得失。关于学科建设，我们主要从师资队伍建设、课程设置、教材建设等几方面加以探讨。第一，师资队伍建设。教师问题是汉语国际教育"三教"问题之一，其地位十分重要。当前汉语国际教育在师资方面严重匮乏，但匮乏并不等于没有教师，而是缺乏真正能担当起对外汉语教学重任的教师。这里面主要存在这样一个问题：一方面汉语国际教育缺乏教师；另一方面很多汉语国际教育专业的毕业生却找不到工作。究其原因就在于不是我们缺乏教师，而是缺乏真正能用的教师。那么，什么样的教师才符合我们的要求呢？大致说，一是要具备坚实的与汉语国际教育专业相关的基础知识；二是要具备独立从事汉语国际教育研究的能力；三是要学会运用现代化的各种教学手段并熟悉各类教学法。要想达到如上目标，除了学校正规教育外，我们还应加强对相关教师的培训工作。我们不仅要加强对本国的汉语国际教育教师的培训，还要加强对所在国本土汉语教师的培训，只有两方面的教师素质都提高了，整个汉语国际教育的师资水平才会上一个新台阶。第二，课程设置。目前国内汉语国际教育专业的课程设置基本照搬对外汉语教学专业课程的设置模式，课程设置较为死板，缺乏灵活性和实用性。总体来看，课程设置应加强理论素养的培养、强化课程的应用性、课程设置要因地制宜、加大实践课的比例。因此，每个培养单位在基本参照国家标准的同时，要勇于探索适合自己的课程设置模式，努力培养创新型和实用型人才。第三，教材建设。李晓琪归纳出教材编写的五方面，即教材编写的理论研究，教材编写的原则探讨，教材编写的国别差异，教材评估以及教材的外在形式。对外汉语教学方面的教材长期以来一直是大家关注的焦点，类似像《汉语教科书》这样的好教材的确凝聚了研究者的很多智慧和精力。随着汉语国际教育的快速发展，形势迫切需要更多有针对性和实用性的教材问世，这的确是摆在我们众多汉语研究者面前的一项艰巨而复杂的任务。在当前，我们应该按照李晓琪所提的五方面去着手教材的研究与编写工作，因为教材编写的成与败直接关乎汉语国际教育事业的成败。

四、汉语国际教育与国家语言政策

当前，我们的工作已从"对外汉语教学"转变为在国际上"推广汉语"，工作的重心和思路发生了很大的改变，"推广汉语"成为一种国家行为。既然汉语国际教育已成为一种国家行为，那么我们就应该从国家发展战略的高度去审视这个问题，而且还应制定相应的语言政策去规范和引导该项事业的发展。国家在制定发展汉语国际教育的政策时，应从以下几方面去考虑：第一，国家应从战略的高度加大对汉语国际教育事业的投入，这项工作在国家事务中具有十分重要的地位。当世界各国会说汉语的人数增加到一定数量和比例时，中国在国际上的安全系数、形象系数、外交系数、亲和系数都要大大高于目前。语言和文化对人的世界观的影响是不可估量的。第二，推广汉语的广告和营销工作，民间操作的效果大于国家操作的效果。世界汉语大会如果由民间学会来组织举办要比政府部门组办的实际效果好得多。因此要多鼓励民间和校际之间的交流，这远比政府间的交流效果要好得多。第三，国家要积极向世界介绍我们的优秀传统文化，让世界真正了解和感受中华文化的无穷魅力。因为，语言是文化的载体，一种语言要想成为世界上优秀和强势的语言，那么它所承载的文化必须是先进和充满活力的。汉语有一天成为世界强势语言，也关键要靠自身所蕴含的中华文化的独特魅力。第四，我们不应该大张旗鼓地在国际上宣传推广汉语，这种工作只能低调进行。道理很简单，过分的地域文化宣传和某一语言的推广可能直接或间接地导致接受国有意无意的抵制，更不用说我国在意识形态领域与很多国家尚有较大差异。如果过分地张扬推广汉语，效果极可能相反，会对我们的工作产生意想不到的障碍。近些年，很多人针对中国政府的汉语国际推广政策提出不少质疑，诸如"文化侵略"等。因此，我们要低调做事、尽可能少喊口号，真正耐心而细致地把汉语国际教育工作做好。只要我们一代又一代的汉语国际教育工作者都能坚守这个原则，汉语成为世界强势语言的日子将指日可待。

第二节　汉语国际教育专业发展

在经济全球化多元化的大背景下，国际之间的竞争日趋激烈。一个国家是否强大不仅取决于该国的军事、经济和科学技术力量的发展，还取决于该国文化的传承和延续。文化的发展离不开语言，语言是国家的象征和文化的载体，是国家软实力的重要组成部分。我国的通用语言是汉语，在此基础上建立的专业是汉语国际教育。作为代表国家形象和国家实力的汉语，传播过程中增强了其他民族和国家对中华文化的认同感。但是，一个新兴的专业，其发展还有漫长的道路可走，本节通过其发展现状，梳理出该专业的历史背景及存在的问题，在此基础上深化内核，开拓该专业实施过程中的宽广路径。

一、汉语国际教育专业的历史回顾

我国对外汉语教学新起于20世纪50年代初。1949年中华人民共和国成立后，周恩来总理决定对外交换留学生，并与1950年6月7日在清华大学成立了交换生专修班，1951年年初开始上课，第一年有6名老师及33位留学生，这是中华人民共和国成立以后第一个专门针对外国留学生进行汉语教学的专修机构。之后，面向越南留学生、非洲留学生的汉语专修班陆续开办。但由于受当时国内和国际局势的影响，当时的留学生主要来自亚洲、非洲和东欧等一些与中国关系比较友好的社会主义国家，人数有限。

1978年改革开放后，汉语教学得到初步发展，来我国的留学生越来越多，这个时期有两个重要标志：一是来我国的留学生逐步发展到西方国家，二是在政策上准许招收自费来华的留学生，从1978年到1989年我国共收了40221名留学生，其中政府奖学金的有13699名，自费生有26522名。1990年到2000年期间，我国共接收来华留学生 31 万多名，其中政府奖学金的学生有 18360 名，自费生 292000 多名。整体来说，尽管来华留学生数量得到增加，但是这一时期的来华留学生无论从规模还是层次看，都处于较低的发展水平。

2000 年之后，汉语教学进入了快速发展时期。随着改革开放的不断推进和综合国力的快速提升，越来越多的外国人选择来中国留学，到 2008 年，留学人数达到 223500 人。我国政府渐渐意识到发展汉语教学的意义所在，《2003—2007 年教育振兴行动计划》中的方针更是给汉语教学指出了方向，即来华留学生学习是我国的一项重要内容，是建设一流大学的内容之一，是国际交往的重要条件，发展汉语教学刻不容缓。教育部开始重视这方面的管理，不但增加了专业教学方面的师资力量，而且开始有意识地培养硕士、博士，将留学生的汉语学习作为一个重要专业发展。这种努力取得了明显的成效，到目前为止，对外汉语不但成为一个单独的专业开始运作，而且模式日渐成熟，发展走向了高峰期。

二、汉语国际教育专业的发展现状及问题

目前，汉语国际教育专业发展已经初具规模，走向良性循环之路，具体体现在高等院校、民间机构、官方机构几方面：

（一）高等院校的发展现状及存在的问题

高等院校是汉语国际教育专业的重要承载场所。1985 年，国家批准各大高校成立对外汉语专业，为我国培养了大批对外汉语专业人才。对外汉语改成汉语国际教育后，开设的院校更是剧增。截止到 2018 年，已有 366 所学校开设此专业。

但是，高校在开设汉语国际教育取得成绩的同时，问题也不容忽视。高等教育开设专业的目的是培养更多优秀的汉语教师，但限于国内大多数地区的现实情况（北京、上海等经济、文化中心除外），汉语教师毕业后，很难从事与本专业相关的工作。多个调查显示，汉语国际教育专业毕业的学生以后从事本专业工作的就业率相当低，现状是多种因素造成的，如本地对外来留学生的吸引力不够，教育部门对此行为的关注度不足。除此之外，学生学习汉语时对自身学科性质认识不清也会妨碍到他们的工作定位。汉语国际教育的核心任务是让外国留学生能更好地学习汉语和汉字，并培养语言表达能力。但在实际教学过程中，大多高校该专业的课程设置不明确，对中文和外语界限不清，导致学生常常对自己的专业产生怀疑，不能很好地掌握专业的精髓，不具备核心竞争力。

（二）官方机构的发展现状及存在的问题

民间机构是汉语国际教育专业发展的有力支援机构。近些年，我国对对外汉语教学事业的发展加强了重视度，国家和相关部门还构建了一套完整的对外汉语国际教育专业理论体系，尤其是国家一些对外汉语推广组织及两关机构针对师资、教材研发、教育对象、学校建设等各方面都做了扩张和完善建设，为的是使汉语国际教育专业教育得到加强，使汉语国际教育在国际上有更强的影响力，截至2009年10月，世界上已有80多个国家建立280所孔子学院和241个孔子课堂，这些数据恰好反映了对外汉语教学的发展。

尽管官方机构取得了辉煌的成绩，但带来一些问题。如在国内，因孔子学院的开设资金都是由国家投入，对于教育财政来说是一份很重的负担。我国基础教育需要投入的地方甚多，亟须资金支持。这种情况，应予注意。

三、汉语国际教育专业发展的实施途径

（一）树立开放办学意识，拓展专业发展空间

开放的办学意识是检验高校管理制度的一个重要指标，也是专业发展的指导方向。开放的办学意识可以从以下两方面培养：第一，大局意识。大局意识即在社会大环境中考察研究办学问题，改变局限的思想观念，审时度势地观察大局，将经济发展与社会发展结合起来，使学校的发展在服务于地区需求的同时，融入国家和社会发展大环境中。第二，机遇意识。当今世界正处于经济快速发展时期，科学技术的高速发展和信息时代的来临，让教育告别了传统僵化模式，互联网的扫荡一切更是给教育发展带来了多重挑战和机遇，让整个教育行业变得生机无限、欣欣向荣。

在办学意识增强的前提下，拓宽专业发展空间应运而生。高等教育竞争的激烈催生了汉语国际教育专业的高质量发展。从现状看，汉语国际教育专业设置不明，专业核心竞争力弱，不能很好地适应社会所需。要将此作为一个核心问题对待，在具体实践中，要制订科学合理的人才培养方案，培养学生的综合素质。课堂教学中提高学生的学习能力和创新能力，社会实践上提高学生的动手能力和实战能力，将专业发展放到经济发展和社会发展的大背景下，多视角全方位观察专业发展问题，提高专业的竞争力，加快专业发展。

（二）强化师资队伍

师资队伍的建设是专业发展的重中之重，汉语国际教育的师资队伍尤其如此。

汉语国际教育培养的是以汉语教学为主体、背后承载了深厚文化底蕴的教师。这些教师走上工作岗位，对外就成了中国形象的代表和中国文化传播的生力军。因此，针对培育他们的师资，要求更严格。

首先，深厚的专业基础是对汉语国际教育专业教师的基本要求。专业基础不但体现在对学科知识，如中国文化、中国语言、古典文献等娴熟知识的掌握程度，而且表现在授课中如何通俗易懂地灌输受教者的队伍，使他们成为合格的培养人。

其次，具备良好的跨文化交流能力是汉语国际教育专业教师的素质体现。汉语教学因其讲授对象的特殊性（中文非母语的外籍人士），对任课教师的跨文化交际能力提出了更多的挑战。因经济发展和国情迥异等原因，中外教师在授课形式、思想理念、课堂管理等方面存在差别。如何理性看待这些差别，并求同存异，共建新型的良好课堂秩序，将学生培养成为不照本宣科，热爱中国文化并在外国文化上也有一定文化素养和知识储备，在国际上代表着中国教师的形象是对专业教师的严峻挑战。

（三）完善课程结构

单一的课程结构是现在国际教育的弊端。目前国际教育教学大多以三个月甚至一年为教育基准对学生实行汉语教育，其中以汉语言读写为主，并没有对中国文化进行系统的教学，且在课程结构上也没有介绍有关中国文化的课程。这种一体式的读写教育无法渗透中国文化，更无法传播中国文化的精髓。在以后的国际教育教学中应该完善课程结构，增加相应的中国文化介绍，而不是仅仅停留在识字教学上，且课程结构要适当增强趣味性和深度性。在学生的匹配上应该根据对汉语的运用能力分为等级班，这样有利于老师在汉语教育中根据不同能力的学生进行深度教育。在对外汉语教师队伍培养上，应该完善课程结构，增加有关中国民间文化等课程，让准老师们可以在大环境下对中国文化有更深刻的理解。可以开设二胡班、毛笔字班等课程，有助于对外老师将中国文化精髓继续延续和传播。

（四）保证质量的前提下扩大招生规模

随着中国全球经济大国地位的奠定和软文化实力的推广，国外对外汉语教师供不应求已成为全球共识。因此，应在保证质量的前提下扩大招生规模，解决专业教师人力储备不足的问题，目前，对外汉语老师大多以"211""985"的师范类学生或学历为研究生拥有教师资格证的硕士研究生为主，学校等级和学历的限制导致教师选拔空间有限，无法满足国外日益增加的人才需求。合理的应对条件是在原来培养的基础上增加其他相关专业，如汉语言、历史、英语、哲学等学科的学生，以本科作为学历基础，从众多不同学科的人才积淀中选择优秀人才，扩充到汉语国际教育的师资队伍中。这一做法不仅增加了汉语国际教育教学的生源，而且在一定程度上保证了老师的复合型综合素质。

（五）增强学生的通识能力

通识教育是未来教育发展的一个必然趋势，也是提高专业竞争力的重要表现。汉语国际教育作为融合了语言学、文化学等学科的专业，发展过程中离不开通识教育的渗透和强化。在合理的人才培养方案中，汉语国际教育必须在多方面做出规定，如语言的强化，语言是人与人沟通的基本桥梁，合格的汉语国际教育教师面对的对象多是外籍人士，在授课过程中，精通对方的语言，对于解决教学方面的纷争和误解非常有帮助。再如文化能力的培养。汉语国际教育专业教师不但要精通本国文化，还要谙熟外国文化，能在理解把握两种文化中求同存异，将本专业的教学任务顺利传承下去。又如教学能力的提高，教学是一种实践，反复实践容易出真知。教学同时是一门艺术，要求教师在时间和空间有限的情况下，将每一次课变成扎扎实实的艺术展现，激发学习者的学习兴趣。

总之，在国际形势稳定、国内经济蓬勃繁荣的背景下，汉语国际教育专业随着当下教育潮流大步飞奔，以鲜明的专业特点，丰富的知识传授，缔造学科实力，开拓生存空间。从整体来看，汉语国际教育在世界上推广了中国的声音，将五千年的优秀传统文化悉心传播，为国际文化交流史增添了诸多色彩。

第三节　汉语国际教育语言政策

随着我国经济迅猛发展，汉语国际教育事业蓬勃发展。根据教育部 2010 年颁布的《留学中国计划》，预计到 2020 年，中国将成为亚洲最大的留学生国家。本节主要对汉语国际教育语言政策的发展进行历时性的梳理，并从语言政策的角度分析影响变化的因素。

语言资源在世界范围内的竞争日趋激烈，提升我国语言文化的对外传播实力可以有效地提升中国文化的软实力，对于提升"文化自信"具有不可言喻的作用。甚至有学者认为，一个国家想要在世界上立足，这个国家的语言就一定要走向世界，一个成为强者的国家，其语言必须是"强势语言"。汉语国际教育作为汉语对外传播的主要渠道，研究其语言政策的发展路径对于我国语言文化的对外传播具有重要意义。本节主要借助语言政策理论作为理论基础，使用文献综述法作为主要研究方法，对汉语国际教育的语言政策做一个历时性综述。笔者认为，研究汉语国际教育语言政策，可以清晰地认识过往政策所产生的变化，以及引起这些变化的原因。

以往的关于汉语国际教育政策的历时性研究不多，大多研究集中在对于汉语推广政策研究与外国语言政策推广研究的对比上，用别国的语言推广政策对比汉语的推广政策，通过汲取其他国家的语言推广政策的有益之处，来提升汉语的推广实力。例如，通过新加坡本土的华文教育政策中的"文化融合"，提出新加坡华文教育政策是如何体现"文化融合"的，以及提出汉语国际教育在"文化融合"上的几点策略。

通过对法国语言推广政策的研究，从语言政策制定的背景及语言推广政策的内容和实施，揭示法语推广的特点，以及对于汉语推广的启示。

诸如此类，介绍其他国家的语言推广政策的内容与特点，望借此来启发汉语推广政策的创新与发展。但对于汉语国际教育政策本体研究有所缺失，对其发展路径，演变过程没有详细的研究。

一、语言政策与汉语国际教育语言政策

（一）语言政策

关于语言政策的界定有很多，最基本的就是指对该国语言问题所持有的根本态度。曾担任国家语委的副主任陈章太先生认为："语言政策是国家和政府关于语言地位、语言作用、语言权利、语际关系、语言发展、语言文字使用与规范等的重要规定和措施，是政府对语言问题的态度的具体体现。"Bugarski 则认为语言政策是一个社会在语言交际领域中所制定的政策，语言沟通的地位还有原则及决策反映了社区与语言沟通潜力之间的关系。目前学术界较为认可的语言政策的概念为："语言政策是语言使用者在语言交际的过程中，对所使用的语言所抱有的态度从而制定的相关的法规、法律等。"由于不同国家的历史现状不尽相同，语言政策的定义也必将会受其影响。

（二）汉语国际教育语言政策

开创期：新中国对外汉语教学的专门教学机构的成立可以追溯到 1950 年的清华大学的"东欧班"，"东欧交换生中国语文专修班"的开学，标志着中国第一所对外汉语教学机构的成立。1962 年 7 月，国务院外事办，拟定了外国留学生和实习生工作的两个试行条例草案。1963 年 8 月，高教部召开了新中国成立以来的第一次全国留学生工作会议。《外国留学生工作试行条例（草案）》的制定和第一次全国留学生工作会议的召开，使外国留学生高等预备学校以及有关院校留学生教育和管理工作的任务、方针、政策更加明确，开始步入有章可循的规范化轨道。1965年1月，外国留学生高等预备学校更名为北京语言学院，在办学规模、模式，以及办学层次上都把对外汉语教学提到了一个更为突出的位置。1956年，成立了以外国驻华机构为服务对象的专门机构—外交人员服务处，使针对外国驻华使团人员的汉语教学成为有计划、有组织的教学活动。

发展期：党和国家也十分重视对外汉语教学工作，多次召开各种会议指导各类工作，为对外汉语教学铺平了道路：①成立了"国家汉语国际推广领导小组办公室"（简称"汉办"），专门负责和协调汉语的国际推广工作。②设立了汉语水平考试。1984年开始研制"汉语水平考试"（HSK），1991年中国向海内外推广中国"汉语水平考试"，该考试是为测试母语非汉语者（包括外国人、华侨和中国少数民族人员）的汉语水平而设立的国家级标准化考试。③建立了对外汉语学科。中国教育部把对外汉语教学提升为二级学科，即在汉语言文学项下设一个"国际汉语教育"二级学科。保证了对外汉语在理论研究上和教师供给上的科学发展。1999年12月，第二届全国对外汉语教学工作会议在北京召开。国家对外汉语教学领导小组组长陈至立做了《提高认识，抓住机遇，增强紧迫感，大力发展对外汉语教学事业》的主题报告。这次会议是新中国成立以来规模最大、任务与目标最明确的一次关于对外汉语教学工作的会议，为新世纪的对外汉语教学工作指明了方向，是这项事业深入发展的全新的、强大的动力。会后，国务院批准了《关于加强对外汉语工作和实施五年工作计划的请示》，这为新世纪对外汉语教学工作指明了方向，从根本上保证了会议精神的全面落实。由国家语委参与制定的《中华人民共和国国家通用语言文字法》颁布，其中规定对外汉语教学应当教授普通话和规范汉字，这使对外汉语教学事业的发展有法可依。

深化期：①确立了"汉语国际推广"未来发展方向。2006年3月，国务院办公厅转发的《若干意见》，提出了汉语加快走向世界的指导思想、总体规划和政策措施。同年，"国家对外汉语教学领导小组"改名为"国家汉语国际教育领导小组"，其下设的国家汉办将一系列政策统筹于汉语国际教育这一大目标下。制定《对外汉语教学事业2003年至2007年发展计划，及"汉语桥工程"》。②孔子学院的建立。中国教育部和国家对外汉语教学领导小组（现国家汉语国际推广领导小组）于2002年开始酝酿在海外设立语言推广机构。2004年3月，中国国务委员陈至立将中国设在海外的非营利性汉语推广机构正式定名为"孔子学院"。她指出：孔子学院以教授汉语和传播中华民族文化为宗旨。2004年6月，乌兹别克斯坦塔什干孔子学院举行协议签字仪式。这是第一所签订合作协议的孔子学院。2004年11月，韩国首尔孔子学院挂牌成立，它是全世界首家正式挂牌成立的孔子学院。2005年7月，国家汉语国际推广领导小组办公室（简称国家汉办）在北京召开首届世界汉语大会。首届世界汉语大会的召开，标志着汉语国际传播作为一项战略性的国家政策开始全面实施。③汉语国际教育成为展现国家文化软实力的重要工具。2011年以来是中华文化"走出去"步伐提速的时期，2011年，党的十七届六中全会通过了《中共中央关于深化文化体制改革推动社会主义文化大发展大繁荣若干重大问题的决定》，指出中华文化的国际影响力需进一步增强。2012年，党的第十八次全国代表大会报告提出，要让中华文化走出去迈出更大步伐，增强中华文化的国际影响力。《国家"十二五"时期文化改革发展规划纲要》对海外中国文化中心建设做出了具体要求，文化中心自此加速了建设步伐。

二、用语言政策分析影响汉语国际教育政策的因素

Spolsky在语言政策一文中提出，影响语言政策的因素可以从社会语言状况、国家语言意识形态或语言信仰、语言权利几方面来分析。而汉语国际教育语言政策的转变也可以由此为基础来分析，并且可以对未来的政策趋势做出合理的预测。

社会语言状况。社会语言状况是最客观最基础影响语言政策的因素。语言政策的制定必须根植于社会最基本的语言状况，一个政策的制定必须首先考虑最现实的语言状况。可以看出，汉语国际教育政策转变也受社会语言状况的改变而改变。首先，随着《汉语拼音方案》的出台，以及我国普通话政策的推广和普及，这就为汉语国际教育中的语音，词汇，语法制定了规范教学的依据。随着我国教育事业的恢复和发展，英语作为普遍学校初级教育的第二语言，越来越多的教育人才和双语人才被发掘，这都为汉语国际教育的人才储备提供了资源。可以看出，汉语国际教育语言政策的制定正是基于国内一系列语言政策的改变而变化。

而最基本的影响社会语言状况的因素是政治因素和经济因素。在汉语国际教育起步阶段，正是因为政治上需要，才促成了这一学科的建立，新中国成立的初期，需要通过交换留学生来宣传新中国从而得到国际社会的认可。新中国要谋求生存空间的同时还要缩短与世界的距离，而交换留学生很好地承担起了这个任务。这正是这个时期语言政策的最基本社会环境。而到了"发展期"，随着改革开放，我国不论是从经济基础还是国际地位都有了大幅度提高，这就直接影响了语言政策需要更大发展空间和发展平台，而此时政治因素不再是决定汉语国际教育语言政策制定的唯一的基本因素，经济和文化的双重作用乃至全球化的进程都是影响政策制定的最基本因素。可以预见的是，随着我国经济实力的攀升，政治基础的不断稳固，国际化的大国形象深入人心，汉语国际教育的语言政策会紧随国家战略的变化而变化。

国家语言意识和语言信仰。Spolsky 就指出"语言是一种选择"（Bernard Spolsky），大多数国家都有自己的语言意识形态，语言意识形态直接决定了对本国语言和使用该语言的信念。汉语国际教育语言政策的制定其中重要的一点，我们并不是"文化输出"，也不是"文化渗透"。这就涉及语言信仰，大多数国家都有自己的语言信仰，进行汉语推广和建议孔子学院的国家大多是西方资本主义国家，其国家意识形态与我国截然不同，所采用的国内语言政策也很不相同，采取分国别的汉语推广政策也是汉语国际教育所面临的重大问题。我们应强调受众者对于汉语的态度，这包含了对汉语本身声誉和形象的评价，也包含了对于推广者的方式方法的评价，建立或改善汉语在受众者心中的形象，这就是一种对于汉语的"声誉规划"。这样的政策多集中于民间，例如，江苏大学与奥地利合作的孔子学院，推出一种"汉语老爷车"的汉语推广方式，即在城中开通一条"汉语专线"，每个上车的市民可以学习几句简单汉语，并在行程途中介绍中国的文化、经济、历史等方面内容。在下车的时候颁发"掌握基础汉语使用"证书，市民凭此证书可到孔子学院免费试听不同种类的课程。这就使得汉语在基层得到很好的推广，这就有助于达到"汉语成为外国人广泛使用的语言之一"的目的。

语言权利。语言作为公民或者说是人类共同的权利，在许多国家已经被写入宪法当中。还有少数国家特别设立了专项语言法。可以说我国语言法的成熟和完善，也为汉语国际教育语言政策奠定了基础，只有当母语为汉语的公民学习汉语，使用汉语的权利得到保障，才有可能将汉语发展为一门"世界性"的语言。我国关于语言权利的法案集中呈现于《宪法》：1954 年《宪法》为标志的语言权利初步确立。1982 年《宪法》和 2004 年《宪法修正案》为标志的语言权利的增强和全面保障期。而国家通用语言文字作为国家语言政策的一部分，已被纳入我国法律体系当中。其标志性的成果为《中华人民共和国通用语言文字法》，该法是我国原政策和语言规划的重要依据，该法从 2001 年 1 月 1 日开始实施，该法第一次以法律的形式确立的普通话和规范汉字作为国家通用语言文字的法律地位。是我国第一部关于语言文字的成文法律。而此时我国汉语国际教育事业进入发展期，教授规范化的汉语是我们事业的一贯宗旨，而《语言文字法》的确立，让我们真正做到"有法可依"。当然，我国关于语言权利的法律体系尚不完善。例如，关于海外华侨语言权利的法律法规就很欠缺，关于汉语国际教育事业的发展，海外华人是不可忽视的力量。如何得到海外华人的帮助，使得本土教师迅速融入当地生活，这仅凭借海外华人的"民族情怀"是不够的，我们首先要保障他们使用汉语的权利，在交流时使用汉语不会被本土民众藐视，在使用汉语时有获得翻译的权利，当然这不仅仅涉及语言权利，也同样是国家"软实力"的体现，但随着

132

我国国际地位的不断提升，海外华人使用汉语的语言权利并没有相应的法律后盾作为支持。

三、汉语国际教育语言政策存在的问题及对策

（一）汉语国际教育语言政策中存在的问题

语言政策的研究是对外汉语教学领域中长期被忽略的问题。学界大多关注语言本体的研究和语言自身的结构，而我们认为研究的对象不仅仅是语言，而应该兼顾言语，提倡把语言本体之外的社会因素联系起来来研究语言，研究语言在实际的社会生活功能是如何使用的。而在语言推广过程中，各个国家语言和各个国家的关系同样重要。想要处理好汉语和国家本土语言的关系，仅凭借语言学知识是不够的。汉语国家教育语言政策与我国的国家政策是紧密相关的。因此，汉语国际教育语言政策的研究内容应涉及政治、经济、民族、国家等多方面内容。我们认为在汉语国际教育语言政策中有几点问题需要解决：

有关法律法规缺失，相关政策制定和更新不及时。现阶段我国明文规定的有关语言的法律，除宪法外。只有一部 2000 年 10 月 31 日通过的《中华人民共和国通用语言文学法》，其中关于汉语推广只有一点："对外汉语教学应当教授普通话和规范汉字。"法律的缺失不仅会影响政策制定的权威性，其约束性也会大大减弱。我国关于汉语海外推广的立法工作，设立汉语海外推广机构的门槛设定，监管福利优惠政策的制定、机制的监督，相关的法律是严重缺失的。且相关机构的规范化运行、人员活动的权限、汉语教师及相关工作人员的行为准则等尚没有规范化的政策。同样，面对风雨突变的国际形势，我国和各个国家的关系也会产生微妙的改变，无论是政治上的关联，还是国家间的经济利益关系，这些都会影响汉语在该国的"热度"，而相关语言政策没有及时跟进，就会导致在该国的语言推广的失败。

国内的汉语教育受到"冷遇"，国民汉语能力下降。语言是一个国家文化的重要组成部分，也是制定语言政策和语言推广政策的重要基础。而在我国语言和教育政策过分强调外语教育，忽略汉语母语教育。学生花费大量时间在外语（主要是英语）的学习上，忽视了对外汉语的学习和中国文化的研究。中国汉语语言教育政策也很不具体，语文的教学方法也缺少突破和创新。这样的现状会直接导致优秀汉语教师资源的稀缺。这也会直接影响对外汉语"教书匠"的人才匮乏，对于汉语国际教育事业的发展起到不利的影响。

孔子学院"一枝独秀"，缺少多样性机构以及机构角色单一。在如今迅猛发

展的汉语国际教育事业，汉语教师不仅仅是一名"教书匠"，其更承担了传播中华文化的艰巨任务。而汉语推广实施的机构（孔子学院）却显得功能单一，使得汉语推广渠道少，效果不尽如人意。现存的实施机构，如"孔子学院"，缺少模式的创新和范围的扩展，缺少相应的细化机构。教学系统和管理系统仍然不够完善。缺乏不同职能的组织机构协调分担各项工作，只是统筹发展，细化分工的语言推广系统缺失，使得汉语推广的效率低下，落实程度较低。

缺少国别和不同地区研究。辩证唯物主义指出："具体问题具体分析。"我国汉语国际教育不应该只停留在一个平面，应该多层次、全方位，既要符合国家利益，又要满足多方需求，重点突出，特色鲜明地开展。"在这个更高的境界里，我们不仅要有汉语的眼光，还要有印欧语的眼光，非洲土著语言的眼光，美洲印第安语的眼光"。在全球范围内的汉语国际教育推广也需要不同的"眼光"。目前我国对于重点国家重点地区的汉语推广政策研究并不深刻。由于文化、政治、意识形态，民族等方面存在明显差异，不同国家和我国的历史渊源和国家关系不尽相同，对于不同国家缺乏汉语历史和现实政策的考察，这对汉语国际的推广产生巨大阻碍。

（二）汉语对外传播政策构想与建议

政府应对汉语对外传播高度重视。随着我国"一带一路"战略的提出，与周边国家的接触和往来的机会增多，语言是最主要的交际工具，是我国实现持续发展不可缺少的一环，中国主张"人类命运共同体"意识，为周边国家提供更多机会，这就要求汉语成为其中关键要素。国家的战略政策应该包含汉语推广。我国主张四个自信，其中最主要的就是"文化自信""走出去"战略，这都为汉语对外传播提供了重要契机。对外汉语的传播要成为我国强国战略的重要文化组成部分。应该与国家外交政策紧密相连。我国也提出了"汉语加快走向世界，增强我国文化影响力、提高国家软实力、提高汉语国际地位"的战略，为此我国需要全面调整汉语传播策略，学习其他国家对外语言传播模式。目前汉语的国际传播需要完善的政策主要有：成立汉语国际传播的相关职能机构；确定汉语国际传播的总方针；汉语国家考试系统的完善等。

注重人才培养，提升汉语教师水平。汉语推广在全球范围内如火如荼地进行当中，与之相反的却是汉语教师的稀缺。海外汉语学习者与汉语教师数量完全不成比例，从事汉语教学者的所学专业不同，导致汉语教学质量下降。我国许多高校都开设了汉语国际教育本科专业，但据调查分析，毕业后从事对外汉语教学工作的毕业生少之又少，大都从事了与汉语国际教育不相关的职业，在培养模式上也过于单一，重视汉语基础，即语言本体的研究，对于跨文化交际能力的训练缺失，注重理论的介绍和研究，但缺少学生走上课堂的机会，缺少课堂实践注定无法一毕业就能担任传播汉语的任务。因此改变汉语国际教育本科的培养机制势在必行，首先应改变学科设置，多利用学校本身的留学生资源作为训练的对象，在教授汉语基础、中国文化的时候更应该注重其在汉语教学中是如何应用的。我们需要的是"国际化""复合型"人才，学生不仅要有深厚的汉语言功底，并且要有熟练的跨文化交际能力。各高校可以考虑对汉语国际教育硕士的培养方式进行改革，丰富课程设置、优化课程结构。此外，应该借鉴别国关于外语教师的评价政策，不断修订《汉语国际教师标准》。

面对有着不同语言意识形态的国家采用不同的语言传播形式。汉语推广要想取得成功，应该因地制宜，不同的国家应该采取不同的传播政策，其中国家语言意识形态应该重点考虑。由于地缘特点和文化具有传承和一致性，亚洲地区的汉语传播明显要优于其他地区和国家，同时密切的经济贸易往来也是促进汉语传播的重要因素。美国文化具有开放性和兼容性的特点，同时美国华裔人数众多，使得汉语的传播工作在美国能够顺利进行。在一些欧洲国家，由于本国语言政策的保护意识以及国家语言意识形态迥异，使得汉语推广陷入困境。对于其他的国家和地区，要进行详细的调查，了解该国民对汉语和汉文化所持有的态度，研究和分析民众对汉语的需求程度和对汉文化的包容程度，从而制定行之有效的汉语推广政策。应该具有全球视野，在不同地区不同国家根据当地民俗做好汉语融合工作。目前，这方面的汉语政策研究和实施已经展开，但仍需要多角度、深层次、全方位的探索。

最大限度地满足和保障海外华人使用汉语的权利，包括个人和群体两种语言权利，涉及公民的生存与发展的权利。保护人民语言权利的目的是保障权利主体可以自由选择语言，立法可以起到保护语言权利的作用，而政府的发展举措，宣传、培训、教育教学、相关机构的设立都对语言权利的保障发挥着一定的作用。境外同胞的母语掌握程度是影响一个国家语言传播的重要因素之一。许多国家（例如，俄罗斯）语言境外传播政策很大一部分作用是为了满足境外同胞对语言的需求，成为联系境外同胞和国家文化之间的纽带。在我国，海外华侨和华人承担起连接国内和国外的重要手段，所以，在制定对外汉语传播政策和实施时要将海外同胞作为传播的重要对象，我国汉语传播应该优先考虑的问题就是华侨华人的语言权利，致力维护境外同胞的利益，要加强和他们的联系。国家的语言文字信息应保持畅通，保障海外同胞通过汉语获取信息和表达思想的权利，帮助海外同胞方便地学习和使用汉语等，最大限度地满足他们的语言需求，以全面促进汉语国际传播。

第四节　汉语国际教育信息化

当前国际社会出现了一种全球汉语热，越来越多的国家和地区开始重视汉语的学习，这是我国综合国力和国际影响力不断增强的结果。汉语国际教育不仅能够使汉语走向世界，还能够进一步推动中国文化的发展，提高中国的国际影响力。本节主要从汉语国际教育信息化发展的背景、阶段、现状以及措施这几方面来进行分析。

一、汉语国际教育信息化发展的背景

当前汉语国际教育信息化的发展具有非常鲜明的时代背景。一方面，当前文化交流的范围日益扩大，人们对于不同文化的需求和接受能力都越来越强，时代的进步和发展需要人类之间进行不同文化的交流，在交流中实现发展和进步。另一方面，互联网时代的到来为汉语国际教育信息化的发展提供了技术可能。21世纪是互联网的时代，互联网技术的发展对信息传播起到了巨大的作用，首先，互联网时代的到来改变了传统的信息传播方式，在互联网时代信息传播的速度越来越快，范围也越来越广。其次，互联网对汉语国际化教育的方式也产生了非常重要的影响，尤其是网络课程的出现是教育界的一个重大变革，尤其是对于汉语国际化教育来说，打破了时间和空间的界限，网络远程课和网络授课已经成为当前国际汉语教育的重要方式，对国际汉语教育的发展具有重要的意义和推动作用。除了以上两方面之外，当前汉语国际教育信息化的发展还有一个比较重要的背景是当前国际贸易的发展，国际贸易潜移默化地影响着人们对外国文化的看法，同时在国际化贸易中人们能够深切地感受到对外国文化的需求，当前我国对外国际贸易日益发达，与越来越多的国家建立了贸易关系，通过这种国际贸易使其他国家进一步感受到了中国文化的美丽以及中国文化的重要性，正是在这三种背景的交相影响下，当前汉语国际教育信息化得到了很大的发展。

二、汉语国际化教育信息化发展的现状

（一）文化交流的能动性不足

汉语国际化教育信息化发展实际上是一种文化交流，当前这种文化交流缺乏

能动性，文化交流的能动性是指文化交流应当是一种自觉的过程，是在资源、自觉的基础上发展起来的。首先，当前推动这种汉语国际化教育是一种比较功利化的目的，往往是带有一定目的的，不是一个自觉的、主动的过程。其次，技术手段翻新慢是汉语国际化教育信息化发展过程中能动性不足的又一表现，而造成这一现象的原因也是当前汉语国际化教育这一文化交流过程中功利性的目的太强，技术的发展往往是为了实现这种功利性的目的，而这种功利性的目的又不能支持技术翻新，所以在很大程度上造成了技术手段翻新慢。再次则是当前人们对于汉语国际化教育缺乏相应的信心，忽视了其重要性，因此不论是社会还是国家都对国际化教育的作用持有保留的意见。

（二）教师的素质有待提高

当前影响汉语国际化教育信息化发展的另一个因素是教师的素质，教师在汉语国际化信息化的发展中具有重要的地位，但是当前我国从事汉语国际化教育的教师素质还有待提高。首先，当前我国教师的专业素质有待提高，从事汉语国际化的教师需要取得相应的教学资格以及具有一定的教学经验，但是当前的教师往往不能够同时具备这两种资格。其次，教学应当是一个教学相长的过程，但是当前我国从事汉语国际化教学的教师往往缺乏自我提高和自我进步的意识，对于一些新鲜的知识和比较现代化的教学技能，例如，信息化在教学中的应用以及教学带来的巨大变革，接受得比较少，这导致当前教师的素质成为阻碍汉语国际化教育信息化发展的重要因素。

（三）政策支持不够

汉语国际化教育信息化的发展是一项比较庞大、复杂的工程，涉及很多方面，因此需要政府相应的扶持政策，但是在当前，我国政府对汉语国际化教育信息化发展的支持远远不够。首先，当前对汉语国际化教育信息化的政策比较少，没有相当数量的政策，就相当于孤掌难鸣，很难发挥相应的支持效果。其次，当前政府扶持政策的方式不够精确，当前的政策针对性不强，没有在内容的基础上设置政策，因此对汉语国际化教育信息化的推动作用不大。

三、汉语国际化教育信息化发展的措施

（一）增强汉语国际教育的能动性

增强汉语国际教育的能动性，首先要正视文化交流在当前社会中所起到的作用，发自内心地重视汉语国际教育，而不是为了某种功利的目的而进行汉语国际教育。其次，在进行汉语国际教育时不能将关注点仅仅放在汉语本身，而要考虑到汉语所代表的中国优秀文化，通过汉语将中国文化推广到全世界，这样才能更进一步地使人们自觉地推动汉语国际教育的发展。

（二）提高教师的教学水平

教师的教学水平是影响汉语国际教育信息化的重要因素，为了进步一步提高教师的教学水平，首先，政府在选择汉语国际教育教师的时候应当进一步提高标准，加强要求，一方面教师要具有一定的汉语水平和中国传统文化的基本素养，这样才能传播更加优秀的中国文化，另一方面，教师应当具有一定的教学技能，能够更好地将知识传授给世界各地对汉语和中国文化感兴趣的人。其次，政府应当更加注重对汉语国际教育教师的培养工作，在培养中注重对他们按照上述标准进行培养，只有政府和相关的教育部门培养出更多的专业人才，才能够避免在汉语国际教育信息化发展中面临人才资源短缺这一问题。再次，教师在教学过程中应当注意不断提升自己的专业素质，教学既是学生发展的过程，也是教师不断自我提高的一个过程，教师应当实现教学相长，不断提升自己的教学技能和专业素养，更好地推动汉语国际教育信息化的发展。

（三）政府进一步加大对汉语国际教育的扶持政策

政府的支持是汉语国际教育信息化发展的重要措施，当前政府的扶持力度还远远不够，为了进一步加大政府对当前汉语国际教育信息化发展的扶持力度我们应从以下几方面来进行努力。首先，政府应当进一步加大财政补贴，用于相关人才和硬件设施的配备，开辟专项资金能够为汉语国际教育信息化发展提供重要的物质支持，同时能够提高人才培养的水平，增强汉语国际化教育对人才的吸引力，进一步促进其信息化的发展。其次，政府在制定相关政策时应当使政策更加具有针对性，也就是说政府制定的政策应当是基于当前汉语国际教育信息化发展的现状，避免假大空类型政策的出台，只有针对真正的问题才能起到更好的作用。

汉语国际教育是当今社会一个重要的现象，随着文化交流范围的不断扩大、互联网技术的发展以及国际贸易的推进，汉语国际教育信息化成为当前我国汉语教育的重要趋势。当前我国汉语国际教育信息化还存在一定的问题，诸如教育的能动性不足，在发展汉语国际教育时主要是在功利化目的的推动下进行的；从事汉语国际教育的教师整体素质不高，难以负担汉语国际教育信息化这一重要的责任；国家政策扶持力度不大，难以满足汉语国际教育信息化的要求。为了进一步提高当前汉语国际教育信息化的水平，推动汉语国际教育信息化的发展，一方面我们应当加大政府的扶持力度，从资金、人才以及推广宣传等多方面的政策来推动汉语国际教育的信息化发展；另一方面则应当加大汉语国际教育的能动性，使人们充分认识到汉语国际教育的重要性，从而推动技术翻新，从技术层面促进汉语国际教育信息化的进步；此外，教师水平的提高也是汉语国际教育信息化的一个重要措施，要不断提高教师的专业素养、教学能力以及对信息技术的掌握和使用能力，从而促进汉语国际教育信息化的发展。综上所述，汉语国际教育信息化将有一个好的发展趋向，对于推广中国传统文化具有重要意义。

第五节　汉语国际教育的发展路径与前景

汉语国际教育是有效推进汉语国际传播的重要途径。本节从汉语国际教育的发展历程入手，论述了对外汉语教学从应对之需到主动出击的汉语国际推广途径，指出汉语国际推广是实现汉语国际传播进程中必须经历的一个阶段。通过对比英语实现国际传播的路径与方式，提出汉语国际教育必须适时地做出调整，从现在的汉语国际教育主体地位转向主导地位，使汉语国际教育由"撒种播种"转变成"落地生根"，真正让汉语言文化在国际上得到广泛传播，提高我国在国际上的大国地位和影响。

汉语是世界上使用人数最多的语言，但却不是最具影响力的语言。事实上，汉语在世界上的影响力不要说与英语比，就是和俄语、阿拉伯语、日语等语言相比，也存在着一定的差距。造成这一情形的原因是多方面的，但随着我国经济的快速发展以及国际地位的不断提升，这一情形正在逐渐发生改变，越来越多的外国人对中国的语言文化产生了浓厚的兴趣，开始了一股学习和使用"汉语热"。

本节从汉语国际教育的发展历程入手，指出我国的汉语国际教育，无论是早期为应对来华外国人使用汉语之需开设的汉语短期培训课程或项目，还是现在以在海外设立孔子学院或课堂为主的汉语言文化国际推广行动，都还只是处于以"我"为中心或主体的对外汉语教学的"撒种播种"阶段。我国在这方面的大量资金投入，只是在一定程度上促进了汉语言文化国际传播的进程，远未达到一些学者所说的汉语国际化（globalization of Chinese language）的层次或水平。汉语现在还不是一种世界通用语，我们在短时间内是不可能实现汉语国际化的。加强汉语国际教育工作，其目的在于提高海外人士对汉语言文化的认可度和认知度，促进汉语言文化的国际传播，提升我国在国际上的大国地位和影响。显然，汉语国际推广是实现汉语国际传播必须经历的一个"撒种播种"阶段。接下来，汉语国际教育必须适时地做出某种调整，要有意识地维护和创造良好的氛围和环境，让我们在世界各地撒下播下的汉语"种子"得以落地生根，茁壮成长。

一、汉语国际教育的发展历程

（一）对外汉语教学

我国对外汉语教学由来已久，但有系统、有组织地进行对外汉语教学，主要是在新中国成立之后。1951年，清华大学第一次对东欧招生，标志着真正意义上的对外汉语教学的开始。于1983年成立的全国性学术团体——"中国教育学会对外汉语教学研究会"，标志着对外汉语教学学科的正式诞生。对外汉语教学是指对外国人的汉语教学，对象多半是成年人，是一种外语教学，它的任务是训练、培养外国学生正确使用汉语进行社会交际，培养跨文化交际能力，进而理解中国文化。王乐指出，对外汉语教学既是一种语言教学，同时也是一种文化教学，二者之间的统一性是对外汉语教学的最根本特性。在此过程中，如果仅将教授语言作为单一任务，便失去了潜移默化传播汉文化的机会。因而，如何成功地同步语言教学和文化教学，成为对外汉语教学的研究重点。

我国对外汉语教学的整个发展过程是从应对之需到主动出击的过程。起初，对外汉语教学是为来华的外国人提供汉语言的基本技能训练，在国内成立专门的学校和机构，侧重于"请进来"，可以说在这一时期我们的对外汉语教学还处于被动应对的阶段。来华学习汉语的人数很少，对外汉语教学尚未成规模、系统化，对外汉语教学的理论和方法也处于初始启动阶段，很多想法和做法都不是很成熟。

改革开放以来，中国经济快速腾飞，中国在世界上的大国地位日益彰显，这自然在国际上引发了一股"中国热"，"中国热"又带动了"汉语热"。根据教育部于2016年4月初发布的2015年全国来华留学生统计数据，共有来自202个国家和地区的397635名外国留学人员来华学习，这个数据比2014年的377054人增加了20581人，与2013年的20多万人相比翻了将近一番，并且还有持续快速增长之势。加强对外汉语教学工作，积极主动地为国内外汉语学习者提供及时高效的汉语言文化教学服务工作，成为现实之需、当务之急。中国的崛起是汉语走向世界的基础和条件，随着中国综合国力的增强，对外汉语教学也将迎来新的春天。

（二）孔子学院：汉语国际推广的主动之举

2005年7月，中国的对外汉语教学进入了一个新时期。首届"世界汉语大会"的召开，标志着对外汉语教学已经将目光转向汉语国际推广。汉语国际推广是汉语在国外有了一定基础之后我国政府所采取的一种主动行为。这主要是因为改革开放后，中国的国际影响逐渐增强，作为交流的工具，汉语已成为一种工作需要。

为满足当地社区学习汉语多样化的需求，在从被动到主动的转变中，孔子学院应运而生。孔子学院（Confucius Institute），是中国国家对外汉语教学领导小组办公室在世界各地设立的推广汉语和传播中国文化与国学的非营利性教育和文化交流机构。全球首家孔子学院于2004年11月21日在韩国首尔成立，截至2015年12月21日，全球134个国家（地区）已建立500所孔子学院和1000个孔子课堂。孔子学院现成为推广汉语教学、传播中国文化及汉学的全球品牌和平台。2007年，国家汉办主任许琳在接受《环球时报》的记者采访时强调指出：孔子学院是应世界各国人民对汉语学习的需求，增加各国人民对中国文化的了解，加强教育文化合作交流而建立，每所孔子学院都是国外大学争相创办，主动向我们提出申请，这种热情挡也挡不住。

需要指出的是，我们的主动作为并不一定都会换来积极的响应，有时会出现负面的反弹。2012年5月，美国审查孔子学院学术资质，要求部分教师离境。2014年9月，美国芝加哥大学、宾夕法尼亚州立大学宣布，将与中国孔子学院停止合作。2015年6月30日，瑞典斯德哥尔摩大学孔子学院关闭。

遭遇挫折是难免的，但汉语国际推广的总体发展趋势是好的。需要明确的是，汉语国际推广是汉语走向世界不可逾越的一个阶段。可以说，只有经历汉语对外推广的这一步，才有可能实现提高汉语的国际地位，推动汉语言文化走向世界。

（三）汉语国际教育

在"汉语国际推广"的影响下，汉语作为外语教学也在发生着变化。从汉语国际推广到汉语国际教育，二者的不同之处在于"推广"与"教育"："推广"是指扩大施行或作用的范围；而"教育"则是指培养新生一代准备从事社会生活的整个过程，主要是指学校对儿童、少年、青年进行培养的过程。汉语国际教育较汉语国际推广而言，更注重培养的过程。譬如，我们的孔子学院，"孔子"只是一个符号，并没有真正进入孔子的思想，更谈不上在国外产生持久深远的影响。赵金铭指出，汉语国际教育的学术定位属于第二语言或外语教学，学科定位属于应用语言学，下辖国内的对外汉语教学（汉语作为第二语言教学）、海外的汉语作为外语教学。汉语国际教育的主旨是努力拓宽发展汉语教学，同时传播中华文化。袁礼从狭义与广义两个层面界定了汉语国际教育：狭义的汉语国际教育是指对华侨华人进行中华语言及中华传统优秀文化的教育；广义的汉语国际教育是指对中国人与外国人进行中华语言、文化、宗教、民俗、经济、政治、社会、科技等直接或潜移默化的教育。不论是广义还是狭义，汉语国际教育的框架都是在国际环境下的汉语教育。换言之，汉语国际教育不再是简单的对外汉语教学，它是对外汉语教学进一步发展的产物，视角要从最初的"国内"环境切换到"国际"

环境；此外，汉语国际教育还包括了传播汉语言和汉文化的双重使命，这对于对外汉语教学来说是质的飞跃，也为日后的汉语教学确定了新的发展方向。

汉语国际教育不仅是一种教育行为、教学行为，也是一种国际传播行为。与此相比，汉语国际推广更强调传播语言的主动性，强调汉语国际传播中的主动性，容易造成误解，引发接受国的反感或抵触，给捏造所谓"中国威胁论"的人落下口实。刘毓民对国内外600名从事汉语国际教育的老师所做的调查表明，汉语国际教育比汉语国际推广更能展现和平意图。因而，在汉语国际的架构下，如何克服谣传的干扰，成功传播汉语言文化，需要更多切实有效的策略与方案。

三、英语国际教育的发展历程

成功地推进汉语言文化的国际传播并非易事。对外汉语教学实际上是一种外语教育教学，它与其他针对非母语说话人的语言教育教学（如英语教育教学）本质是相同的。研究这方面现有的成功范例，借鉴已有的成功经验，对我们开展和推进汉语国际教育无疑有着重要的指导意义。

英语国际教育的发展历史约一千五百年，英语现已成为世界上最为通用的语言之一。英语作为第二语言被广泛使用，可以说与大英帝国的世界影响和美国"二战"后占据世界霸主地位是密切相关的。现在全世界有10多个国家以英语为母语，45个国家以英语为官方语言，世界三分之一的人口（20多亿）讲英语，全世界75%的电视节目用语是英语，四分之三的邮件是用英语写的。我国学过英语或正在学习英语的总人数超过3.72亿，差不多相当于以英语为母语的国家人口总和。对于母语非英语的群体来说，无论是要发表学术论文、阐述个人思想，还是要参加国际上的商业、学术等各类活动，若要与其他英语非母语的群体进行交流交往，就必须主动地去学习和掌握现今世界上与人交往最为重要的交际工具——英语，即现今各领域所采用的国际通用语（Lingua Franca）。

英语现在所取得的国际地位和国际影响，当然与英、美两国在世界历史上所做出的贡献是分不开的。19世纪，英国作为日不落帝国为英语走向世界做出了很大贡献。虽然两次世界大战之后，英国的世界影响力大不如前，但美国在两次世界大战之后迅速崛起，取代英国有力地推动英语成为世界强势语言。当然，光有强劲的综合国力还不够，就美国英语而言，无论是美国政府还是民间组织，都在美国英语的教育方面投入了大量的人力、物力和财力，不仅在官方层面，也在民间层面大力促进了美国英语在全球的推广与传播，这才使得美国英语在全球范围内迅速发展。风靡海内外的美国动画大片、好莱坞电影、音乐等作为美国元素，也为英语的国际传播发挥了很大的作用。

此外，英美国家在引导英语教学方面的工作成效显著，也是经过了长时间的蓄势才有的结果。例如，美国于 1966 年就成立了"世界英语教师协会"（Teaching English to Speakers of Other Languages，简称 TESOL），其主要任务是：以培训对外英语教师为主，同时开展对外英语教学研究，编写英语教材，开展对外英语教师教学经验交流会议等。50 年间，这一组织已然使美国英语风靡全球，英语语言教学也不再是输出国的事情，而是输入国积极要做的工作。也就是说，英语教学的主体不再是英美，但主导力量仍是英美，这样的对外语言教育教学是非常成功的。比如在当今中国，英语作为外语教学相当普遍，并且大部分教育教学工作者都是母语为汉语的中国人，其中只有少部分人员来自英美国家，但是英语语言教学研究做得最好的仍是来自英美国家的学者。中国的英语教学在很大程度上也是参照英美国家发布的英语教学水平和标准来进行的。这就形成了英美国家主导的、主要由母语非英语国家承担的英语语言教育教学的格局。其根源已经不是某种语言自身，而是一种文化影响力。

我国正在积极地开展汉语国际教育工作，孔子学院在海外的汉语推广工作也正如火如荼地进行，但汉语国际教育还处于起步与探索阶段，还存在着诸多问题。我们只有在认真分析、深入研究英美国家对外英语教学的成功经验的基础之上，结合汉语实际情况，才能有效地将汉语国际教育工作做深、做实、做到位。

四、汉语国际教育的路径、方式与挑战

汉语国际教育与其他语言的国际教育一样，都要经历不同的发展阶段和发展路径。要使汉语最终成为国际通用语，还有许许多多的工作要做。当然，为实现这一宏伟目标，我们要从现在做起，采用灵活多样、上下协作、行之有效的方式方法，一步一步地向前推进。

（一）从应对之需到主动出击再到主导方向的发展路径

对外汉语教学的第一步是从应对之需到主动出击。应该说新中国成立后特别是改革开放以来，我们很好地迈出了关键的这一步——汉语国际推广。从应对上百万的来华留学生的汉语教学，满足他们学习汉语、学习中国文化的迫切需要，到现在积极主动走出国门，走向海外，在上百个国家设立几百所对外汉语教学机构的孔子学院和课堂，推广汉语言文化走向世界，这显然是汉语国际教育发展进程上的一次重要转向。它无疑将有助于促进汉语国际传播，在短时间内有效地大幅度提升中国的国际地位和影响力。

然而，需要指出的是，现在还不能说我们的对外汉语教学已经办好、办成功。

事实上，我们现仍普遍使用的"对外汉语教学"这一术语，在某种程度上表明我们的汉语国际传播工作尚处在初级阶段。"对外汉语教学"中的"对外"二字说明汉语教学的主体工作是由我们而不是汉语非母语的国家和人民承担的。进一步说，"对外"仍是以我一方向外辐射的思维模式，而"国际"则是一种互相作用、相互影响的思维模式，后者的力量远远大于前者。因此当务之急是在汉语教学中改变"对外"的传统理念而突出"国际"的特色。在这一点上，英语国际教育为我们提供了成功的范例。在国际上，英语教育教学的主体工作，现在不是落在英美国家而是英语非母语的国家和人民身上。这也是英语国际传播的成功之所在。当然，主导英语国际教育方向的力量仍在英美，但英语国际教育的主体工作和责任则落在了我们这些非英语国家的身上。这说明，英语教育已经在许多非英语国家落地生根、枝繁叶茂。不可否认，英语教学在我国已经成为一大教育产业。在数千亿的中国教育培训市场中，英语培训市场无疑占据了其中最大的份额。作为中国教育培训市场龙头老大的"新东方教育科技集团"，1993 年 11 月 16 日成立，现已成为年产值近亿元的美国纽约证券交易所的上市公司。反观我们的汉语国际教育机构，不要说盈利，每年还需要国家的大量资金投入。这充分说明我们的汉语国际教育之路任重道远，尚没有"落地生根"，更不要说"枝繁叶茂"了，只能说仅仅处在"撒种播种"的初始阶段而已。"汉语走向世界"与"汉语国际化"，现在也只是我们奋斗的一种远大理想和目标而已。眼下就说"汉语已走向世界""汉语国际化了"，还为时尚早。

判断汉语国际教育成功与否的标准很简单：就是看汉语教育的主体工作或责任是由谁来承担的。如果是我们自己，即从我们角度出发的"对外汉语教学"，而非从学习者所在国的角度说出的、没有"对外"二字的"汉语教学"，那么我们的汉语国际教育还远远没有真正做到位，更没有达到汉语在海外"落地生根"的程度；当不是由我们而是由海外汉语学习者所在的国家和人民来承担时，才能证明汉语确实在国际上得到了广泛传播，并真正在海外"落地生根"了。

（二）方式方法

汉语国际教育是汉语国际传播的主渠道，要想做好汉语国际教育，实现汉语言文化在国际上得到广泛传播这一目标，需要我们采取灵活多样、行之有效的方式方法。这其中需要我们处理好微观与宏观、内部与外部、行政与学术、实践与理论、主观与客观、上层与基层、官方与民间等之间的关系问题。事实上，要做好汉语国际传播工作，需要我们各方面的通力协作。这样才能有效地推动和实现汉语的国际传播。

微观与宏观：汉语国际教育是在国际环境下所实施的汉语教学，它不仅要在国际环境下做好汉语的教学工作，更需要做好中国文化的传播工作。既要在传播中国文化的同时，做好汉语言的推广工作；也要在推广汉语的同时，做好中国文化的传播工作。语言是基础，是文化的载体，文化需要借助语言这一载体得以推广，为世界各国人民所接受。另一方面，文化的传播也会提升语言在目的地国家的认可度，从而提升语言的地位和影响，促进国际语言教育事业的不断发展。所以，我们不仅要关注和做好具体的汉语教学工作，还要有更远大的目标，知行合一，做好汉语言文化传播这一整篇大文章。

内部与外部：所谓内部与外部，即国内与国外。要促进汉语国际教育的发展，不仅要看国内的决策，也要看国外的意愿。只有双方达成了一致，才能保证汉语国际教育道路畅通无阻。孔子学院在世界各地建校亦是如此，要在世界各地兴办孔子学院是国内的决策，条件是其他国家自愿申报该项目。自兴办孔子学院10多年以来，海内外孔子学院已达500所之多，发展相当迅速，这说明，只有在内外意见相一致、意愿与决策相契合时，汉语国际教育才会实现蓬勃发展。

行政与学术：汉语现在国际上尚未得到广泛传播的情况下，汉语国际教育事业无疑需要国家政府部门通过行政手段加以推动和落实。另一方面，要想最为有效地实施这一教育计划，就必须采取科学合理、适宜对路的方式方法，而这需要该领域专家学者为我们这方面的教育主管部门拨云见日，指点迷津。显然，在这一方面学术研究与行政工作是紧密相连、相辅相成的。行政主导，学术跟进，双方相互协调，有效互动，是做好汉语国际教育工作必不可少的基础和条件。

主观与客观：主观上，我国为实现汉语言文化的国际传播，在世界范围内实施汉语国际教育这一重要举措，并希望收到良好成效。客观上，虽然我国在汉语国际教育领域大有建树，但问题还是层出不穷，如"中国威胁论"等谣传无疑会对汉语国际教育事业造成干扰，产生负面影响。因而在总体规划与具体实施过程中兼顾主客观两方面的因素和问题，就显得格外重要。

上层与基层：汉语国际教育需要做好顶层设计工作。在顶层设计过程中，深入了解和体恤汉语国际教育一线工作人员所遇到的具体问题和实际困难，这对推动和落实汉语国际教育的目标与任务无疑是非常重要的。另一方面，基层部门也应将遇到的一些实际问题和困难主动及时地反映上去，让顶层设计者了解实情，对各方面的问题和困难了然于怀，从而制订出贴近实际、易于实施的顶层规划。总而言之，只有上下联动，形成合力，才能顺利实现汉语国际教育的规划与目标。

官方与民间：美国英语的成功推行很大程度上是由于官方与民间的共同努力，官方是政策的规划与制定者，决定了推广方向，也对民间机构的英语国际推广行为进行有效的监督。而民间机构则承担了更多的实际性工作（张西平，2008）。倘若汉语国际教育只在官方层面上决定教育方向，但民间机构却不做任何反应，那么官方只是在做无用功，汉语国际教育便无法顺利进行；相同的道理，如若没有官方的号召，只有民间机构在想方设法实现汉语国际教育，没有一个共同的目标引领，那么汉语国际教育同样无法获得真正的成功。只有官方与民间通力合作，才能做好汉语国际传播这篇大文章。

（三）问题与挑战

汉语国际教育的核心是汉语教学。要搞好汉语教学，首先要做好汉语本身研究。汉语属汉藏语系，与印欧语系的语言大不相同，这给汉语国际教育带来一定的困难。正因为如此，我们的汉语研究需要国际视野，不仅要注意汉语的独有特征，也要关注与世界其他语言的共有属性。研究并推出一套外国人易于接受、便于学会的语言形式与法则，这会对成功实施汉语国际教育起到决定性作用。

汉语国际教育要做好汉语教学，更要做好中华文化的传播。中华文化延绵千年，蕴藏着无穷的魅力与活力，是汉语国际教育可资利用的重要资源。需要指出的是：文化传播不仅需要我们在内容上多下苦功，也要在方式方法上有所创新。美国的好莱坞大片、日本的卡通动漫，都潜移默化地起着传播文化的作用。相比之下，我们对外传播文化的方式就显得简单肤浅、刻板单一、缺乏新意。

汉语国际教育现正处在以设立与发展孔子学院为龙头的主动出击阶段。虽然孔子学院开设数量骄人，成效也十分显著，但汉语尚未能在世界各地落地生根、生长开来。若要汉语在异国他乡落地生根、枝繁叶茂，需要汉语教育本土化（亦称本地化），尤其是汉语教师资源需要本土化。但现实是绝大多数汉语教师都是中国政府外派出去的中国教师，本土教师所占比例很小，不足以成为汉语国际教育事业的主角。以孔子学院为例，早期的教师是一些中国留学生或者孔子学院等机构自身聘用的中国公民，人数十分有限，水平良莠不齐，这对于汉语教学是相当不利的。对比中国的英语教学，就会发现：国内绝大多数的英语老师是母语为汉语的中国教师，只有极少一部分是外聘的英美籍教师。由此可见：如要做好汉语国际教育，使汉语真正走向世界，就必须让汉语教学在海外生根发芽，让本土教师成为汉语教学的主体力量。汉语国际教育师资力量本土化，无疑是一项长期且艰辛的工作。对此我们不仅要有决心，也要有耐心和恒心，持之以恒、凝神聚力、专心致志地一步一步推动这项工作的落实。

从对外汉语教学到汉语国际教育，重要的是我们改变了以往"对外"的视角，开始从世界的角度看待我们的汉语教学，这让我们在汉语国际教育上更有大局观，更具国际视野，更有前瞻性。今后的汉语国际教育，更应是走出国门在国际大环境下实施的一种汉语言教育教学。在不同的国际环境下，需要我们的汉语教育教学更多地将目的国的因素考虑进去，有的放矢，从而取得事半功倍的效果。

　　另一方面，我们也要转变思想、更新观念，适时地做出调整，有意识地从现在的汉语国际教育主体地位转向主导地位，使汉语国际教育由现在的"撒种播种"方式转变为一种"落地生根"的结果。当然，要让我们在世界各地播下的汉语"种子"得以落地生根、茁壮成长，需要我们倍加努力地维护和创造良好的氛围和环境。

　　需要指出的是，汉语现在国际上的地位不高，影响不大。汉语走向世界，还有许多的工作要做。但只要方向明确，肯于投入、甘于奉献、勇于探索，我们就一定能够做好汉语国际教育工作，加速汉语言文化的国际传播，为提高我国在国际上的大国地位和影响做出汉语言文化工作者应有的贡献。

第七章　汉语国际教育的改革研究

第一节　"一带一路"汉语国际教育

"一带一路"倡议提出已经六年了，中国和沿线各国在这个伟大的合作建设中都得到了不同程度的共赢发展。"如果把'一带一路'比喻为一辆开往人类美好明天的列车，那么汉语等语言和文化的交往就是列车的润滑剂，它保证着列车顺畅、和谐、高效地运转和前行。汉语的国际传播对于实现丝路沿线国与国之间的畅通交流和文化理解起着必不可少的作用"。可见，"'一带一路'需要汉语铺路"。为此，教育部于 2016 年 7 月 13 日印发的《推进共建"一带一路"教育行动》明确提出："支持更多社会力量助力孔子学院和孔子课堂建设，加强汉语教师和汉语教学志愿者队伍建设，全力满足沿线国家汉语学习需求。"作为培养汉语教师的汉语国际教育专业在"一带一路"的国际合作背景下迎来了新一轮的挑战和机遇。广西作为"一带一路"的门户，在这个国际合作建设中，被历史赋予了重大的使命。

一、广西汉语国际教育本科专业发展现存的问题

截至 2018 年，广西开设汉语国际教育专业的本科院校共有 15 所。与开办历史悠久的北京、上海等地相比，广西的汉语国际教育专业起步较晚，但专业发展凸显的问题和全国其他高校有一定的共性，也受地域、发展等制约的局限。突出地表现在课程体系、实践环节和毕业生对口就业等问题上，具体表现如下。

（一）专业课程结构板块统一，但特色不鲜明

目前，汉语国际教育专业的知识结构由语言学、对外汉语教学技能、文学与文化、外语四个板块构成已取得共识，从语言学和汉语言文字学基础知识、对外汉语教学的基本理论和方法、文学与文化素养、汉语和外语写作能力和口头表达

能力四方面培养学生获取汉语教学的能力是教育者共同的目标。笔者考察了广西的 15 所高校，培养方案和课程都按照这四大板块设置，遵循教育部颁发的 2012 年的专业目录要求。"课程设置缺乏地域特点，开设大一统课程，缺乏国别教学的针对性"的情况是广西汉语国际教育课程体系的真实写照。

（二）课程设置缺乏专业整合意识，致使学生能力单一，不能适应新时代汉语教学的需要

广西的汉语国际教育专业在课程设置上紧紧抓住四大板块开设，对毕业生的能力突出描述为"汉语教学能力"，课程对能力的支撑诚然是充分的。但这种单一的能力与目前全球汉语学习者、学习形式的多样化均不符合。专业建设缺乏校内专业整合意识，"关门"办学导致了毕业生的能力构成单一，制约了毕业出路。

（三）对实践重视不够，实习基地缺乏

"汉语国际教育为培养从事汉语教学和中华文化国际传播人才做出了不可替代的贡献，为促进中外人文交流、推动世界多元文明互学互鉴发挥了积极作用。"近十几年来，由于对外汉语教学在国家发展中发挥了重大作用，使得汉语国际教育专业的申报一度放开，一些不太具备办学条件的高校也把开办资格拿下了。广西的少数高校在专业获批时尚没有留学生进驻，想让学生到真正汉语课堂的见习和教学实习难以落实；由于区内实习基地缺乏，学生又因为家庭条件有限等各种理由不愿到国外实习，一些学校甚至把汉语国际教育的学生统一分派与汉语言文学专业的学生一起到中小学实习，或者采用自行到中小学、企业等分散实习的形式，致使学用脱节。

（四）毕业生从事汉语国际教育对口工作的比例很低

由于学生的专业意识、"走出去"意识不强，缺少职业的规划，选择到海外做志愿者或从事相关工作的人数比例很低。以笔者所在的南宁师范大学为例，2014—2018 年学校该专业毕业生考取汉办志愿者等能直接从事对外汉语教学工作的人数分别只占当年毕业人数的 15.5%、12.5%、17.8%、12.3%、14.8%。占比不高，但比全国的平均数 10% 左右略好一些。

以上是广西汉语国际教育专业存在的突出共性问题，但各个学校受专业办学时长、办学实力等因素的影响，还存在具体问题，需要积极探寻有效的措施给予解决。

二、优化培养方案，精心设置课程，加大实践力度

（一）做足培养方案的调查研制功夫

汉语国际教育是跟国家政策关系最密切的专业之一，培养方案必须要在国家政策的指引下与时俱进，适时修订。方案制订前的调查涵盖国内和国外（广西主打的市场为东南亚各国），内容主要是对汉语教师量及质的需求，本着以市场为导向、以对口就业为龙头的出发点去修订培养方案，增强方案的可行性和有效性。对国内的调查应着重走访办学历史悠久、同处边疆地区的高校。广西汉语国际教育专业的人才定位应是坚守服务广西、辐射"一带一路"的东南亚各国的宗旨不变，因此，云南、新疆等边疆地区高校的做法对我们更有启发。对国外的调查可借助政府部门与东南亚沿线各国对接，了解该国汉语学习者的构成、人数、层次、内容、目的需求，对汉语教师的质量与数量要求等情况，确保培养方案有的放矢。

（二）整合校内专业课程资源，为学生打造"双技能"，满足发展需求

广西的汉语国际教育专业除了坚守对外汉语教学能力的培养外，应该根据服务需要扩展学生的能力结构。可按照"对外汉语教学技能＋辅助技能"的双技能模式，培养复合型、应用型的人才，以满足东南亚沿线国家不同汉语学习者的需要和为学生能从事一些延伸性工作的需求。

为此，学校应对汉语国际教育专业给予大力的扶持，以学校行为进行校内专业课程资源的整合共享，在大二、大三阶段为汉语国际教育专业学生提供教育、文化产业、旅游管理、经贸、新闻传播、金融学等专业的精选课程选修，并纳入汉语国际教育专业的课程体系中，学生可根据爱好自行选修。另外，汉语国际教育专业的老师要对学生申明汉语教师"双技能"的必要性和紧迫性，促使一些有条件的学生辅修利于就业的第二专业。通过选修课程或者辅修专业的办法，使学生在汉语教学中能顺利嵌入贸易、旅游、金融、会计、高铁等相关的专业，拓宽学生知识面；"双技能"在身，哪怕不能考取汉办志愿者，还可以把握与"双技能"有关联的一些非教学岗位的海外就业机会，让学生走得出去并有能力留下来。增设其他专业的课程作为选修课程后，势必会出现学分超出计划的情况，这时需要对一些长期躺在体系里的只列不开的"僵尸"选修课程进行删除，使学分用在关键处，使课程结构跟上时代节拍。

（三）第二外语教学要贴近专业实际需要

从广西的区位来看，"对外汉语教学"主要是"对东盟汉语教学"，故第二外语即东盟小语种课程的开设应该得到足够的重视。笔者调查到了广西有关高校开设东盟小语种的情况：开设时间是 3 或 4 个学期，课时量在 140 以内，基本采取全程进阶式的学习方式；第二外语教学效果不理想，一些学生在汉办志愿者面试阶段不能使用东盟小语种辅助教学。进阶式的学习方式对外语专业来说可能效果明显，但对汉语国际教育专业来说不太实用，学生更需要针对性地掌握二外在汉语教学中的日常使用，使第二外语在必要的时候很好地帮助组织汉语教学。所以，第二外语课程教学要贴近专业实际需要。应该改变原来全程进阶式的学习方式，在前半阶段使用进阶式的教材及学习方式，在后半阶段以第二外语的听说读写分项技能的训练为主，特别结合汉语教学专门用途的听说读写技能训练，真正为学生的对外汉语教学和海外就业提供媒介语的有力支持。另外，为扩大学生实习和就业的领域，各高校还可以根据自身条件逐步增设东盟的语种供学生选修。

（四）加强实践环节，积极拓展实践平台

目前的就业形势要求毕业生能够快速进入国际汉语教师的角色，特别是赴海外任教的汉语教师。毕业生要能迅速进入角色，唯有在校期间多磨炼多实践，除了实践别无他法。一方面在保证实践课程的基础上，非实践课程要提高实践在课程中的占比，多渠道多场合给学生提供实践锻炼的机会。另一方面，要好好地利用留学生的资源。我们应该把实践的环节从大一就开始实施，让学生从大一就走进留学生课堂观摩，提高他们对专业的认识和对国际汉语教师工作的了解，为将来教学技能课程的学习打下一定的基础。到大二、大三期间，让学生结合教学法、对外汉语教育学及心理学等课程的学习去听课见习，有针对性地带着课程问题去观察课堂、印证理论，积累一些感性的经验。另外，对外汉语教学法课堂可通过小组学习、案例分析、现场研究、模拟训练等方法，通过广泛接触不同类型的案例，来提高学生的教学技能和国外教学适应能力。在大四实习阶段，一定要保证学生有足够课时量的汉语真实课堂教学实践。学生成长最重要的阶段就在实习环节，实习是学生的第一次质的飞跃。教师至少要为学生争取每人 8 节的教学任务，并且由校外校内指导老师共同跟进指导，确保实习效果。所以，实习阶段的监管、质量跟踪是不可缺少的。

实践平台的缺乏是目前广西高校汉语国际教育专业发展中共存的难题。广西15 所高校现在都招收了留学生，但为了让学生接触到更多的汉语教师及教学风格，不提倡就地在本校实习的做法。可用互为实习基地的办法解决实习平台的问题，也可以与留学生较多的广西医科大、广西中医药大学、右江民族医学院、广

西农业职业技术学院等本科高职学校建立实习平台，对学生进行联合培养。当然，最好的办法就是开拓海外实习基地。抢占东盟国家作为实习平台是传统的做法，泰国的经济、交通、旅游都比较发达，成了广西高校集中的地方，但这种过度密集地接收实习生在一定程度上影响了实习的质量，因此应拓展更多的东盟国家作为专业的实习基地。

三、提高毕业生对口就业的建议

毕业生对口从事对外汉语教学比例低是目前这个专业存在的严重问题，有几个原因：一是国家汉办提供的志愿者职位有限，导致考取困难；二是本科的学历不能达到高校汉语教师的准入要求；三是广西目前没有国际学校，毕业生想在区内从事汉语教学的机会有限；四是学生缺乏职业规划，缺乏国际视野，不愿意到国外任教。

要提高毕业生对口就业率，可以从以下几方面入手。

（一）加强专业教育，提高学生对专业的认识

从学生入学起即对学生进行专业人才培养方案的学习和进行职业规划的指导，并应贯穿至四年学习生涯中。让学生自觉规划自己的出路。要改变过去只在开学时进行专业教育专业导论，之后就放任的做法。我们要在不同阶段进行专业教育，使学生明了就业的出路，做到心中有数，避免到大四才开始焦虑。要教育学生为传播汉语做贡献，为国家的发展建设做贡献。

（二）将发动辅导学生报考汉办志愿者、对口考研落到实处

汉办志愿者是汉语国际教育专业学生的一个对口的就业岗位，对汉语国际教育专业的毕业生来说，竞争还是激烈的，但并不意味着没有可能。我们在扎实进行专业教育的同时，大三阶段要积极发动学生报考汉办志愿者，并且进行有计划的辅导，使学生能在教师的引导帮助下提高应考能力和专业能力。考研动员可在大二结束前进行，对考研的学生给予时间更长、形式更多样的帮助：从教师分专题辅导、教师学生一对几的对口辅导到后勤保障——专门的考研教室、专门的考研宿舍（笔者所在学校甚至给冲刺阶段的考研学生提供免费营养早餐）再到考研学生的心理疏导等，全方位为学生提供考研的周到服务。鼓励学生报考汉办志愿者、考研，争取学以致用和专业的继续提高。

（三）培养学生具备与汉语教学延伸有关的辅助工作能力

随着全球汉语学习人数的增加和学习群体的丰富，网络学习是日益受到欢迎的形式，所以从事与汉语教学有关的辅助工作也是提高毕业生对口就业的一条出路。在校期间可指导学生申报大学生创新项目、"互联网 +"项目，鼓励学生积极进行网络汉语学习各种平台的开发和研究，积累一些经验，毕业后可到一些汉语学习平台、汉外翻译平台从事开发管理工作。

（四）挖掘汉语教学培训机构，广开对口就业门路

广西毗邻东盟，各市均有一些东南亚企业进驻，对外方人员的汉语培训也是一个可以让毕业生就业的去处，我们要广开渠道，像寻找实习基地那样去为学生寻找这些去处。

汉语国际教育在 30 多年的发展历史中虽取得了一定成绩，但由于专业特殊，可供学习的经验不多。从 2010 年起，由北京语言大学、北京外国语大学、华东师范大学、上海外国语大学四所学校联合举办了每三年一届的"全国高校汉语国际教育专业研讨会"，至今已举办三届。可喜的是，广西高校也意识到了合作的重要性并已付诸行动。2018 年 4 月，由广西民族大学率先牵头召集召开了"广西高校汉语国际教育学科与专业建设研讨会"，打破了过去"各自为政"互不往来的局面；2018 年 9 月，广西师范学院（现更名为南宁师范大学）举办了"全国'一带一路'背景下的汉语国际传播学术研讨会"；2018 年 12 月，北部湾大学举办了"北部湾城市群高校汉语国际教育专业综合改革国际研讨会"。我们期待在这个良好的开端后，广西高校能结成高校联盟去共商面临的问题，探讨立足于"一带一路"、立足于广西汉语国际教育专业发展改革及人才培养的优化途径，更好地为广西和国家的发展服务。

第二节　非遗在汉语国际教育中的意义

非物质文化遗产作为一种"活态"存在，承载着中华民族从远古以来形成和传承的民族精神基因，包含着中华民族的生活方式、审美情趣、道德观念、情感寄托与价值追求，是中华民族文化的最为生动、最为鲜活的表达。在汉语国际教育领域引入"非遗"资源，可最大限度地提升"非遗"的传承与传播，对实现国家语言文化战略意义重大。在汉语国际教育领域，"非遗"传承传播实现的路径在于解决好"非遗"进教材、进课堂、进头脑问题。

党的十八届三中全会明确提出要"完善中华优秀传统文化教育"（《中共中央关于全面深化改革若干重大问题的决定》），对中华传统文化在国民教育体系中的地位和作用做出了符合时代发展需要的战略性指示。为贯彻中央文件精神，加强新形势下中华优秀传统文化教育，教育部出台了《完善中华优秀传统文化教育指导纲要》（以下简称《纲要》），进一步明确了分学段有序推进中华优秀传统文化教育的基本内容、教育重点和推进举措。中华民族拥有 5000 多年不间断发展传承的悠久文明，外延博大，内涵精深，"是中华民族语言习惯、文化传统、思想观念、情感认同的集中体现，凝聚着中华民族普遍认同和广泛接受的道德规范、思想品格和价值取向"（《纲要》），凝结着能够被传承的中华民族的历史地理、风土人情、传统习俗、生活方式、文学艺术、行为规范、思维方式、思想政治、价值观念等。我国主流传统文化的研究成果丰硕，关于其进教材、进课堂、进头脑（以下简称"三进"）的问题，在各阶段国民教育中正在受到越来越多的关注，相关举措也在陆续推进中。但是作为中华传统文化的重要组成部分，非物质文化遗产的境遇还不容乐观，在面向中外学生的汉语国际教育领域，还未真正从战略意义的角度考虑其重要性与实现路径。如何在汉语国际教育中做好非物质文化遗产的"三进"工作，不但关涉着中华优秀传统文化的传承和传播问题，更关系着国际知华友华人士的培养问题，具有重要的战略和时代意义。

一、"非遗"在汉语国际教育中战略的意义

非物质文化遗产，简称"非遗"，是"指被各社区、群体，有时是个人，视为其文化遗产组成部分的各种社会实践、观念表述、表现方式、知识、技能，以及与之相关的工具、实物、手工艺品和文化场所"。一方面，我国丰厚的非物质文化遗产是汉语国际教育的重要资源；另一方面，汉语国际教育又是实现非物质文化遗产传承传播的有效路径，在汉语国际教育领域融入"非遗"文化，具有无可替代的战略意义。

（一）汉语国际教育可最大限度利用丰厚的"非遗"资源

我国是世界上"非遗"文化最为丰富的国家。改革开放以前，受"五四"运动以来科学主义主流思潮的影响和"文革"时期席卷全国的"破四旧"运动的冲击，我国对"非遗"的内涵理解和意义认同经历了很长时间的低谷时期，或视其为文化古董肆意打砸，或视其为封建迷信无情破坏。新世纪以来，随着国际社会普遍对"非遗"价值认同的转变，我国政府也开始逐渐加大"非遗"资源的挖掘保护和传承传播。

为使我国的"非遗"保护工作规范化，国务院于 2005 年颁发了《关于加强文化遗产保护的通知》，并制定"国家＋省＋市＋县"4 级"非遗"保护体系，要求各地方和各有关部门贯彻"保护为主、抢救第一、合理利用、传承发展"的工作方针，切实做好"非遗"的保护管理和合理利用工作。同时，国务院分别于 2006 年、2008 年和 2011 年、2014 年先后批准命名了四批国家级非物质文化遗产名录。目前我国拥有包括中医、京剧、珠算、古琴等在内的人类非物质文化遗产 39 个，国家级"非遗"项目 1396 个，涵盖了传统口头文学以及作为其载体的语言，传统美术、书法、音乐、舞蹈、戏剧、曲艺和杂技，传统技艺、医药和历法，传统礼仪、节庆等民俗，传统体育和游艺，其他非物质文化遗产六大类，形态异彩纷呈。如此丰厚的非物质文化遗产，根植于民间，融汇于普通民众的日常生活中，"代表着民众的生活、情感、艺术、知识和信仰，也代表着民族的本真精神"，承载着中华民族从远古以来形成和传承的民族精神基因，包含着中华民族的生活方式、审美情趣、道德观念、情感寄托与价值追求，是民族文化的最为生动、最为鲜活的表达。

汉语国际教育，就其表面看似乎是单纯的汉语言技能训练课，其实，语言学习与文化的传承传播密不可分。与主流思想政治文化和价值观念等相比，非物质文化遗产资源的情感性、趣味性、生动性和体验性更为突出，特别适合国际学生了解和体验中国传统文化，比如京剧艺术、剪纸艺术、书画艺术和中国功夫等，一直以来都广受外国友人的青睐和喜爱。地方性非物质文化资源更是一个地方的文化名片，对国际学生具有天然的吸引力，在汉语国际教育中融入地方性"非遗"资源，也能促进外国人士了解中华传统文化的丰富性和多元性。目前多数高校为留学生开设了《中华才艺》课，讲授和学习中华戏曲、书法、剪纸等非物质文化遗产。凡此，正可成为汉语国际教育的重要素材，对丰富汉语国际教育内容，促进汉语国际教育水平，提升汉语国际教育影响力，实现国家语言文化战略意义非凡。

（二）汉语国际教育可最大程度实现"非遗"的传承与传播

汉语国际教育牵涉的范围其实很广泛，其对象实际包括两类群体，一类是世界范围内的中华儿女，一类是所有的外国人士。我国在各国设立的孔子学院和孔子课堂，是在境外实现中国语言文化传承传播的战略选择和有效途径，在中华文化的浸润和濡染中发挥着重要的作用。在国内，大学的汉语国际教育是推进语言文化战略的主要途径。

"非遗"最大的特点是熔铸于一定民族特殊的生活和生产中，是民族性格与审美习惯的"活态"存在，它依托于人本身而存在，更依托于人本身而传承传播。大学生是一个国家、一个民族中最具影响力和表达力的亚文化群体，在大学生群体中推动"非遗"研究和保护、传承和传播是极具现实性的战略选择，也是实现国家语言战略的必由之路。非物质文化遗产因其趣味性、鲜活性、生动性，以及所蕴含的独特的中华传统文化元素等广受国际学生的欢迎，他们更大范围传播中华非物质文化遗产及文化的良好路径。

对于主修汉语国际教育专业的中国学生而言，"非遗"文化的传承传播是使命，也是职责。让中国学生学习和掌握我国丰富灿烂的"非遗"资源，理解和认同"非遗"中所蕴含的民族精神和文化底蕴，能够提升学生的民族文化自信心和自豪感，促发汉语国际教育专业学生产生炽热的民族文化内需力，从而成为持久的中华传统文化的传承与传播主体。在留学生汉语国际教育中贯穿"非遗"理念，通过汉语言文化课堂和汉语言文化实践活动，介绍我国的民间艺术，讲述我国的民间故事，让他们体验我国的民间工艺美术等，让自然山川地理与独特的人文神韵紧密结合，让抽象的文化精神与生动的参与体验有机融合，会给国际学生留下深刻而持久的文化记忆，加深国际学生对中华民族文化的丰富性、多样性的理解。传播是一个动态的循序渐进过程，人们对于某种事物（观念或意识）等的接受和持续选择要经历视听觉上的注意、真正内心的注意、信任、接受、选择、体验和再选择这样一个循环往复的过程，在这一过程中，受众对受体的认识和体会就会不断深化，进而熔铸成观念的东西掌握受众。汉语国际教育领域的"非遗"教育，正可以借助传播活动的动态性和不断深化，实现对国际学生的持久影响，进而将其从文化的了解体验者转化为传承者和传播者。

二、"非遗"国际传承与传播的实现路径

适应中央关于"完善中华优秀传统文化教育"的发展战略，从国家语言文化战略层面考虑"完善中华优秀传统文化教育"的适宜路径，是实现包括"非遗"在内的中华传统文化传承传播的紧迫问题。就我国现阶段而言，多维度、宽领域的文化浸润是实现中华文化国际传承传播的有效路径，把"非遗"资源融汇于汉语国际教育的各个环节，落实好"非遗""三进"工作，在课程建设、教材编写、课堂教学和文化体验等方面都有着广泛的应用空间。

（一）"非遗"进教材

"非遗"进教材，就是要将非物质文化遗产作为汉语国际教育的资源加以充

分反映和体现。一是要凸现"非遗"在汉语国际教育教材中的主体性，解决边缘化问题。目前，我国汉语国际教育重语言轻文化的现象比较突出，根据对我国30余所高校汉语国际教育专业培养方案的调查显示，文化课的比重仅占整个课程的20%左右，"非遗"特别是地方性"非遗"的比重更小。在汉语国际教育的教材，如《中华文化与传播》《中华文化才艺与展示》等中写入"非遗"内容是十分必要的。当然，还要鼓励高校自编教材，充分挖掘地域文化资源，盘活省、市、县三级"非遗"资源，以促进"非遗"在汉语国际教育中的有效利用。二是要强调"非遗"在汉语国际教育教材中的系统性，解决碎片化问题。教材编写要讲求文化知识的系统性，对于任何一种"非遗"而言，不但要写清楚是什么，而且要写清楚为什么和怎么样，同时还要写清楚历史发展脉络。以镇江市国家级民间传说类"非遗"项目"白蛇传传说"为例，它不仅是劳动人民的集体创造，更吸引了不同时代的杰出文人参与改编，从而产生了诸如戏曲本、话本、拟话本、小说等文学样式，也有当代电影、电视等丰富的存在形态，这些不同的艺术形态所讲述的人蛇之恋故事，表达着不同时代生活于社会底层的普通民众的婚恋观念、审美诉求与精神品质。只有将"白蛇传传说"故事情节在不同时代的发展演变以及不同艺术形式体现的主题意蕴讲清楚，才能充分反映和表现其传承和传播价值。三是要提升"非遗"在汉语国际教育教材中的趣味性，解决抽象化问题。"非遗"是文化中最为生动形象的"活态"存在，写进教材的非物质文化遗产也应该充分调动其本身的多形态存在，以丰富多样的形式提升其传承传播的趣味性，进而增加其吸引力。"白蛇传传说"在教材中的体现方式就很典型，除了文字叙述，可以辅以剧照、木版画、铁艺以及声像资料，如电影、皮影戏以及镇江市开发的金山寺白蛇传大型水幕表演等，其传承传播的效应会大大提升。

（二）"非遗"进课堂

"非遗"进课堂，就是要将非物质文化遗产作为汉语国际教育的内容进行广泛介绍和传播。汉语国际教育的本质是让中外学生了解和掌握汉语言文化知识，加深对汉语言文化的理解和认同，其课堂是一个集合概念，包括课堂教学、专题讲座、语言实践、文化体验和直接参与等多种形式。一是在课堂教学中讲清"非遗"故事。如前所述，任何一种非物质文化遗产，都有其传承发展的历史脉络和精神内涵，讲清"非遗"故事是学生了解、掌握、理解和认同的基础。二是在语言实践中参观"非遗"实态。非物质文化遗产的存在形式多样，物化形态是一种主要存在形式。因此，走出教室，走到非物质文化遗产中，让中外学生们亲手摸摸、亲耳听听、亲眼看看、亲自闻闻，更能调动多种感官去感受和体验"非遗"文化的独特美，加深对"非遗"的认识和理解。三是在主题活动中参与"非遗"

体验。为中外学生创设"非遗"体验环境，让学生亲自参与到非物质文化遗产的创造和复制活动中，更能激发中外学生的学习热情。如以中国传统书法艺术教学为例，可以以图文并茂的形式向留学生讲授中国汉字的发展历程，从圆圈中的一点儿到"日"的发展，再会意出"旦"字，从绘画文字到象形文字到会意文字再到形神字，汉字文化知识脉络清晰，汉字文化故事生动形象，引人入胜；然后通过精心准备的中国文房四宝，让学生亲自动笔进行书法实践。融知识讲解、观摩体验于一体的教学活动能极大调动国际学生的积极性，将看起来死的书法艺术活灵活现，授课效果一定会非常好。

（三）"非遗"进头脑

"非遗"进头脑，就是要让非物质文化遗产所包含的知识和所体现的精神掌握传承和传播主客体。"进头脑"是一个缓慢的过程，通过文化浸润，包含着民族文化精神的"非遗"知识成为中外学生知识结构和文化记忆的一部分，随着体悟的深入，更会成为积淀于学生思想中的无意识存在。一是"非遗"知识和精神掌握传承和传播主体，即要求汉语国际教师首先要熟悉和掌握中华民族优秀的"非遗"文化，理解和领悟"非遗"所蕴含的民族精神、所寄予的民族情感。国家汉办/孔子学院总部制定的《国际汉语教师标准》对教师了解中国传统文化基本知识、阐释和传播中华传统文化的能力有专门要求。作为汉语国际教育教师，包括"非遗"在内的中华文化知识及其阐释和传播能力应是其最为重要的看家本领。二是"非遗"知识和精神掌握传承和传播客体。汉语国际教育的实质是提升汉语言文化在国际社会的影响力和认同度，培养知华友华人士，"非遗"因为表达和显现形式的亲和力和情感性而具有独特的优势，能够最大限度求得国际学生对中华文化的真正喜欢和热爱，成为传承和传播中华文化潜在资源或现实力量。

党和国家充分认识到传承和弘扬中华民族优秀传统文化的重要性，习近平主席曾在多个场合、多次讲话中反复强调："中华优秀传统文化是中华民族的突出优势，中华民族伟大复兴需要以中华文化发展繁荣为条件，必须结合新的时代条件传承和弘扬中华优秀传统文化。"非物质文化遗产因其"活态"存在的特殊性，成为传统文化中最为脆弱的一部分，客观上需要加大力度去保护、去研究、去传承和传播；也是由于非物质文化遗产的"活态"存在，使其成为传统文化中最为鲜活、最为生动的一部分，客观上增强了人们了解、掌握、理解和认同的亲和力和吸引力，更加适合作为汉语国际教育的素材。高校汉语国际教育应充分解决好"非遗""三进"问题，为推动中华传统文化的传承和传播、为实现国家语言文化战略做出贡献。

第三节　"互联网+"背景下汉语国际教育

随着中国的国际地位不断提高，全球掀起了一股汉语热，越来越多的外国学生开始学习汉语。"互联网+汉语国际教育"是一种新型的汉语教学模式，"互联网+"给汉语的传播带来了一条新途径，在"互联网+"的背景下，汉语在各国的发展更加迅速；同时，依附在互联网上的汉语教学也存在一些问题，对此，还需要积极探索应对措施。

李克强总理提出的"互联网+"行动计划，正引导着互联网企业拓展国际市场，互联网时代为整个教育带来了巨大的机遇。"互联网+教育"脱离了传统的教学模式在时间和空间上的限制，为我国的教育改革提供了新的发展契机，而当下汉语国际教育的蓬勃发展也离不开"互联网+"这一大背景。汉语国际教育作为中国教育领域的一部分，也紧跟时代的步伐，开启了在线汉语教育的新篇章。"互联网+"给汉语教学的发展带来了机遇，同时，在这一背景下，汉语教学也面临着巨大的挑战。

一、线上汉语教学的发展优势

随着中国国际地位的不断提升，全世界学习汉语以及了解中国文化的需求不断上升，汉语国际教育具有巨大的潜力。近年来，"网络孔子学院""网络北语"等现代远程教育不断发展，为汉语国际教育事业的发展开辟了"线上教育"的新途径，满足了不同学生群体对汉语学习的多样化需求，也有效地弥补了海外汉语教师短缺的现状，为在世界范围内有志于学汉语的人们提供一个广阔的学习平台。目前，从国际化与"互联网+"的大背景来看，汉语国际教育面临着很好的发展机遇，具有一定的优势。

（一）线上汉语教学能有效地提高教学效率

课堂的每一环节都需要有人来参与，教师与他的教学对象——学生，有着直接的关系，课堂中，教师地位的改变，在一定程度上促进了课程实施的进展，调动了学生的主动性与积极性。众所周知，在传统的课堂中，都是以教师为中心，以教师作为课堂的主角，在课堂上，教师一般采用灌输式的授课方法，而学习一门语言，除了要学习一定的发音方法和技巧外，最重要的还是要学生多加练习，对外汉语教学倡导"以学生为中心，以教师为主导"的教学宗旨。所以，在对外汉语的教学课堂中应该以学生为主角，而线上汉语教育正好符合这一宗旨，教师不再是课堂的主角，而是作为辅助者的身份出现，为学生提供服务。

汉语教师可以利用互联网的优势，录制与汉语教学的相关视频，例如，汉语语音教学、词汇教学、汉字教学等，把这些视频放到网上，以便更多汉语学习者可以学习汉语。还有一些教师把不同的课程内容和知识点巧妙运用到互联网的技术中，在互联网技术的辅助下向汉语学习者传授汉语的相关知识，在这一过程中，学生的自主能力与创新能力也能在无形中得到增强。此外，汉语教师可以通过网络，给学生留下一些语音、听力等作业，让学生做课后练习，在做完练习提交后，汉语教师在网上可以为学生批改作业，在批改作业的过程中找出学生存在的问题，对这些问题，教师可以在下次课堂中讲解。

"互联网+"背景下的汉语国际教育，有效地降低了学生对教师的依赖性。在"互联网+"的背景下，线上教师充当的是辅助作用，学习更多是靠汉语学习者的自觉性，所以，线上汉语教学在一定程度上提高了汉语学习者的自主学习性和学习的积极性。

（二）线上汉语教学灵活性更强

传统的汉语教学大多是在同一时空下的面对面的教学模式，随着现代技术的发展，网络时代的到来，汉语教学不再局限于同一时空，在"互联网+"背景下的汉语国际教育是一种线上的教学活动，它以现代媒体为中介，打破了传统汉语面对面教学对时间和空间的限制性要求，汉语教学活动的完成不一定非要在同一时空下进行，教师的教学活动可以不受时空的限制，学生的学习也可以不用受时空的限制，从而使得汉语学习更具灵活性和针对性。在这一背景下，即使汉语学习者身处自己的国家，并非处于目的语环境中，通过线上教育，他依然可以获得中国教师的教学和指导。

随着互联网技术的发展，越来越多的网络教学资源平台和移动终端不断出现，汉语学习者可以通过在手机中下载汉语学习的 APP，随时随地学习汉语，更有一些网络平台通过对汉语学习者的学习特征进行总结，制定出符合他们发展需要的教学 APP。还有某些网络平台为汉语学习者提供了面对面辅导教学的服务，就是"一个中国汉语教师辅导一个外国汉语学习者"，以便外国人更好地学习汉语。

虽然这些网络平台还存在着许多待解决的问题，但随着"互联网+"的不断发展，这些汉语教学平台的不断完善，移动学习会越来越便捷化，为汉语学习者提供越来越好的服务，使线上汉语教学，取得教育实效。

（三）线上汉语教学能给学生提供更多的学习资源和资料

在"互联网＋"这个大数据时代，教育过程不再被定格，而是转化为数据形式保存下来，教育过程中教师的教学行为和教学过程，以及学习者的学习过程和学习行为都会被保存下来，这就使得网上存在着各种各样的教学资料和学习资源，相关的汉语教学资料也是应有尽有，丰富的学习资源为汉语学习者提供了丰富的选择，在海量的资源中，学习者总会找到适合自己的教学方法。例如，同样是词汇教学，不同的汉语教师采用不同的教学方法。有的教师采用直观法，有的教师采用定义法，而有的教师采用对比法，有的教师同时采用多种教学方法等。

此外，在数据化时代，汉语教师可以利用计算机网络特有的数据库管理和双向交互功能，让系统根据每个学生的资料、学习过程和阶段情况等来对学生进行跟踪记录，同时根据不同的学生提供不同的学习计划和建议，提供给他们不同类型的汉语学习方法，更利于学生的发展。例如，根据学生的国别差异、年龄差异、现有汉语水平的差异等，针对不同种类的学生提出不同的学习汉语的建议，提供不同的教学方法。

二、线上汉语教学目前存在的问题

"互联网＋"是一把双刃剑，它在给汉语国际教育带来发展机遇的同时，也存在着许多挑战，目前，在线汉语学习还存在着许多尚待解决的问题。

（一）以学生为中心，挑战汉语教师的授课水平

线上教育改变了传统的以教师为课堂主角的课堂教学模式，线上教育更多的是以学生为中心，这对汉语教师来说，是个巨大的挑战。汉语作为世界上最古老的语言，也是公认的最难学的语言之一。它分为语音教学、词汇教学和语法教学等，环环相扣。语音教学是汉语教学的第一步，在语音教学中，包括汉语的声母、韵母和声调教学。由于很多语言中缺乏声调，汉语拼音中的声调对于很多外国学生来说是难点，即使是在同一时空下，要让学生学会辨认汉语的声母和韵母，学会正确发音，都不是一件容易的事，更不用说是线上的汉语教学了。线上的汉语教学因为不像传统的教学那样，它是隔着时空的教学，教师与学生不是处在同一空间内，这就存在着教师无法更直观地给学生展示汉语发音的问题，不仅如此，线上的汉语教学使得汉语教师无法及时地去纠正学生的错误。以汉语教学的语音教学为例：例如，在教汉语学生学习汉语拼音中"ü"的发音时，教师可以采用带音法，即用"i"的音带出"ü"的音，相对于外国学生来说，他们比较容易发出"i"的音，而通常无法发出"ü"的音，因为"i"和"ü"在发音时，舌位大致处于同一个位置，

它们的区别是圆唇与否，所以在教外国学生发这两个音时，我们可以先教他们发"i"的音，再告诉舌位保持不动，只需把嘴唇翘起，发出"ü"的音，此时，应该重点让学生看教师发音，注意教师的唇型。线上的语音教学是困难的，因为线上的教学本身就缺乏一定的真实性和互动性，很多时候，学生遇到问题不可以和教师面对面沟通，而且也会出现授课教师与答疑教师不是同一个教师的问题，这会让学生产生一种距离感，从而产生学不下去的想法，教师也无法直接地指导学生发音，当然，一个专业的汉语教师必然是一个终身学习的教师，也会是一个善于借助各种平台促进自己不断提升的教师。线上教育平台需要不断完善，汉语教师也需不断加强自己的能力，以便更好地抓住"互联网+"这个机遇，利用各种网络资源教学平台，各种移动终端来提高学习效率，使汉语传播到世界各地。

（二）知识服务无法满足个性化需求，缺乏针对性

学习是极其个性化的，由于缺乏优质内容和技术支持，无法满足个性化需求，而对于汉语学习者来说，他们的学习更加具有个性化。由于汉语学习者都是来自世界各个地方的，各具特色，他们有着国别、年龄、现有汉语水平、身份与文化程度的差异等，因为各自母语特点的不同，不同学习者在学习汉语的过程中会有不同的难点。以在进行汉语语音教学时，越南学生与泰国学生出现的声调偏误为例：（1）泰国学生在学习汉语语音时最主要的偏误是在学习声母和韵母时，比如说，在学习汉语舌尖后音"zh、ch、sh、r"和舌面前音"j、q、x"时，常把这些音发成舌尖前音"z、c、s"；再如他们常把"r"发成"l"或y[i]等。（2）越南学生在学习汉语拼音时的偏误：因为在越南语中有六种声调，分别为平声（33）、锐声（35）、问声（323）、重声（31）、玄声（32）、跌声（3425），而汉语拼音是有四种调类：阴平（55）、阳平（35）、上声（214）、去声（51），虽然在越南的母语中本身就有声调的变化，但是要学会汉语的正确发音也是很难的。越南学生在发汉语的阴平调时，调值往往会偏低，在发汉语的上声调时，易发为他们本国的问声（323）调，他们也容易犯把阴平调发成去声调的偏误。总的来说，每个国家的母语都存在着或多或少的区别，他们都有自己的发音习惯，而要改善各个母语背景不同的国家的汉语学习者的汉语发音，需要汉语教师总结出他们的发音特点和发音难点，对他们进行针对性的训练，整理出适合不同母语背景的汉语学习者的资料和视频。因为线上教学存在一定的复杂性，所以要做到分类教学还是有一定难度的。

（三）网上信息繁多，难以抉择

首先，互联网上有着丰富的学习资料和各种学习资源，这给汉语学习者提供

了多种选择，但是对于不熟悉汉语背景和汉语水平不高的学习者来说，过多的学习资源，反而会让他们烦恼，他们不知道面对这么多的信息时，该如何做取舍，他们很难找到适合自己的学习方法。比如，对于初学者来说，他们应该从学会正确的发音和拼读开始，但往往一些学习者因为急于求成，会找一些所谓速成的资料进行学习，不按照常规的学习过程进行学习，最终的学习效果必将大打折扣。

其次，对于同一个知识点，不同的教师可能有不同的教法和不同的见解，网上各种各样的学习资料都有，在海量的信息数据和知识前，学习者面对的知识复杂度加深，可用的资源虽然丰富，但也鱼龙混杂。

三、应对线上汉语教学问题的策略

（一）提高教师教学技能和授课水平

汉语国际教育是一门学科，其中包含的对外汉语教学则是一门科学，对教师的要求也非常严格。教师的授课对象多样化，可能是外国学生，也可能是本国学生，所以其面临的挑战比教授一个说本国语言的学生要难得多。教师在教学过程中要研究本体，即授课内容，教什么是外国学生最受用的；要探索方法，即授课过程中应该使用哪些必要的方法，运用何种工具和手段是让外国学生更容易接受的，提升他们的兴趣和学习动力；最后，还要提升学生学习汉语的认知能力，即怎么去学好汉语。教师还要有敏锐的洞察力、感知力、反应力，在最短的时间内察觉学生的难点，并提供有效的帮助。

在"互联网＋"这样的一个大环境下，对外汉语教师除了要具备扎实的专业基础，还应该具备以下素质和技能：

第一，要具备一定的多媒体运用技能，有运用现代化手段教育技术的意识。"互联网＋"依靠的媒介是互联网，其物质载体是电脑、手机等数码产品，其具体途径是远程教育。这样就需要教师自己做到意识的更新，摒弃对传统课堂的依赖，具备一定的使用高科技数码产品的技能，引导学生适应远程教育，并运用现代化教育手段对学生提出的问题进行生动形象的答疑。第二，教师有责任了解整个"互联网＋"的远程教育的教学服务体系，同时也有义务帮助学生熟悉整个教学体系。另外，"互联网＋"远程教育一样也需要有课后任务，并不是简单地看看视频、提出问题、解决问题，教师要定时提醒和督促学生的学习进度，布置一定的学习任务，做一个监督者，督促他们按时按量按质去完成；是一个服务者，耐心协助他们一起处理遇到的困难。第三，对外汉语教学对象是来自全世界各地的学生，每个不同国家的学生会有自己学习过程中的难点，所以对外汉语教师要总结各个国家的不同难点，并将这些资料汇集成一个数据库，做成大数据的形式加以对比分析，为有效解决这些问题提供数据参考。

（二）学生要根据个人特点制订个性化学习方案

学生是知识传授的主要对象，是教学过程中的重要环节，因此，学生在学习过程中应该充分发挥自己的主观能动性，结合自身特点，利用"互联网＋汉语国际教育"这一学习途径，促进自身汉语学习。每一个学生的国别不同，性格不同，接受知识的能力不同，学习要求和学习欲望也不一样，这样对教师的要求也不尽相同，而制订个性化的学习方案就是针对这些问题对症下药。有利于节约教师的教学时间，能利用学生的各项需求以及对学生的各种天赋及时有效地进行挖掘，让学生端正学习态度，了解学习目标，有一个适合自己的学习规划。

在制订个性化学习方案时，还应考虑他们的身份和文化程度。学习汉语的外国留学生，不仅可以是在校学生，还可以是已工作人士、已婚人士、社会人士等。通过对学习者的身份了解，也可以大致了解到他们学习的目的以及动机，从而进一步制定可以帮助他们增强学习欲望和激情的方法。一般来说，有比较明确的学习目标、有比较切实的学习动力的，比如，一些人希望学习了汉语之后回本国做翻译工作，类似这样的学习者能够将学习动力和学习目标化作学习的驱动力，他们的学习自主性和积极性就比较强；反之则不然，如果一个学习者是被父母逼迫来到中国学习汉语或只是学着玩玩，那么他们的学习积极性和自主性就不高；学习汉语的留学生，文化水平不等，有小学、初中、高中的学习者，有来中国读大学本科、研究生或是博士的学习者，同样也有已经毕业参加工作的学习者等。通过对学习者文化程度的了解，可以大致知道他们的汉语能力基础，和对汉语文化的接受能力，以便判断教材内容对他们是否合适，并做出及时的修改和制订适合他们的学习方案。

（三）针对鱼龙混杂的互联网资源选择的原则

学生要有主见，懂得自己的需求是什么。互联网上有着丰富的学习资料和各种学习资源，这给汉语学习者提供了多种选择，在海量的信息数据和知识中，可用的资源虽然丰富，但也鱼龙混杂。学生需要了解自己的学习目的，明确学习目标，对学习资源进行自主选择，也可以寻求教师的帮助。在选择互联网资源中，主要遵循以下原则：

1. 互联网资源的实用性

一个好的资源光有趣味性还不够，还要有真真正正的实用价值。选择互联网资源时，要选择其内容是表述正确的，其信息是有时效性的，与社会现实、科技前沿的接近程度，其所传达的内容是可靠的、权威的。实用性还包括内容要符合学生的年龄、心理发展水平、认知水平和阅读水平。此外，更重要的是教师在教学中要教会学生鉴别、评价互联网信息资源的方法，培养学生的批判性思维能力和鉴别能力，让互联网资源更多地为学生的汉语学习服务。

2. 互联网资源的针对性

对外汉语教学被分为听说读写四大部分，针对每个学生不同的需求可以选择重点学习的资源，比如说一个学生想学习中文只是为了方便来中国旅游，那他可以着重选择听力和说话的资源。学生可以根据自己的喜好、动机、兴趣等对学习资源做出有针对性的选择。

在"互联网+"时代的大背景下，在线汉语国际教育完全符合全球汉语学习的潮流，互联网教学已经成为教育活动中不可缺少的组成部分，"互联网+"大大地促进了汉语的发展。但是，任何事物都有两面性，互联网教育或多或少地存在着一些弊端，汉语教师也应该抓住这个机遇，利用互联网提供的平台，寻找破除"互联网+"阻碍汉语国际教育事业发展的方法，推动汉语教学的发展。随着时代和科技的进步，线上汉语教育会慢慢得到完善，给汉语学习者提供一个优良的教学环境，促进汉语教学与中国文化的传播。

第四节　传播学视域下汉语国际教育受众

汉语国际教育除了是教育学活动以外，也是国际范围内的一种文化传播活动，因而我们必须要认识到传播学与汉语国际教育之间的关系，并且从传播学的角度对汉语国际教育进行研究。而对汉语国际教育的受众进行分析，更是我们必须要重视的课题之一，受众的群体背景、群体类型等都可能对其学习效果产生影响，我们需要从中找到一定的启示并且以此为基础有效提升汉语国际教育的质量。

汉语国际教育正在受到越来越多的关注和重视，怎样才能提升汉语国际教育的质量是业内的热点话题，而从传播学的角度对汉语国际教育的受众进行研究，显然能够发现一些从前没有认识到的要点，并且为提升汉语国际教育质量带来新的推动力。

一、传播学与汉语国际教育

20 世纪中期，传播学这门全新的学科开始出现在人们视野之中，人们开始正式将其纳入高等教育课程体系的时间更是只有 50 年左右，而我国的传播学研究更是稍显落后，在 20 世纪末才被认定为国家二级学科，隶属于新闻传播学而存在。传播学整体尚不成熟，因此其研究的对象实际上也缺乏准确的规定，研究的范围也不够精准，目前来看人类有关于传播现象的一切活动，都在传播学的研究范围之内。传播学从被中国接纳开始，就一直与语言息息相关，从最开始的语言传播学科，到现在一部分大学设立的语言传播学院，无一不在体现着汉语与传播学的紧密关系。实际上，语言是人们进行传播活动必不可少的工具，没有语言就无法进行传播，反过来也是如此，因此我们可以看出汉语与传播之间的固有关系不可分割。汉语国际教育从根本上来说也是一种传播活动，是一种关乎语言的传播活动，其与传播学之间的联系势必非常紧密。从传播的类型来分析，汉语国际教育实际上包括了很多传播学的内容，如人际传播、群体传播等，汉语国际教育的参与者往往来源各式各样，他们的生活经历、所属阶层以及母语背景都各有不同，因此也可以说汉语国际教育有着跨文化传播的能力和特征。从传播学的角度来看，汉语国际教育的所有参与者，比如说汉语国际教育的教师团队、书籍编写团队甚至是一些科普视频的制作者，都是这个传播活动的传播者，而汉语学习者则是这个传播活动的受众，传播者和受众之间通过一些活动或者物品达成联结，共同就汉语言知识进行探究和学习。

二、传播学视域下汉语国际教育受众分析

（一）汉语国际教育受众的群体类型对汉语学习的影响

汉语学习者属于汉语国际教育的受众群体，但是受众群体并非仅仅包含汉语学习者，受众群体实际上可以分成预期受众、现实受众以及潜在受众这三种类型。其中预期受众指的是传播人员在进行传播活动之前，事先设想的传播信息的可能接受者；而现实受众指的则是目前传播活动中切实接受信息的人员；潜在受众顾名思义指的则是在传播的过程中尚未参与进来或者是在未来某个时间段可能接受信息的人群。在实际的传播活动中可以发现，预期受众往往可以划分为过去式，而现实受众则是现在进行时，潜在受众则称为未来式。这几种受众群体各有不同，他们的特征也就不同，因此传播者在进行传播活动的时候必定会对受众群体进行分类。比如说，在制作一个汉语普及类节目的时候，节目制作人员可能会对节目的预计受众进行分析，同时也会将目前正在学习汉语言的人分类为现实受众，同样的，对于那些有兴趣学习中国文化、与中国文化有长期接触或者接触需求的人、在中国定居或与中国国籍人员组成家庭的人，都属于汉语国际教育的潜在受众。

实际上，预期受众和现实受众这两个群体的符合度越高，传播活动所能取得的成效就越突出，而反过来预期受众和现实受众之间的符合度越低，那么传播活动产生的结果将会不那么尽如人意。因此，传播者在进行传播编码的过程中，必须要对过往的现实受众进行分析和研究，正确准确定位，让预期受众和现实受众的重合度尽可能提升。当然，预期受众的确定通常都是由传播者主观确定下来的，因此在进行汉语国际教育活动的过程中应该尽可能将关注点放在现实受众和潜在受众上，在牢牢把握现实受众的同时积极开发全新的受众群体，通过各种各样的手段让潜在受众尽快转化为现实受众。在确定汉语国际教育的受众群体的同时，我们也应该对每一个受众个体给予足够的重视，将汉语学习者作为最主要的受众，另外，我们还必须要认识到汉语学习者和汉语国际教育之间的关系，汉语学习者只是受众群体中处于现在时状态的一部分人群。

从另一个角度来说，预期受众和潜在受众都并不是具象化的群体，他们往往具有不稳定性、难以控制的特征，所以我们需要对其投入更多的关注。之所以要从传播学视角对汉语国际教育的受众群体类型进行研究，主要还是为了尽可能地认知这个群体，上文中我们对受众类型进行了仔细的研究，从中不难看出，我们在汉语国际教育活动整个过程中，首先要借助数据支持分析预计受众并且尽可能提升准确度，保证汉语国际教育活动的质量和水准；其次，还需要尽可能地采取多样化手段让教育内容更加具有吸引力，让传播活动的媒介更加多样化，多采取正面激励的方法让现实受众拥有更加稳定的学习意愿，保证现实受众的稳定性。

（二）汉语国际教育受众的群体背景对汉语学习的影响

传播学视角下，受众群体背景是一个非常复杂的定义，其包括诸多要素，年龄性别籍贯民族甚至宗教信仰都属于群体背景的一个组成部分，其中母语背景和籍贯背景是最重要的、不可忽视的影响因素，它们会对汉语国际教育活动的最终效果产生巨大的影响。因此，下文我们深入分析汉语国际教育受众的群体背景对汉语学习的影响：首先，我们已经阐述了母语背景对汉语学习存在一定的影响。因此，在进行汉语国际教育活动受众群体背景分析的过程中，我们第一个就应该研究母语背景所产生的影响，具体来说，母语背景对第二语言学习产生的影响可以分成两方面，分别为母语正迁移以及母语负迁移。母语正迁移指的是母语背景下的文化和语言表达方式能够对第二语言学习产生正面影响，而反过来母语负迁移则是原有的语言习惯和文化背景对第二语言学习产生的负面影响，比较明显的一个例子是日本和韩国的学生在学习汉语的时候往往比较轻松，这主要就是由于母语正迁移而导致的。

在这种情况下，为了提升汉语国际教育的效果，我们必须要关注群体背景、引导群体传播。群体背景实际上指的就是某一个人群或者群体共同拥有的特征，在学习语言的时候群体背景会对学生的学习思维、学习手段乃至于学习质量产生巨大的影响，教师在进行教学工作的时候应该多分析总结，明确不同学生群体的背景特征，同时根据群体背景和学生学习的情况调整教学方法。群体背景的影响是不可忽视的，很多学生受到群体背景的影响，不自觉地就会有一些不良的学习习惯，也可能在汉语学习的某个部分遇到问题，教师在遇到这种情况的时候，需要多予以耐心和关怀，做好引导工作。教师是教学工作的重要参与者之一，但是毕竟一人之力无法带动整体的学习，因此教师提出的某一个意见很可能无法产生预期效果，在这种情况下群体传播就显得尤为重要。具体来说也就是教师应该将建议或思路传播给群体中活跃程度高的学生，而后通过这些学生将建议和思路传播到整个受众群体中，以此方式提升教学效果。除此之外为了尽可能地保证汉语国际教育的水准，教师还应该有意识地调整群体传播带来的一些负面效应，比如说某个同学对教师的不满如果不加引导可能会蔓延开来，导致教学活动无法顺利进行等。

（三）传播学视域下汉语国际教育受众分析带来的启示

想要提升汉语国际教育的质量，我们就必须要将关注的重点放在传播学视域下的教育技巧上。汉语国际教育活动本身的研究方向往往都是汉语或者第二语言教学手段，在语言学研究上却存在一定的欠缺，这导致了汉语国际教育研究的片面化。所以说，尽快调整研究角度，重视传播学与汉语国际教育的联结就显得尤为重要。目前我国在这方面的研究还比较匮乏，因此在今后的工作中我们应该有侧重地进行研究，也就是说，我国目前汉语国际教育研究与传播学著作还比较少，更谈不上融会贯通。想要让汉语国际教育真正取得效果，还应该从传播学视域出发，在传播学视域下的汉语国际教育研究中，我们还需要关注受众学习汉语的目的，以受众的角度进行分析，并根据其具体需求丰富传播的内容和方法，革新教学方法，提高受众学习汉语的质量和效率。目前有很多汉语学习者虽然具有较强的学习热情，但是一部分有学习汉语意愿的潜在受众由于缺少学习渠道，学习需求没有得到满足，导致我国汉语国际教育事业难以快速发展。为了改变这种情况，我们需要从多方面入手，丰富传播内容、传播方式以及教学模式。同时，也要借助其他所有能借助的力量，如华人华侨和世界各国的帮助等，使汉语逐渐发展为大众化的语言，让全世界的人民都以会说汉语为一种时尚，从而推动汉语国际教育事业的发展进步。

总而言之，为了提升中国的文化软实力，也为了弘扬中华民族优秀文化，我们必须要尽可能地提升汉语国际教育的质量，从传播学视域出发分析汉语国际教育的受众特征，并且找到行之有效的教学策略，为汉语学习者提供更加高效的学习体验。

第五节　世界政治环境下的汉语国际教育

汉语国际教育主要以孔子学院作为平台来传播汉语文化，其与世界政治有着很强的关联性，各种政治力量之间相互作用使汉语的传播形成了一定的结构，并显示出时代性、客观性和渐变性特征。由于推动汉语国际教育的各类行为主体的内在需求，使得它呈现出加速发展的趋势，而是否接受汉语国际教育，体现出了世界各国在国家力量、国家利益、意识形态、信息技术、军事等因素方面的考虑，它受到了国际政治关系的直接影响。

汉语国际教育发展至今，在世界上已具有了相当大的影响力，它主要以孔子学院作为平台，传播汉语文化。为此，汉语国际教育受到了世界各国的普遍关注，尤其是西方一些国家不断地在观察其发展动向，评估其政治价值。在这方面，中国国内对此不仅没有进行深入研究，而且也没有将其提升到国际政治问题来考虑，从而很难从理论上去解释实践中遇到的问题。古往今来，世界政治一直处于变化之中，汉语国际教育要得到可持续发展，在讲述"中国故事"时发挥应有的作用，就需要从世界政治环境对其影响、国际行为主体对其作用，以及推动其发展的世界政治因素等方面进行探讨和研究。

一、世界政治与汉语国际教育的关联

世界政治与汉语国际教育具有很强的关联性。世界政治最重要的表现之一就是国际交往，使用什么样的语言进行交往，是一种政治考虑，因为语言的使用是一种社会活动，而且是人际间的主要活动，它反映了说特定语言的人的思想、理念和价值观。这实际上和语言意识形态是分不开的，将一种语言传播到国际，就成为世界政治活动中的一环。同时，语言自身对政治的影响在于它可以建构意义，意义来自语言符号的相异，它的呈现受到特定语言的文化制约，体现了这种语言对世界的表征，以及由它自身所构成的感知世界，反映了说这种语言的人所具有的独特文化。在国际交往中"只有了解语言才能使文化影响卓有成效，才能进入外国的灵魂，进入其文学、智力和精神遗产。语言教育可以伴随一定的文化活动，而非必须领先不可，或者，借助翻译，也可暂时搁在一边。但是它迟早都会进行，因为语言是一种文明的钥匙"。世界各国的政治家同样认识到语言在国际交往过程中的特殊地位。联合国自 1945 年后就相继选择了六种工作语言，汉语是最先确定的语言之一，显示了中国在当时世界政治活动中的地位。但汉语虽然作为一种世界性语言，一直以来，还没有取得世界通用语的地位。随着中国在世界政治活动中所发挥的作用越来越大，汉语正以前所未有的态势走向世界语言舞台的中心。如果缺乏对汉语国际教育重要性的认识，世界政治中的行为主体要充分了解中国是难以实现的。

汉语国际教育的现状则从另一方面证明了它是全球化导致世界政治格局变化的必然产物。全球化最先是由英美等国主导的，原本是为了通过它在获得更大经济利益的同时，也将自己的语言和文化相应地输出，但是全球化的发展并没有完全像这些国家所预期的那样。在全球化向纵深发展的过程中，经济领域中商品和服务市场的自由化，文化领域中文化模式、价值观、生活方式等方面的同质化，使得卷入这一浪潮的各国政治连接越来越紧密，也使得英语在世界上一枝独秀。但人的身份认同是与其生长的语言和居住环境捆绑在一起的，全球化会导致其和自身语言、文化背景彻底分开，于是，民族主义的呼声也就越来越高。因为民族国家可以体现民族主义的要求，文化政治价值观念及制度发展模式等成了民族国家之间竞争的核心要素，在世界上实现语言多样性的要求也就日益突出。这种世界政治的发展趋势正好证明"语言不单是交流工具，而且也是文化表达形式的结构，是特性、价值观与世界观的载体"。汉语国际教育正是在这样一个全球政治局面下凭借中国经济的强劲增长优势，在全球化中得以快速发展。

但是，在世界政治变化中，中国的汉语国际教育界对自己在世界语言舞台中的地位认识是不足的，其原因之一在于他们长期以来主要以语言学作为最基本的研究起点，对语言教育中的教育问题研究不够，同时极少对其涉及的政治问题进行探讨。事实上，语言教育是一种如何使用语言的教育，属于文化教育。既然要从事汉语国际教育，不和政治相关，就难以在世界上高效地达到汉语文化传播的目的。如仅从语言学的视角出发，将汉语看作是一种工具，就会更注重汉语教学，而不是汉语教育，也就是说，汉语教学主要涉及技术层面，包括语音、词汇、语法、语义、语用、汉字等，这些都是使用汉语的基础，不掌握就无法体现是用汉语在进行交际。但交际并不等于使用工具，要使汉语这一工具得到有效使用，就要从战略层面上去考虑，这就和世界政治相关，只有通过教育的方式，才能对这个问题有全面的认识。当然，也应该看到，战略层面是由技术层面来保障的，汉语国际教育要重视技术层面，也要重视战略层面。技术和战略相辅相成，才能使汉语国际教育在世界政治的变化中不断地得到发展。

二、汉语在世界语言格局中的地位

当今世界的各种政治力量之间相互作用使汉语国际教育在语言的多元格局中所处的地位越来越重要。要掌握汉语国际教育的特征，就需对世界语言格局发展的基本模式进行研究。

世界语言传播的发展形成了三种格局：殖民格局、冷战格局和多元格局。这三种格局基本上是和世界政治格局的历史发展相吻合的。从中可以看到，语言作为文化软实力的一种，其传播是受世界政治影响的，其背后是由经济力量、军事力量等硬实力支撑的。研究这些格局，就可以从另一个侧面来了解汉语国际教育所面临的客观环境，从而提高其传播的速度。

殖民格局来自18—19世纪的西方殖民统治，为了使殖民地的人民臣服于列强，殖民者强行实施自己的文化，这就使一些欧洲语言成了美洲、非洲、亚洲、大洋洲相当一部分区域的通用语，即使20世纪60年代后殖民地国家纷纷独立，许多新兴国家大多还是接受殖民者的语言作为主要官方工作语言，这种决定实际上就是一种政治选择。现有的世界语言地理分布显示，使用殖民国家语言的人口大多超越这种语言的来源国，如英语、法语和西班牙语。这些语言呈现出分布广，使用人数多的特点。这种格局造成的语言地理分布已成为既定事实，需要客观地去面对。要从事汉语国际教育，就需要研究如何利用这种格局，高效率地培养汉语国际教育的人才，使他们只要掌握少量的语种，就可以在世界上更多的地方开展工作。因此，培养懂得英语、法语、西班牙语的汉语国际教育工作者理论上应成为战略考虑的一个重要组成部分。

冷战格局是由第二次世界大战后，社会主义国家和资本主义国家之间的东西方两大对立集团造成的，其主要表现为苏联和美国两个超级大国之间的争霸。由这两个大国率领的两大军事集团相互对峙和抗衡，对国际语言格局形成了决定性态势，使得英语、俄语的传播以惊人的速度加快，北半球的上端呈现出在地理分布上两种语言根据地对垒的局面，其中俄语似乎成了社会主义国家的通用语。20世纪80年代末苏联解体后，俄语的地位虽然下降不少，但其影响力并没有在前华沙条约组织的国家中完全消失。这一格局的产生，对于汉语国际教育来说，既有有利的一面，又有不利的一面。有利的一面在于可以培养懂俄语的人才去原社会主义阵营的国家工作；不利的一面是20世纪60年代起，中苏关系破裂，导致学俄语的人数大大下降，因此中国直到现在培养懂俄语的汉语国际教育人才都显得有些难度。

进入21世纪，人类普遍追求和平发展，世界政治、经济、文化也进入了一个崭新阶段，汉语国际教育开始兴起，但重新复制其他语种通过殖民格局和冷战格局而得到传播的方式显然不适合中国文化内涵的要求，也不会被世界所接受。从近十多年来的汉语国际教育实践可以看出，其影响力主要是依托冷战结束后世界语言形成的多元格局。世界多元格局是在 20 世纪 80 年代后逐渐形成的一种趋势，多个国家或多种政治力量在其中相互制约、作用，对新的国际语言格局的形成产生了极大的影响。在这之后，随着中国在世界政治中所扮演的角色越来越重要，汉语国际教育也得到了最佳的发展机遇。

多元格局的形成虽然有益于汉语国际教育的传播，但这并不意味着它替代了殖民格局和冷战格局形成的世界语言分布而独使汉语国际教育得到强有力的传播动力。事实上，就国际政治而言，殖民格局和冷战格局已过时，但这两个格局留下的语言遗产却依然在一些场合发挥作用。就英语来说，由于在这两个格局中都发挥了作用，延续了百年以上，加上冷战结束后，美国成为唯一的超级大国，实行单极政策，美式英语在世界各地普及率进一步提高，这就使得在各国的教育体制中，英语成为最先选择的学习语言之一。从语言地理可以看出，英语在世界上已呈现出以片到面的态势，能连片来传播，可以说基本上已覆盖全球；汉语则不然，其地理分布上主要表现为以点状分布为主，在西欧等地出现了以点带片的现象，汉语的这种地理分布状况说明，汉语国际教育要为世界大部分地区接受，还有很长的路要走。但从另一角度看，随着中国在国际政治中发挥的作用越来越大，中国经济的稳定增长，汉语国际教育在世界的分布密度是可以大大加强的。这是由于汉语国际教育在发展中正日益和世界政治环境相融合，从而显示出如下特征：

（1）时代性：一个时代的政治力量的发展，可以推动语言格局的变化。历史上，世界语言教育的传播，都和传播某种语言的国家内外部政治要求相关。语言分布的殖民格局和冷战格局背后采用的手段是战争、对抗，客观上对语言传播起到了催化作用。和战争、对抗状态不同，在当今和平时代，由于多元格局的需求，汉语国际教育承载着"和而不同"等文化理念走向世界，它既适应了全球化的需求，也体现了时代的要求，因此，近十几年来，汉语国际传播的速度是前所未有的。一些在世界上起主导作用的国家，正在迅速调整国内语言教育政策，将汉语作为学习的主要外语之一，这说明，这些国家的语言战略调整也是适应时代发展要求的。因此可以看到，汉语国际教育发展的现状是由中外各国当今所具有的内在推动力决定的。

（2）客观性：汉语国际教育在世界上大量存在已是不争的事实，其在世界各地的分布不会以某个国家的某些人的意志为转移，因为它已形成一定的气候，个别国家拒绝接受的力量正在减弱。美国国务院 2012 年关于让孔子学院教师限期回国的指令在一周内收回就说明了这点。世界上对孔子学院的争议虽时有发生，但主动要求设立的国家和组织却越来越多，这就充分体现了汉语国际教育具有其客观性。这种客观性也从另一方面说明其存在的正当性，符合世界各国对汉语文化了解的需求。

（3）渐变性：世界政治力量的对比变化首先从各自的内部变化开始，从量变到质变，呈现出渐变特征。汉语和英语的传播都会经历世界对它们从陌生到熟悉的过渡阶段。汉语要让世界各国人民所熟知，还需要走很长的一段路，因为这既关系到汉语国际教育采用的方式方法问题，又关系到国际政治未来发展的一些不确定因素。因此，汉语国际教育需要得到中国国内的进一步支持，也需要通过国际交往进行沟通，使各国能为其营造合适的环境。

三、国际行为主体对汉语教育的影响

在世界上推动汉语国际教育的是各类行为主体，既有国家行为主体，亦有非国家行为主体，正是不同的行为主体内在的需求，使得汉语国际教育这些年来呈现加速发展趋势。

作为国际上最重要的行为主体，世界上一些国家行为主体通过在国际体系中的作用和影响来证明实施汉语教育符合自己的利益。国家行为主体的政策是通过政府来体现的，政府机构具有规划和实施的行政权限，对汉语国际教育的实际推动力是极具权威性的。震惊世界的"9·11事件"发生后，2006年美国推出了"国家安全语言计划"（NSLI），提出的"关键语言"语种包括汉语等语言。由于美国在世界各地的普遍影响力，它的同盟国对汉语教育比以往更重视。澳大利亚2012年10月28日发布《亚洲世纪中的澳大利亚》政策白皮书，其中让澳大利亚孩子学习亚洲语言是最突出的目标，这些语言中当然包括中文（汉语）。彭博社2013年12月4日报道，英国政府计划让学习汉语的人数翻番，达到40万人，并将给希望增设汉语课的学校提供资金，增加会说汉语的学校教职员人数。

上述国家行为主体做出的决定，说明一个国家无论在国内语言的选择上，还是在国际语言教育的选择上，都涉及政治。是否选择汉语教育取决于一个国家对其综合实力和国家利益的自信程度。当然，这些也都说明国家行为主体对汉语国际教育实施的重要性。

包括国际组织和个人的非国家行为主体则以另外一种形象参与汉语国际教育。由于它们也可以独立地参与国际事务，自身又具有参与国际事务的间接性、对外行为的跨国性、职能作用的协调性等特点，在一定的环境下，非国家行为主体的国家行为主体所起的作用更大。

因为国际组织是通过两个以上的国家、政府、政党、民间团体在相关协议、法律形式基础上设立的，它可以使一种语言在国际上的使用地位得到提升。1945年联合国一成立，就把中文（汉语）作为工作语言之一，使汉语成为一种国际性语言。上海合作组织在成立之后，也将汉语作为工作语言之一，这进一步加强了汉语在国际区域合作中的影响力，因此汉语国际教育在这一组织内的许多国家中得到了长足的发展。

当然，重要人物以其个人的影响力同样可以影响汉语教育在行为主体中的地位，影响国家采用汉语教育的内容和行为方式，对于汉语国际教育发展起到推动作用，甚至可以用汉语、汉字来化解一些政治歧见。像新加坡前总理李光耀在认识到汉语教育的缺失之后，就发动了讲华语（汉语）运动，并带头学习。而澳大利亚前总理陆克文和泰国的诗琳通公主对汉语的热衷，也在他们各自的国家起到了一定的示范作用。

四、世界政治影响汉语教育发展的因素

汉语国际教育的发展规模和速度体现出了世界各国在国家力量、国家利益、意识形态、信息技术、军事等因素所能发挥的作用，对国际政治关系形成了直接的影响，从而充分体现了行为体的行为。

国家力量呈现的是国家拥有的实力、影响其他国际社会行为主体的能力，其中最突显的是物质层面的经济力量、军事力量和精神层面的社会制度、文化影响等。中国的国家力量助推了汉语在世界上的传播范围和速度。中华文化在国家力量对比中所突显的功能，影响了汉语的分布格局，截至 2017 年 10 月 23 日，全球 142 个国家（地区）建立了 516 所孔子学院和 1076 个孔子课堂。可以说，孔子学院以汉语作为基础和核心的中华文化传播，已为世界搭起了一个认识中国的重要平台。而从孔子学院的分布可以看到，美国的孔子学院有 110 所，孔子课堂有 501 所，这表明政治地理上的战略要地往往是汉语分布格局中的热点。

从满足生存的安全、政治、经济、文化、教育等立场出发，接纳汉语教育是符合当今世界很多区域的国家利益的。从 2004 年突尼斯教育部宣布将汉语列入中学外语选修课程到 2015 年美国总统奥巴马宣布启动实现 2020 年美国学汉语学生人数达 100 万的百万强计划，这期间，有几十个国家宣布类似措施和相应计划，说明越来越多的国家认识到了汉语国际教育对自身的国家利益有利。

从现有的汉语国际教育实践来看，由于各国有自己的政治体制，建立在一定社会制度基础上的意识形态可以促进或限制汉语国际教育的传播。意识形态对汉语国际教育传播的影响主要表现在一个国家采纳汉语作为外语教育的政策制定上，有些国家把它作为政治斗争的手段之一，从少数几个国家停办几所孔子学院

的事件就可以看出问题所在。实际上，汉语是中华文化的组成部分，反映中华民族价值观，价值观恰恰和意识形态紧密相连。从这个意义上说，我们就可以解读出美国芝加哥大学停办孔子学院的政治意图。

信息技术的采用是体现一个国家的国际政治地位的重要手段，它推动了全球政治、经济、教育一体化的进程，导致现代教育时空观的变化，汉语国际教育在利用信息技术的同时使自己得到了快速发展，使自然环境因素对它的影响作用下降，可以说，信息技术助推了汉语国际教育分布格局的形成。

军事是政治的一部分，是政治的延续。中国根据联合国有关决议和国际法准则派出了维和部队。中国军人在圆满完成各种维和任务的同时，还积极传播汉语文化，为驻地建设提供文化交流的基础。而美国空军的 Air Force Times 网站2010 年 3 月 8 日报道，空军对属汉语方言的粤方言、赣方言和吴方言提出了需求，将对会这些方言的士兵进行奖励。面对中印之间在领土问题上的冲突，印度内政部长拉杰纳特·辛格则要求所有中印边境部队的官兵都要学习基础汉语。

除了上述因素之外，汉字文化圈也是一个值得关注的现象。由于过去或现在不同程度上使用汉字或曾共同使用汉文作为书面语的中国周边国家形成了汉字文化圈，在这些国家的汉语教育能有效地反映出百年来中国在世界政治中的地位。历史上，圈内各国在政治上或多或少都有渊源关系，这在地缘空间上为汉语国际教育提供了基础。但随着亚洲出现的欧洲中心主义思潮，汉字文化圈国家大都在一定程度上展开过"去中国化"运动，限制汉字的使用。在当今世界政治力量对比发生变化后，东亚各国学习汉字文化的优势又再度被重新审视。韩国教育部就表示韩国小学高年级教材从 2019 年起将标注汉字。

总而言之，语言"是一种思维秩序、认知秩序，也是一种集体意识，一种集体价值体系。更重要的是，语言的使用具有政治性和权力性，也体现权力关系，语言背后隐藏着影响力"。汉语国际教育要得以发展，需要充分重视和研究它在世界政治的历史、现状和发展中的地位，从而揭示汉语国际教育的一般规律，增强文化自信，用汉语架起沟通的"高铁"，为全球人类命运共同体的构建助力。

第八章　国际汉语教学中学生能力培养

第一节　国际汉语教师教学意识的培养

近年来中国的国际社会影响力连年提高，全世界汉语学习者数量翻了一番，不断庞大的汉语学习者群体意味着对国际汉语教师的数量与教学质量提出了愈来愈高的要求。汉语传播者肩负着传播中国文化和在全球各国传播汉语知识的重担，因此培养具备过硬专业能力的汉语教师是必不可少的。

一、真正做到以学习者为中心

教师角色的转变，不再是单纯的教师一味地讲授知识，学生一味被动地接受知识，要做到真正以学生为中心。在课前让学生做好充分预习的准备，在课上采取积极的教学策略，比如采用任务型教学法，让学生在课上根据教师的任务自由讨论，从而激发学生参与课堂活动的积极性。在这种主动学习的模式当中，教师在课堂上的角色正从传递事实转向学习体验促进者。在这一教学事件过程中，教师的角色不是简简单单的传授者，而是通过创造有利于学习发生的环境来帮助学生去进行自我学习并消化吸收所学到的知识。另一方面，教师也充分发挥学习者的作用，发挥学习者的自主性与自身创造性，不断培养学习者的自我学习能力。

二、革新教学意识

教师观念的转变直接关乎着教学成果的最终呈现。传统的教学方法在现在这个日新月异的时代也出现了并不与之相适应的情况。对外汉语教师应该在思想上接受新型的教学理念，在行动上主动进行教学改革，积极地去适应与解决由于新课改而出现的不同状况和问题，而不是采取消极的态度，不停地逃避问题，将教学效果不理想的原因都归结到学生身上或是制度上。作为一名对外汉语教师，在新型教学理念的指引下，应该从最初的备课、教学设计等一点点做起，真正花心思下功夫，使海外汉语教学取得最优化的效果。在新情况下，在现有教师的理论知识学习的基础上，拓展对外汉语教师的实际训练渠道，多方位、全方面地进行培训与考核，锻炼实践能力，使教师在不断的练习中提高教学能力和适应能力。教师应该树立"以学生为本"的观念，认识到教师教学观转变的重要性与必要性。切实地落实新型教育理念，将个性化教学真正参与到对外汉语教学当中去，从而更好地进行对外汉语教学工作。

三、提升自我能力

（一）汉语国际教育师资自我效能感

教师的自我效能感是指教师在进行教育教学活动之前对自己能够在什么程度上完成该活动所具有的信念、判断与感受，是教师成长的重要的内因。教师自我效能感会影响一名教师对于教学理念的体现，会影响到教师的思维方式，增强教师自我效能感是对教学有着促进作用的，有助于教育教学工作更好地开展，而且在一定程度上可以使教师克服掉职业倦怠，教师以饱满的热情面对教学工作，通过不断提高自我认知和修养，更好地胜任汉语教学工作。

（二）提升自身专业能力

首先，无论是在实际的海外课堂进行教学时，还是在国内对海外留学生进行教学时，教师在课下可以第一时间最快速、最便捷地了解到学生的想法与学生对教学内容的掌握程度便是依靠语言这一要素，教师应该尽可能多地掌握教学目的国的语言，虽然汉语国际教师在课堂上主张的是尽量使用汉语教学，尽可能少地去使用媒介语，但是在课下语言是教师与学生进行一个更有效沟通的途径。其次，汉语课堂的教学设计需要教师结合学生的年龄段、汉语水平等特点来进行安排与不断地调整，不是一味地使用传统的教学方法去授课，而是在结合了真实情况之后不断更新自己的教学方法，教无定法，灵活应变，才能让学生真正地学到汉语并对汉语产生兴趣。

（三）建立教学自信心，加强教学反思

教师学习不应单单是知识的学习或者是知识的简单累计，而是应在不同的环境下、在与他人的交互中，不断强大信念、建立自信，不断丰富充实的一个过程。对外汉语教师应该做到在教学能力过硬的基础上，不断调整教学心态，建立教学自信心。教师也应该在实际教学操作之后积极反思，在实践中总结经验教训，教

师之间也可以经常开展经验交流会,新教师与老教师之间也可以有一个相互学习、相互促进的过程,新教师向老教师讨教教学经验,老教师吸收新教师的新型教学理念,形成优良教风,是有助于汉语国际推广工作的。

中国综合实力的不断提高,"汉语热"的持续升温,大量的国际汉语教师投身到汉语国际推广与汉语教学中,所以这就要求我们应该重视国际汉语教师的培养工作,充分有效地利用国际汉语教育资源,加强针对性培养,将目光放长远,又脚踏实地,既要保证长远性,又要保证实践性,以此使汉语国际教育工作开展得更加顺利,使汉语在全球大平台上不断成长。

第二节　汉语国际教育信息化教学设计能力培养

"互联网+"时代的到来推动了社会各阶层的新的综合发展模式。汉语国际教育事业在信息化时代背景下也正面临新的机遇与挑战,对外汉语教师的信息化教学设计能力成为教师教学的核心能力和关键。在此背景下,汉语国际教师应积极培养信息化教学意识,充分运用信息化教学方法,促进汉语国际教育事业更好地适应信息化时代而蓬勃发展。

一、TPACK 理论框架

TPACK 是 "Technological Pedag ogical Content Knowledge" 的缩写,意为 "整合技术的学科教学知识",它由三个要素组成:技术知识、学科知识和教学知识。这三个要素所重叠的部分即为整合技术的学科教学知识。在对外汉语课堂中,教师使用多媒体设备设计知识点引入、展示与讲解教学内容等都是 TPACK 理论的体现。它为信息化背景下汉语国际教育教师教学设计提供了理论依据,也为培养国际汉语教师信息化能力提供新思路。

二、信息化教学设计技能内容及培养阶段

教师信息化教学设计技能是完成课堂教学任务的综合能力,它旨在通过结合信息技术促进学生的全面发展。它是教师信息技术理论知识,信息化意识和信息教学设计的体现。本文将信息设计教学设计能力和培养阶段分为四个维度。

一是信息化整合意识。汉语国际教师首先要有整合信息技术与汉语课堂教育的意识,这样才能激发教师对于信息化技术知识的学习与应用,有利于新时期培

养创新人才，促进信息化背景下汉语国际教育的发展。二是信息化知识与技能。掌握现代信息技术知识，熟练掌握计算机等网络教学设备，是现代化教师的基本技能。不断学习信息化教学知识和创新教育资源为汉语教师有效开展高水平、高质量的课堂教学打下了良好的基础。三是信息化设计与开发。在信息化的背景下，出现了"微课、慕课"等新兴教学模式，根据自身需求对外汉语教师可将有效的教学手段应用于实际课堂并不断创新自己的教学模式。例如，通过网络交流平台录制的学生语料可进行实时分享，对于分析和预测外国学生学习汉语的偏误有很大帮助。四是信息化实施与评价。在此阶段，教师将自己的教学设计应用于课堂并通过学生的实时反馈积累教学经验，不断创新教学方法并进行科学高效的再实践。

三、汉语国际教育信息化教学设计培养现状

笔者从知网、图书馆查阅资料等途径了解到，绝大多数信息化背景下的教学设计能力研究往往是关于高职、中小学教师信息化素养的培养、具体课程的教学设计研究、计算机领域信息化改革模式探讨以及国内教学设计发展现状调查等。对于汉语国际教育教师的信息化教学设计能力培养的研究极为稀少，得到的论文数量为仅有的四篇。可以看出，信息化教学方法与对外汉语教学的整合是不充分的。面对信息化时代和"汉语热"现象，汉语国际教育工作者有责任不断将信息技术与汉语教学相结合，为汉语的推广创建更多的平台和实际教学设计模式。因此，信息时代下的汉语国际教师教学设计能力的培养尤为重要。

四、汉语国际教师信息化能力培养途径

如何培养汉语国际教师在现代信息时代潮流下的信息化意识、知识及教学能力是值得我们深思的问题。笔者将从以下三方面来探讨。首先，从国家层面来看，国家应通过制定制度政策、加大资金投入、完善教师信息化培训机制、鼓励创新技术教学资源开发，切实培养国际汉语教师的信息化教学能力。对于汉语国际教育领域来说，通过开发与实施网络在线课程、学习汉语软件、网络共享汉语教学资源等模式，它将真正促进对外汉语教学的发展，实现多元化、数字化的发展方向。从学校层面来看，校方应与企业技术部门合作成立信息化专家团队并能通过讲座、在线培训等形式培养汉语教师信息化能力，做到互利共赢。学校可通过建立共享资料库来提升教学质量和效率。从汉语国际教师个人来看，切身提升信息

化意识和信息化技能的同时，也需将现代化技能教给学生，使其充分利用信息化资源提升汉语水平。

汉语国际教育教师信息化教学设计的培养是信息知识、信息技术和信息化教学方法有效提升的过程，是汉语国际教师教学能力和综合素质的体现。对于信息化教学能力培养是一个砥砺前行的过程，国家、学校及国际汉语教师都应为之贡献力量。

第三节　国际汉语教学中的跨文化交际能力培养

对于国际汉语教师来说，跨文化交际能力不仅在适应新的文化环境、有效而得体地与来自不同文化背景的人交往过程中起着重要作用，而且在国际汉语教学中也是值得重视的一个课题，因为国际汉语教学本身就是一个跨文化交际的行为。这不仅要求教师具有跨文化交际的意识和能力，也要求教师在教学过程中运用跨文化交际的知识和技能，培养学生的跨文化交际能力。国际汉语教师每天面对的是来自各个不同国家、不同文化背景的学生，教师和他们有着不同的文化背景，教学目的不仅是要让这些有着不同文化背景的学生更好地学习汉语，还要让他们去了解和理解中国文化，这不是一件容易的事。教师要了解自己的文化，还要了解其所教授学生的文化，同时，能够有效地引导学生，把语言知识、语言技能和相关的文化因素系统地结合起来，让学生明白语言表达所蕴含的独特文化意义，才能让学生更好地理解汉语，学好汉语。

一、文化与跨文化的文化

提到文化，我们首先要明白一个问题：文化是什么？不同的学科和领域对文化有着不同的见解。英国人类学家泰勒在《原始文化》中说："文化或文明，就其广泛的民族学意义来讲，是一复合整体，包括知识、信仰、艺术、道德、法律、习俗以及作为一个社会成员的人所习得的其他一切能力和习惯。"他把文化看作社会发展过程中人类创造物的总称，包括物质技术、社会规范和观念精神。

而人们传统的观念认为，文化是一种社会现象，它是由人类长期创造形成的产物，同时又是一种历史现象，是人类社会与历史的积淀物，是人类相互之间在进行交流的时候普遍认可的一种能够传承的意识形态，是对客观世界感性上的知识与经验的升华。

从语言教学的角度出发，学习一门语言，目的是训练我们的思维，学习一种思维方式，并且能够运用和使用它，同时也是为了进一步了解和理解它的文化。因为事实上语言和文化是不可分割的。语言是文化的一个组成部分，并具有自己的特性，即语言是学习文化的工具，每一种语言都与某一特定的文化相对应，人们在学习和使用语言的过程中逐步掌握文化。当然，我们学习英语不仅仅只为了读懂莎士比亚，学汉语也不只为了读懂孔子，但更普遍的是为了和不同文化的人进行交流，以及理解他们在日常生活、工作中的行为、思维方式和价值观念。因此，笔者认同迈克尔·拜拉姆教授的一个观点，即把文化看作一个动词（Street，1993），而不仅仅是一个名词。文化可以是一个事物、一个现象，比如，一本教材、一幅书法作品，还有每天傍晚余晖后热闹的广场舞，文化还可以是一种行为，例如，英国人打招呼总是习惯谈论天气，中国人打招呼习惯问："吃了吗？""最近忙什么呢？"尽管对话的双方并不真的关心彼此到底吃了没有，最近在忙什么，但这是一种问候的方式、一种交流的方式，通过这样的文化来表达一种礼貌交流的愿望。

迈克尔教授在他的跨文化理论中提出教师教授的知识应当分为两种：一种是陈述性的知识，另一种是程序性的知识。陈述性的知识是指"是什么"的知识，即我们通常认为的知识；而程序性的知识是"怎么做的知识"，是技能性的，强调"做"。动词就是关于做事情的，而文化也是关于做事情的，它是关于"怎么做"的知识。在语言文化教学过程中，教师同样要教会学生"怎么做"的知识。例如，学生学习汉语形容词谓语句，"我很好"，不需要加"是"，说成"我是很好"。这是"是什么"的知识。但是"怎么做"就不一样了，学生不仅仅要知道这个语法规则，还要知道如何正确地运用。很多学生都知道这个语法规则，但是在使用的时候还是经常出错。到了实际运用中，还是不知道怎么用。比如用汉语问对方姓氏的时候，为了表示尊重，要说："您贵姓？"回答的时候为了表示谦逊，又只说"我姓叶"，而不是"我贵姓叶"。学生在初学时总会问为什么，教师不仅要让学生知道问答的时候怎样说，而且要知道为什么这样说，而不是那样说。

同样，当我们用一门语言在日常生活、工作中进行交流的时候，也一定会涉及方方面面的不同文化，而与来自不同文化背景的人一起交流的时候，就已经涉及了跨文化。例如：

（1）一位来自中国的国际汉语教师在英国工作，课间和同事聊天，聊到中国人对婚姻家庭的理解，该教师对比了很多中西方的差异，并说得津津有味，英国同事听了之后回了一句"That's interesting"，然后就没有别的评论了。这位教师依然滔滔不绝，而他的同事就此说还有别的事忙，就走开了。按字面理解，可能该教师以为同事这里表达的"interesting"是对他说的话题真的很感兴趣，但其实他的同事只是保持一种绅士礼仪，而并不是真的感兴趣，他们可能只是想表达，我听到你说的了，就是这样。如果该教师比较了解英语语言和英国文化，可能就会停止夸夸其谈。

（2）英国的绅士文化世人皆知，最通常的一点便是绅士在公共场所遇到了需要帮助的女士，会伸出双手给予帮助。例如，在地铁里遇见一位女性拎不动很沉的旅行箱时，会主动上去询问并给予帮助，但是在瑞典，如果是同样的情况，男士通常会直接略过，然后用瑞典语说一句"Good Luck"，以表达他们的友好态度，而不是伸手给予帮助，就像和瑞典人一起去餐厅吃饭，男士也不会为女士开门。因为在瑞典的社会文化里，这属于他们理解的男女平等而独立的范畴。

这只是两个比较表层的例子，但是我们可以看出，语言沟通的背后承载的是文化差异带来的冲击，作为语言教师来说，只教语言是不够的。文化差异无处不在，不仅仅是东方和西方，不同的国家甚至同一个国家也都存在着不同的文化，它体现在日常生活和工作的点点滴滴中，而一旦有了不同文化的交流，就存在着跨文化，这就形成了一种跨文化的文化。所以说，语言教学过程也是一个文化教学过程，国际汉语教师不仅是语言教师，还是文化教师，要把教授"是什么"和"怎么做"的知识的教学法运用到跨文化的能力培养中，在教给学生得体的语言以及如何使用语言的同时，也能教授学生了解适当的文化，了解中国人的思维方式。教师自身不仅要具有跨文化交际的意识和能力，还要具有培养学生跨文化交际能力的意识。

二、跨文化交际能力在语言教学中的培养

教师如何在汉语语言教学中实际运用跨文化交际的知识达到语言和文化为一体的教学目的，教师可从课程规划、课堂运用和测试与评价三方面来考虑。

（一）课程规划

教师所教授的知识不仅仅是知识本身，还有技能。即知识不仅包括"是什么"的知识，还包括"怎么做"的知识，那么教师在规划课程的时候要思考：我希望学生学习到什么知识？我又希望学生掌握什么样的技能？课程结束后，学生是否不仅知道汉语知识，还知道与中国文化相关的知识，不仅知道如何使用汉语，还学会如何进行文化对比和比较，能够有文化思辨的意识和能力。具体来说，分为三类目标。

首先，语言目标，即学会该堂课的汉语知识并能够举一反三地运用所学知识

进行表达。假设教师计划今天学习一个知识点"主语+（不）喜欢+动词短语"，学生学习后要知道如何用这个句型框架正确表达出来不同的句子。例如：

（1）我喜欢打乒乓球。

（2）我喜欢踢足球。

（3）我不喜欢打篮球。

其次，交际目标。课程结束后，学生要知道如何得体地运用它，从而达到交际的目的。用上述所学的知识点来描述和询问每个人的爱好，例如，玛丽，我和叶老师都很喜欢打乒乓球，你喜欢打乒乓球吗？

最后，跨文化目标。课程结束后，学生要知道怎么进行对比和解读，中国人喜欢什么运动，中国人喜欢打乒乓球，在中国打乒乓球也很流行和普遍，而美国人喜欢橄榄球，为什么？他们之间有什么异同，为什么会出现这些异同，学生要学会发现，要提出有关中国文化的问题，从而获得新的知识。这样他们才知道如何去解读、比较和对比，进行自主的探索和思考，才能够向其他人讲述有关中国的话题，不同的是，还是作为一个外国人（比如，美国人、英国人）的身份来讲述。

（二）课堂运用

跨文化交际能力的培养在课堂教学中显得尤其重要，教师不可能什么都教，也没有时间什么都教，所以学生更重要的是掌握一种学习的能力，我们先通过两个案例来进行分析。

案例1：中国新年文化课堂教学

中国新年文化是中国文化里不可或缺的内容，教师通常在课堂上向学生展示很多中国元素，比如春联、灯笼、中国结、年画等，还会介绍中国新年的来历、习俗，除此之外，教师还可以挖掘学生"怎么做"的能力。

步骤一：

以春联为例，课程开始之前，教师要求学生去年货店或者超市观察店里购买年货的中国人，主要观察以下几点：

（1）买家主要以男性为主还是女性为主？

（2）买家主要以什么年龄段为主？

（3）他们都在买什么样的春联？

（4）他们在挑选的时候遵守什么样的规则？

步骤二：

学生自己挑一两副春联，买回来（支出可根据实际情况报销）。

步骤三：

回到学校，在课堂上分组讨论（最好能用汉语），并相互展示自己买到的春联，每人需要用汉语提问，比如一副春联多少钱？谁买了春联？买了几副？如果学生是初学者，用类似比较简单的语言提问即可。

步骤四：

教师提问问题如下：

（1）店里出售的春联有哪些种类？

（2）为什么你们会买春联？

（3）为什么店里或超市里的其他人要买春联？

（4）春联对于中国人的意义是什么？

（5）中国人把春联买回家之后，把春联贴在哪里？

（6）春联上面都写了什么？表达什么意思？

这些问题帮助学生思考购买春联的人在购买的时候遵循的规则，学生可能就会思考，为什么人们每年都这样做？每年买不一样内容的春联代表着什么样的寄托？教师可以观察，学生作为外国人，用汉语来思考这些问题有什么不一样。

步骤五：

把春联分类，根据春联的种类或者内容进行分类，比如贴于门板上端中心部位的门心，贴于左右两个门框的框对，贴在家具或影壁中的正方菱形的斗斤；或是以财富为主的，以国泰民安为主的，以春满景色为主的。这样做的目的是让学生进行分类整理，用研究的方式收集数据信息然后进行分析。

步骤六：

根据学生学习的情况，学生还可继续讨论各个不同时期的春联内容都有什么特点？为什么会出现这些特点？每一组必须总结讨论的内容，然后向全班汇报，之后教师再做出总结和补充。

步骤七：

教师要求学生去收集日本、韩国或东南亚地区的春联，并让大家讨论、描述、分类，把这些其他国家的春联和中国的春联进行比较，看看它们的相似性和差异。重要的不是结果，而是过程。学生必须去分析、讨论卡片之间的相似之处和不同之处。

步骤八：

与西方的圣诞节做一下对比，圣诞节最重要的是装饰圣诞树，为什么不贴春联，而是装饰圣诞树？

学生要学习了解在春联知识表层的文化现象之中各种信念和价值观的汇合，才能更深刻地理解春联所代表的文化内涵，以及和自身文化的异同。

案例2：学习"吃"与"喝"的相关知识点

教师可要求学生在该语言知识点学习与"吃"和"喝"相关的新词汇，以及相关的语法表达，同时教师也设定了文化目标，获得一些跨文化交际的知识与能力。通过比较不同的文化，从而发现新的知识。

步骤一：

学习和使用语言知识点表达，例如：

（1）你喜欢喝茶还是咖啡？

（2）我喜欢喝茶，他喜欢喝咖啡。

步骤二：

教师可以把这个练习变得更真实和实用，要求学生用汉语到其他班级去问，或者到校园外去问中国和外国朋友，甚至问陌生人，然后做一些简单的数据统计，看看多少人喜欢喝茶，多少人喜欢喝咖啡，或者多少人二者都不喜欢喝。通过数据进行分析，是不是和我们定式思维想的一样，中国人更喜欢喝茶，外国人更喜欢喝咖啡？

步骤三：

再深入一些，挖掘一下喜欢喝茶的人一般什么时间喝？喜欢喝咖啡的人通常什么时间喝？为什么？

步骤四：

结合所学的价格询问的语言知识，继续调查茶的价格和咖啡的价格，大多数人喝什么价位的茶和什么价位的咖啡？

步骤五：

结合中国的茶艺文化，探索学习泡茶有哪些流程和方式？煮咖啡又是什么样的方式？二者的异同在哪里？

同样，"吃"的语言点和文化点也可以这样来练习，例如，"你喜欢吃中国菜还是法国菜"的问题，重要的是学生要学会如何进行对比和比较，通过提问去了解发现。在这个过程中，教师可以给出问题和指引，与学生一起探索，相互启发。

这是教师在课堂上需要不断思索和实践的方面，只有教师首先意识到跨文化交际能力的重要性，才会有意识地在教学中对学生的能力进行挖掘和培养。这其实也是对教师自身跨文化交际能力的一种锻炼。

（三）测试与评价

通过这些学习和训练，教师要检测学生是否达成最初制定的目标，并通过测试来做一个评价，可分为两种方式：（1）测试知识性的知识，用语言测试检测学生是不是掌握了语法知识，达到预期的语言水平，例如，HSK 各级考试。（2）技能性的测试，例如，通过给予学生任务，观察他们做的过程，看他们是否能够很好地完成。我们从"中国社会现象探索——相亲角"这个主题任务案例来进行分析。

步骤一：

上海人民广场有一个很有中国特色的社会现象——相亲角，在任务行动之前，学生需要提前做好相关的背景调查和信息收集。

步骤二：

教师给出和任务相应的材料和线索，学生用已学过的问路的相关汉语知识到达人民广场。

步骤三：

学生采用问卷的形式，实地考察，采访相亲角的人，记录以下问题：

（1）什么人在相亲角？

（2）大概人数是多少？

（3）到相亲角的人目的是什么？

（4）参与的人都是什么样的心态和想法？

同时，可以与自己国家的文化做比较，自己国家的人是用什么样的方式找对象？与这种方式有什么异同？自己国家的人是否也能认同和接受这种方式？为什么？

步骤四：

学生回到学校，做分享和汇报。

步骤五：

大家一起做分析讨论，得出研究的结论。

从这个过程我们判断学生是否有自主探索的能力，在现实生活中又是如何与人互动的。看他们是否有批判性的思维，是否掌握相关的语言文化知识。这是我们可以从中得出的对学生知识和能力的一个评价方式。

如果教师是在国外教学，同样可以当地的一个社会现象为例去进行调查，然后与中国的现象做对比，形式和内容是多样的，重点是这种能力的培养。当然，在这个过程中，其实教师也是学生，尤其是在国外教汉语的教师，当你与来自其他文化的人打交道的时候，也同时帮助你更好地理解自己学生所处的位置和自己需要继续改善的地方。

三、国际汉语教师在汉语教学中的跨文化思考

语言本身是中性的，而文化代表着行为、价值观和信仰，但二者又是分不开的。很多教师可能会有这样的困惑：作为一个中国人，一个以中国文化为成长背

景的国际汉语教师，很想要自己的学生去了解和理解中国文化，用中国的思维方式思考，但是如何让他们在学习中国文化的过程中，自己又能保持中立，让他们有独立的判断而不受教师自身的影响，同时自己能够不带自身情感地去讲述，这可能比较有挑战。在教学过程中会涉及价值观和信仰的问题，可能时常会纠结，应该在多大程度上鼓励学生接受或是认同某种价值观、行为或理念？我是一名中国人，我又是一名汉语教师，我希望我的学生多大程度上认同中国文化，用中国的思维来思考，像中国人一样行事，最终变成和中国人一样？或者和中国文化保持一种什么样的距离？

其实，教师也是学生，尤其是工作和生活在异国他乡的教师，应该也时常会思考，我们是要入乡随俗，完全接受当地文化和价值观念，还是保持自身的距离？正如教师希望自己的学生接受中国人的文化还是仅仅理解并学会阐释这种文化，我想我们会发出这样的疑问。但笔者认为很重要的一点是，我们的目的不在于得出哪一个国家的文化更好的结论，其核心是在于让学生把两国的情况平等地放在一起，从而更好地了解和理解两种文化。

当然，有些人对中国还是存在着偏见，这是因为不了解而引起的，我们来看一下这样的情况：某国际汉语课堂上有学生认为中国是一个思想封闭的国家。教师听到学生这样说，可能会试图反驳，中国不是一个思想封闭的国家。其实教师不必先反驳这位学生，可以先试着引导学生来做一个研究，让学生更了解中国的情况。教师可以从历史文化着手，布置给学生任务，让大家分组查阅相关资料，并回答相关问题，用历史题材举例，一起来看一看中国历史上几个比较有代表性的朝代，如汉朝有什么特点？汉朝的张骞是什么人？他做了什么？丝绸之路是什么？有着什么样的意义？汉朝是一个开放的朝代吗？

同样，唐朝、清朝、新中国成立后不同的时期，学生可以在图书馆或通过网络查找相关资料，记录相关信息，分组陈述，对具有代表性的各个时期加以分析并讨论等，让学生自己去发现，经过学习研究，看看学生的看法是否有所改变。

作为国际汉语教师来说，应该以开放的态度、博大的胸怀对学生母语国的语言文化以及他们熟知和了解的其他文化持一种尊重、宽容、兼收并蓄的态度。同时，尽可能地帮助学生了解和理解中国文化和中国人的处事方式，帮助学生了解不同的思维方式、不同的价值观，以及中国和其他国家之间的差异和相似之处，以发展的眼光看待不同的文化，恰当地引导学生，让学生带着问题自己去探索，寻找答案，并且让他们看到在这个过程中自己在认识上的深化和改变，从而让学生反思自身，培养他们如何去提升跨文化交际能力。

总之，教师在国际汉语教学中，应当像一个中间人一样，知道如何协调和沟通两种文化，能够把一种文化以恰当的方式阐释给另一种文化中的人，这要求教师自身是了解两种文化的人，同时又能够跳出自身的文化框架，这的确很难，但应该是我们努力的一个方向。

第四节　国际汉语教学中学生文化移情能力的培养

文化定式对国际汉语教学既有积极影响又有消极影响。合理利用文化定式的优点，提高学生的学习效率，增加学生对他国文化的理解，是对国际汉语教师技能的一次训练。国际汉语教师应当积极采用影视文化传播、文学传播以及小组交流讨论等多种手段来培养学生的文化移情能力，以加深学生对汉语及汉语文化背景的了解。

一、文化定式及其在国际汉语教学中的影响

（一）文化定式的定义

从整体上讲，文化定式是指人们对一个群体成员特征的概括性看法。在现阶段的国家文化交流中普遍存在着文化定式的现象，比如人们经常认为法国人浪漫、意大利人热情、德国人严谨、日本人喜欢鞠躬等都是文化定式的体现。大多数的社会心理学家认为，文化定式是人类一种普遍的认知方式。

（二）文化定式在国际汉语教学中的影响

虽然文化定式是一个中性词语，但其却是一个弊大于利的中性词。在国际汉语教学过程中，文化定式带来的弊端也远远大于其带来的利处。文化定式的积极方面在于能够让学生和教师较快地了解另一个国家的文化特点，有利于教学活动的进行。世界各国都有其独特的文化传统与文化氛围，在这种情况下，文化定式便为文化的归类提供了便利。但是从另一方面来看，文化定式容易使人产生偏见、部落主义等各种消极态度。在国际汉语教学过程中，由于同一班集体内的学生来自具有不同文化背景的不同国家，在没有足够了解其他国家文化背景的情况下，学生之间非常容易产生误解甚至歧视。文化定式的产生原因可以归纳为以下三点：受父母及朋友的影响；受自身交际的影响；受各种媒体的影响。为了解决文化定式在国际汉语教学过程中产生的消极影响，教师需要充分了解文化定式的产生原因及影响。

二、国际汉语教学中学生文化移情能力的培养

为了解决文化定式在国际汉语教学中产生的负面影响，应当从培养国际汉语学生的文化移情能力入手，提高学生的文化移情能力，让学生能够充分了解他国文化。

移情最早出现于《视觉形成感》中，属于美学的范畴。日本的语言学者库诺最早将美学中的概念移植到语言学领域当中，而美学的意志在不断延伸中逐步与心理学与跨文化交流相联系。跨文化交流中的文化移情是指在不同文化的交流过程中，为了保证不同文化之间能够顺利沟通的一种感情移位以及认知转换，使交流过程中一方能够主动转换立场，有意识地脱离本土文化的约束，在交流中能够摆脱原有文化的立场并感受另一方文化传统的倾向，站在另一种文化背景中进行思维活动的一种心理倾向。不少学者与专家明确指出，跨文化的交流能否成功在很大程度上取决于交际者能否准确地界定主体与客体，进而能够更好地了解对方，从而在交际过程中能够做到善解人意。

在国际汉语教学过程中，汉语教师不仅仅需要注重汉字与汉语的教学任务，更应该注重中国文化的教学。因此，培养学生的文化移情能力以促进国际汉语教学的进行是国际汉语教师教学任务的重要任务。

文化移情对学生的汉语学习有着重要影响。比如，一个韩国留学生在未了解中国的文化背景之前，一直认为中国人不遵守排队的规则，在日常生活中总是插队，而经过中国教师的讲解之后，其了解中国人认为只是询问简单的事情而不办理手续便可以不用排队，并不是不愿意排队。与韩国不同的是，中国的服务机构大都没有独立的问讯处，因此较多的人会采取到窗口询问的方式来解答疑惑。通过上面的案例可以看出，在提高了自身的文化移情能力之后，韩国留学生能够更加理解中国的一些文化现象，这更能体现出文化移情能力培养的重要性。

在实际的国际汉语课堂教学过程中，学生的文化移情能力受到本土文化的限制，同时还缺少正确价值观的引导。因此，国际汉语教师必须要采取多方面的措施帮助学生克服这些缺点，提升学生的文化移情能力，使学生能够更好地理解汉语的文化背景。

在实际的国际汉语教学过程中，教师要引导学生将消极的文化定式转变为积极的文化移情能力。在学生经历情感以及认知产生波动的过程中，教师也能够体

会"教学相长"的经历。学生在拥有了文化移情能力之后能够更加容易理解他国的文化，对于学习中国文化和其他文化而言都具有着积极作用。将文化定式转变为文化移情能够有效地提高学生的学习效率，还在一定程度上促进了学生之间的友好交流。因此，国际汉语教师必须注重文化定式向文化移情的转变，让国际汉语课堂教学能够更加高效与和谐。

第五节　汉语国际教育专业本科学生整合连贯教学能力培养

汉语国际传播作为中国目前提升"软实力"的一项较为繁荣的事业，因受汉语国际教育专业传统"分级、分层、分段"培养模式的影响，常常面临"本科学生教学能力不足"的窘境，如何在"世界各国汉语学习需求不断增加""教学对象日趋多元化"的形势下，增强学生整合连贯教学能力，既是专业人才培养实践中亟须思考、解决的问题，同时也是国际汉语教师教育、教学实践亟须正视、厘清的问题。因此，对汉语国际教育专业本科学生整合连贯教学能力培养进行研究意义重大。

本文基于汉语国际教育专业"整合连贯型"人才培养模式，着重探讨汉语国际教育专业本科学生应该具备的教学能力，并最终思谋出培养途径。

一、汉语国际教育专业"整合连贯型"人才培养模式

"整合连贯型"教师教育模式由楚雄师范学院校长罗明东教授首次提出。该模式从"师范类院校培养未来师资"的角度出发，摈弃"分离"的传统，将基础教育各阶段的教师教育纳入一个统一的教育体系，要求幼师、小学教师、初高中教师，通晓整个基础教育的理论知识，理清整个基础教育的发展阶段及其连贯性，同时还要求他们在充分分析基础教育各阶段学生生理、心理、情感特征的基础上，有所侧重地掌握某一特定阶段的教育、教学技能与方法。该教师教育模式既着重凸显"整体融合、全面贯通"，又突出强调"整个基础教育阶段与某一特定阶段的结合"。相比于传统的教师教育模式，它有着极强的创新性与应用价值。

近年来，随着"一带一路"建设的稳步推进，"汉语热"一再高涨，"汉语国际教育专业"也因持续升温使得国内各地方高校竞相开设，然而，综观各高校汉语国际教育专业现有的人才培养模式，原有的"引进来""主要针对来华成年留学生进行对外汉语教学的师资型人才培养"已无法满足新形势的要求，教育教学改革迫在眉睫。

根据"整合连贯型"教师教育模式改革理念，以及近年来国际汉语教师短缺、教学能力不足的具体情况，本着"让学生走出去"的原则，将汉语国际教育专业本科学生的培养模式确定为："针对国外幼儿园、中小学汉语教学市场，进行整体融合、全面贯通，既强调学生对整个基础教育阶段（包括幼儿园、小学、初中、高中）汉语国际教育理论知识的把握，又突出某一特定阶段教育教学技能的强化，最终旨在培养出'汉语言、中外文化基础知识扎实，汉语作为第二语言或外语教学技能熟练，跨文化交际能力良好，能够承担起国外从幼儿园到高中各阶段、各层次汉语教学任务的应用型、复合型、国际化专门人才'。"

二、汉语国际教育专业本科学生应具备的整合连贯教学能力

（一）整合连贯教学能力的内涵

"汉语国际教育"，原名"对外汉语"，是 2013 年根据《教育部普通高等学校本科专业目录（2012 年）》和《普通高等学校本科专业设置管理规定》，整合"对外汉语""中国语言文化"和"中国学"而设立的专业，该专业的定位、人才培养目标决定了该专业学生所具备的教学能力并非单一的、单方面的能力，而是在教学过程中表现出来的为实现教学目标、完成具体教学任务而运用多种方式方法以调动国外各层次汉语学习者学习积极性、主动性和创造性的综合的，多方面、多层次的能力。

（二）整合连贯教学能力的构成

在教育学界，教学能力是一个宏观的概念，对其构成，不同的学者有不同的看法。戴·冯塔纳（2000）认为："教学能力应该包括教学监控能力、教学认知能力和教学操作能力。"而王沛、关文军、王阳则认为："教学能力应该由两大能力群构成，一为包括知识提取能力、教学监控能力和教学执行能力在内的教师教育教学核心能力群，二为由教学效能感、教学个性、职业性向等组成的外生能力群。"上述两种看法都有很强的合理性，但是就汉语国际教育专业本科学生教学能力培养而言，第一种看法带来的启发最大。

在汉语国际教育领域，教学能力也是众多学者研究的热点，且往往与知识结构相联系，即多数学者认为知识结构、能力结构共同构成教学能力。如车正兰（2011）认为："教学能力是指完成具体教学任务的能力，包含人的知识结构和能力结构两个因素。"

综合上述两个领域内较有代表性的观点，我们认为汉语国际教育专业本科学

生整合连贯教学能力的构成或培养应遵循"知识结构＋课前教学认知能力＋课中教学操作能力＋课后教学监控能力"模式。唯有这种模式，才能让汉语国际教育专业本科学生知道"教什么"、学会"怎么教"，懂得"监控与调节"，才能真正满足目前日益增长的国际汉语教学需求。

（三）汉语国际教育专业本科学生应具备的整合连贯教学能力

根据"知识结构＋三种能力"的培养模式，汉语国际教育专业本科学生应具备的"整合连贯"教学能力具体如下：

1. 知识结构

"教师的知识结构是各类知识在个人头脑中的内化状况"。依照这种观点，汉语国际教育专业本科学生的知识结构应包含语言文化知识、教育学知识和心理学知识三部分。在语言文化知识部分，着重学习普通语言学理论、汉语言文学、中外文化、外语等基础课程，加强专业功底；在教育学知识部分，着重掌握各种教育学原理，解决各种教学方法的实践应用问题；在心理学知识部分，着重理解第二语言习得相关理论与假说，分析国外汉语学习者的生理、心理特征，研究学习者交际策略、学习策略对汉语学习的影响。

2. 能力结构

"能力结构是指人们顺利完成某种活动的本领"。汉语国际教育专业本科学生能力结构的形成，体现在课前、课中、课后三个阶段：

（1）课前：教学认知能力。教学认知能力，反映在汉语国际教育专业本科学生培养上，主要包括对国际汉语教学大纲、考试大纲、汉语教材，教学内容，教学对象（国外幼儿园、中小学汉语学习者），教学法的了解、认识、分析、判断、选择能力及备课、听评课、撰写教案的能力。

（2）课中：教学操作能力。教学操作能力，是指教师在实现教学目标过程中解决教学问题的能力，就汉语国际教育专业而言，主要包括汉语语言要素（语音、词汇、语法、汉字）教学能力，言语技能（听、说、读、写）训练能力，课堂组织与管理能力，课堂活动策划与实施能力，中华文化才艺研习与传授能力等。

（3）课后：教学监控能力。教学监控能力主要体现为"教师对教学的价值判断，即教学评价能力"。在汉语国际教育领域，教学评价能力由两部分组成：一是教师对学生学习的评价；二是教师对自身教学的评价。这两方面评价的融合，即表现为教师的教学反思能力。

三、汉语国际教育专业本科学生整合连贯教学能力的培养

整合连贯教学能力的形成，并非一朝一夕之事。内（学生自身）、外（专业主管部门）兼"修"，方能始终。

（一）汉语国际教育专业主管部门方面

1.确立"整合连贯型"人才培养模式及专业发展方向

汉语国际教育专业主管部门应以开放的视野根据汉语国际教育专业在全国、全省范围内的发展现状、趋势、就业情况以及国外中小学用人标准，积极有效地确立"整合连贯型"人才培养模式、应用型人才培养目标及专业发展方向。努力把专业自身的建设、要求与国内外、省内外的需要有机结合起来，真正促进汉语国际教育专业本科学生教学能力的整体融合、全面贯通。

2.优化课程设置

汉语国际教育专业主管部门应积极鼓励部门成员将国际汉语教学研究的新成果、新技术、新内容充实到专业课程教学中去，鼓励教师在积极进行理论知识传授、实践教学指导的同时，进一步完善"国别化""区域性""阶段性"课程，同时充分利用本校与国外中小学合作交流的条件，优化课程体系，以满足学生实习、就业的需要。

3.巩固拓展实习实训基地

汉语国际教育专业主管部门应加大力度改善国内外实习实训基地的生活条件，加强指导教师的配备和学生的管理，每年定期派遣学生前往实习实训基地开展教育实习工作，促使学生内在语言知识向外在能力的转化，增强学生的职业适应性。

（二）汉语国际教育专业本科学生方面

1.完善专业基础知识及实践教学能力

汉语国际教育专业本科学生应不断强化对汉语语音、词汇、语法、汉字等基础知识的学习，广泛阅读专业文献，参加专业学术会议、专业培训班，掌握学科前沿动态，增强自身理论修养，丰富知识储备。同时，要针对国际汉语教学现状，汉语学习者的年龄、生理、心理特征以及他们对国际汉语教师的期望，在教育见习、实习、说课、试讲中不断强化针对国外中小学生汉语听、说、读、写技能训练的能力。

2.积极参与第二课堂活动及教育教学技能训练

汉语国际教育专业本科学生应充分认识第二课堂活动的重要性，积极参加剪纸、简笔画、民族舞蹈、葫芦丝、书法、太极拳等第二课堂培训活动，参加朗诵、话剧、中华文化才艺展示等学科竞赛，巩固、运用原有的技能或经验，提高综合素质。

3.勤于教学反思

教学反思是自我成长的重要途径。汉语国际教育专业本科学生应把教学反思这一理念和行为变成常态化的工作，在自我反思的过程中发现问题、分析问题、解决问题，同时在反思中对知识结构、能力结构进行优化，对教学方法进行调整、充实和完善，最终实现能力的提升和飞跃。

4.加强与教学对象、其他教师之间的交流合作

俗话说"以人为镜，知得失"。在整合连贯教学能力的培养过程中，应将教学对象、其他汉语教师作为自己比照的"镜子"，加强与他们之间的交流合作，适时了解自己的不足，取长补短，不断进步。

随着培养方式从"引进来"到"走出去"的转变，汉语国际教育专业原有的教师教育模式已无法满足教学对象日益多元化的要求，专业人才培养改革势在必行。整合连贯教学能力作为衡量汉语国际教育专业本科学生教学水平的重要依据，应由知识结构、课前教学认知能力、课中教学操作能力、课后教学监控能力构成。汉语国际教育专业主管部门可立足本单位具体实际从人才培养模式、人才培养目标的确立，课程设置的优化，实践实训基地的巩固拓展等方面加强对学生教学能力的培养，同时学生本人也可以通过努力学习专业基础知识，积极参加第二课堂活动，加强与他人交流合作和不断自我反省来获得更长远的发展。

第六节　从国外汉语教学现状看我国汉语国际教育硕士培养

21世纪以来，世界经济全球化的迅速发展使中国社会与世界的联系日益加强，中国国际影响力日益提高，越来越多的国家将目光投向中国，渴望与中国交流。与此同时，随着中国经济的发展和国际地位的快速提高，国外教育部门和公众已经看到了汉语的很大学习价值，开始掀起学习汉语之潮，全球范围内发展出新的"汉语热"。汉语作为我国重要的"软实力"组成部分，必将参与到国家发展规划之中，所以我国必须重视汉语教学的发展。

随着"汉语热"的兴起，近年来汉语国际教育（对外汉语教学）事业在国外

产生了比较大的影响，国外汉语教学取得了不错的成绩。1984 年北京语言学院成立"汉语水平考试设计小组"。1988 年在国内举行了第一次 HSK 考试。1991 年，HSK 考试在新加坡国立大学首次试点，128 名考生参加了考试，此后汉语水平考试开始正式向海外推广并且逐年发展。2004 年国家汉办在韩国设立了全球首个孔子学院，开启了我国在海外设立孔子学院的历程。总体来说，世界学习汉语的人数正在逐年增长，呈现出良好态势。在国外汉语教育事业发展的同时，业界各人士在对外汉语教学学科理论和教学法方面取得了不俗的成绩。汉语教材的种类和数量不断增加。

伴随着中国和世界各国多方面的合作和交流，世界各个国家和地区学习汉语的人数不断增加，国外汉语教学呈现出了一些新趋势：（1）对外汉语教学的覆盖面较广，教学对象基本涵盖了世界各个地区。（2）对外汉语教学呈现出体系化的发展，逐渐走上了专业化的发展道路。（3）汉语学习者的低龄化趋势明显，目前全球开设汉语课程的中小学校数量超过了高等教育机构。（4）汉语学习者的地域分布跨度大，不同地域的教学需求对教学方法提出了不同的要求。（5）国外出现了本土硕士的培养体系，有针对性地为本国汉语教学提供了更加适应本地教学的师资。

一、目前我国汉语国际教育硕士培养中存在的问题

在世界上越来越多人学习汉语的情况下，为了满足海外汉语师资的需要，国务院学位委员会在 2007 年设立了汉语国际教育硕士专业学位。国内越来越多的高校开始培养汉语国际教育硕士，汉语国际教育硕士专业迅速发展，但还存在以下问题：

（一）大多为非定向统一培养

汉教硕士非定向培养模式，是指高校笼统地培养海外汉语教师，不考虑海外教学地域、对象等的差异。进行"非定向培养模式"的院校，一般遵从《汉语国际教育硕士专业学位研究生指导性培养方案》的指导，即使有些学校已经开始积极探索具有自己特色的培养模式，但重点领域一般都是从学生的角度入手，目的是提高学生的各方面综合素质，没有探索如何针对将来学生的教学对象、地域等进行培养。进行非定向培养模式的学校大致有三类：一是注重培养学生的学术能力培养，对学生的实践能力训练重视不够。二是重视培养学生的实践能力，并且有科学的实践能力培养体系。三是没有明确的培养重点，从《指导性培养方案》出发，机械培养。

（二）学生汉语汉字知识不够

汉语教师、海外教师志愿者及专职教师都必须扎实掌握一定的汉语汉字本体知识，才能应对不同的汉语教学需求。目前海外许多汉语教师可能已经掌握了所在国的语言，适应了他们的文化，但因为缺少最基本的汉语汉字知识，造成了教学困难。出现这一现象的原因在于学生在学校期间对于汉语汉字的学习不够，学校的培养与学生以后工作需求出现了偏差。根据调查，汉语国际教育硕士中有大约 70% 的学生本科专业背景与汉语汉字无关，不具备汉语语言学、汉字学等相关方面的知识。能说汉语不一定能教好汉语，好的语言教学必须要求教师有扎实的语言功底。学生语言基础知识的缺失在一定程度上反映出了学校培养的缺失，是目前汉语国际教育硕士培养存在的问题。

（三）学生跨文化能力不够

目前在汉语课堂上，不管是留学生还是海外的教学，注重的是对学生的语言教学，文化教学相对来说较弱。但是文化的交流又是不同国别的人在交际场合中必不可少的，所以汉语国际教育硕士的跨文化交际能力的培养尤为重要。汉语国际专业的学生，不管是作为汉办派出的志愿者还是专职教师，都不可避免地面临与"赴任国"的文化差异。此时，慢慢适应固然重要，但做好提前的文化适应准备也是必不可少的。目前国内的学校培养没有足够重视这一点，在对学生的跨文化培养方面只是笼统地讲解跨文化知识，缺少实例讲解，对即将出国的学生来说只是纸上谈兵。

（四）留学生培养问题

汉语国际教育专业硕士留学生是一类特殊的学习者，他们是能胜任汉语教学任务的专门教师。在学习期间，他们既要掌握汉语本体知识，又要具备中国文化知识和教学技能，这对他们来说是大的挑战。如何将汉硕留学生培养成为热爱中国文化，具有汉语教学技能的汉语教师是目前培养单位面临的问题。再者，留学生在中国学习、生活，不可避免有具体问题，甚至产生焦虑，这些问题值得学校重视。目前的培养体系仅开设汉语教学理论课程、文化课程，培养体系与中国学生并无不同，这是远远不够的。

二、国外汉语教学现状对我国汉语国际教育硕士培养的启示

(一) 采用定向培养模式，针对性培养

现在国外汉语教学呈现出教学对象覆盖广、跨区域特征明显的趋势，对硕士培养提出了更高的要求。传统的定向笼统培养已经不能满足这一现状，我们需要探索不同的培养方式，采用定向培养模式针对性地培养。汉教硕士定向培养模式，是指针对某个国家、某个地区或某个年龄段的学生培养汉语教师。对定向模式进行进一步划分，可分为国别定向、区域定向和其他有针对性的定向。针对某一国家培养汉语教师是国别定向，如面向韩国。在学习中，学校可以开设和韩国教学相关的课程，同时让学生学习韩语；针对某一地区培养汉语教师是区域定向，如面向中亚地区。这一类是和中亚地区距离近、有密切联系、文化交往多的学校。学校可根据中亚地区国家的共性开设相关课程。除此之外，其他有针对性的定向也可以是根据教学对象的年龄、母语国家等。目前定向培养模式在国内存在但数量少，未来学校可根据自身优势探索其他模式。

(二) 加强学生汉语知识和跨文化能力的培养

对外汉语教学走上了体系化、专业化的发展道路，意味着从事汉语教学的工作者必须有过硬的专业能力以胜任汉语教学工作。在汉语国际教育硕士培养中必须重视加强学生汉语知识的教学。国内大多数高校现在基本是两年学制，一年实习，另一年在校学习。这就意味着学生在校学习汉语知识的时间很少。学校应该在课程设置上增加现代汉语的比重，增加课时和学分，将现代汉语教学贯穿于整个学年。也可以举办一些汉语知识竞赛活动，增加学生的汉语知识储备。

在跨文化交际学课程的开设方面应将中国和留学生群体分开，使他们学习不同的文化交际；在教学中将理论知识讲解与案例分析结合，让学生在遇见不同国家的文化时可以灵活应对；讲授课程的教师应具备双语能力，专业水平高，还要有跨文化交际的实践经验；在最重要的学生实践环节，可以让学生自主设计跨文化交际的小剧场，课堂现场表演，表演中体现一定的跨文化交际冲突。

(三) 借鉴国外汉教硕士培养模式

上文提到，国外出现了本土硕士的培养体系，有针对性地为本国汉语教学提供了更加适应本地教学的师资。面对这一趋势，我们可能会想："汉语是中国人的母语，为什么汉语教学人才的培养重地到了国外？"实际上国外汉教硕士培养已经形成了鲜明的特点，值得我们学习。以美国明德学院中文暑校为例，于

2007年正式开始招收汉语教学硕士，现已毕业50多名硕士生。明德学院培养目标明确，即培养适应美国的汉语教师，不以培养学生学术研究能力为目标；学院还有灵活的学制，学生可自主选择上学时间；学院生源优秀且充足，小班教学效率高；教学环节突出实践型。明德学院的成功模式其实在很大程度上依赖于高成本的经费投入、优质的生源等，虽然国内高校不能轻易模仿，但可以在借鉴的道路上探索适合发展的模式。

（四）探索留学生硕士培养新方式

对待汉教留学生硕士的培养，可以在课堂之外选择文化体验培养模式。文化体验培养模式是为留学生创造体验中国文化的机会，让他们在体验中学习中国文化，用汉语进行交际，慢慢融入中国的学习生活。具体的实施方式是在传统课堂之外设置一系列中外文化交流活动，举办一些有意义的中外文化交流节日，每月一次。活动可以设置美食、摄影、演讲、运动会等多种主题。在举办期间，汉教的中国硕士和本科生可作为志愿者加入，让留学生有更多的交流机会。需要注意的是，项目在设计中要体现多样性的原则，突出自己的特色，同时具有趣味性，让留学生在体验中主动获取知识。文化体验模式可以让留学生有自我情感的参与，成为文化的体验者，对他们学习中国知识和文化都有帮助。

本文基于国外汉语教学现状和目前我国汉语国际教育硕士培养存在的问题，提出汉语国际教育硕士培养的一些建议。汉硕的培养模式在很大程度上影响了汉语国际教育专业人才的质量，目前国内仍处于探索阶段。本文给出的建议只供参考，希望更多学者致力于研究汉语国际教育硕士培养方案，一起为汉语教育工作做出更多贡献。

参考文献

[1] 文扬.以"中华标准"重审西方文明史,能看到什么？[J].文化纵横,2019(2).

[2]〔德〕赫尔德.论语言的起源[M].姚小平,译.北京：商务印书馆,1998.

[3] 姚振武.人类语言的起源与古代汉语的语言学意义[J].语文研究,2010(1).

[4] 郭攀,夏凤梅.动、形兼方类词的特殊性质[J].华中师范大学学报（哲学社会科学版）,2016（2）.

[5] 郭锡良,等.古代汉语[M].北京：商务印书馆,1999.

[6] 邢福义."很淑女"之类说法语言文化背景的思考[J].语言研究,1997(2).

[7] 向熹.简明汉语史[M].北京：高等教育出版社,1993.

[8] 马建忠.马氏文通[M].北京：商务印书馆,1998.

[9] 郭攀.叹词、语气词共现所标示的混分性情绪结构及其基本类型[J].语言研究,2014（3）.

[10] 丁声树.现代汉语语法讲话[M].北京：商务印书馆,1961.

[11] 王力.汉语诗律学[M].上海：上海教育出版社,2005.

[12] 杨伯峻,何乐士.古汉语语法及其发展[M].北京：语文出版社,1992.

[13] 姚振武.试论上古汉语语法的综合性[J].古汉语研究,2016（1）.

[14] 姚小平.洪堡特——人类研究和语言研究[M].北京：外语教学与研究出版社,1995.

[15] 朱德熙.汉藏语概论·序[M].北京：北京大学出版社,1991.

[16] 郭锡良.先秦汉语名词、动词、形容词的发展[J].中国语文,2000（3）.

[17] 秦礼君.论词在句子构成中新义的产生——兼论所谓"词类活用"[J].淮阴师专学报,1986（1）.

[18] 许威汉.古汉语语法精讲[M].上海：上海大学出版社,2002.

[19] 夏晓虹.杜甫律诗语序研究[J].文学遗产,1987（2）.

[20] 葛兆光.意脉与语序[J].文艺研究,1989（5）.

[21] 郭攀.汉语叹词定位的历层模式[J].澳门语言学刊,2015（1）.

[22] 郭锐.现代汉语词类研究[M].北京：商务印书馆,2002.

[23] 孙良明．关于建立古汉语教学语法体系的意见 [J].中国语文，1995（2）.

[24] 吕叔湘．助词说略 [M]// 汉语语法论文集．北京：商务印书馆，1984.

[25] 苗启明．原始思维 [M].上海：上海人民出版社，1993.

[26] 戴黎刚.历史层次分析法——理论、方法及其存在的问题[J].当代语言学，2007（1）.

[27] 郭攀．汉语历层研究纲要 [M].北京：北京师范大学出版社，2012.

[28] 夏凤梅，郭攀．"呜呼哀哉"的情绪化和理性化 [J].语言研究，2017（2）.

[29] 郭攀，周韫琦．汉语点线意象结构模式 [J].澳门语言学刊，2019（1）.